Beck-Rechtsberater

Erbrecht
in Frage und Antwort

Vorsorge zu Lebzeiten · Erbfall
Testament · Erbvertrag · Vollmachten
Steuern · Kosten

Von Bernhard F. Klinger,
Fachanwalt für Erbrecht in München

3. Auflage 2009

Deutscher Taschenbuch Verlag

Im Internet:

dtv.de

beck.de

Originalausgabe
Deutscher Taschenbuch Verlag GmbH & Co. KG,
Friedrichstraße 1a, 80801 München
© 2010. Redaktionelle Verantwortung: Verlag C. H. Beck oHG
Druck und Bindung: Druckerei C. H. Beck, Nördlingen
(Adresse der Druckerei: Wilhelmstraße 9, 80801 München)
Satz: ottomedien, Darmstadt
Umschlaggestaltung: Agentur 42 (Fuhr & Partner), Mainz,
unter Verwendung eines Fotos von Isolde Ohlbaum, Hamburg
ISBN 978–3-423–50637–3 (dtv)
ISBN 978–3-406–57558–7 (C. H. Beck)

Vorwort

Dieser Ratgeber führt in leicht verständlicher Form in wichtige Bereiche des Erbrechts ein. Typische erbrechtliche Fragestellungen, die in der Praxis häufig auftreten, werden klar und übersichtlich beantwortet. Zahlreiche **Mustertexte** und **Expertentipps** erleichtern die praktische Umsetzung. Auf Spezialprobleme des Erbrechts wird bewusst verzichtet. Juristische Vorkenntnisse sind für das Verständnis dieses Buches nicht erforderlich.

Im **1. Teil** sind die gesetzliche Erbfolge sowie Testament, Erbvertrag, Schenkung, Vorsorgevollmacht und Patientenverfügung als **Mittel der Nachfolgeplanung** erläutert.

Der **2. Teil** erklärt anhand typischer Lebenssituationen, wie Sie **Vorsorge zu Lebzeiten** treffen können. Hierzu sind zweckmäßige testamentarische Regelungen für Ehepaare mit und ohne Kinder, Paare ohne Trauschein, Alleinstehende, Geschiedene, Unternehmer und Immobilienbesitzer dargestellt.

Im **3. Teil** werden Fragen beantwortet, die sich unmittelbar **nach dem Erbfall** stellen können. Erläutert ist die Ablieferung und Eröffnung von Testamenten, die Annahme und Ausschlagung der Erbschaft, die Ermittlung und Sicherung des Nachlasses sowie die gerichtliche Feststellung des Erbrechts.

Der **4. Teil** stellt die **Rechte der am Erbfall Beteiligten** dar. Erklärt werden dabei die unterschiedlichen Ansprüche des Allein- und Miterben, des Vor- und Nacherben, des Pflichtteilsberechtigten, des Vermächtnisnehmers sowie die Haftung des Erben.

Im **5. Teil** ist das System der **Erbschaftsteuer** in Grundzügen erläutert sowie Tipps und Gestaltungsvorschläge für eine steueroptimale Erbfolgeplanung gegeben.

Der **6. Teil** gibt einen Überblick zu den **Kosten und Gebühren** der Notare, Rechtsanwälte und Nachlassgerichte, die anlässlich eines Erbfalls anfallen können.

Der Ratgeber ist auf aktuellstem Stand und berücksichtigt die Auswirkungen der **Erbschaftsteuerreform** (Inkrafttreten zum 1. 1. 2009), der **Erb- und Pflichtteilsreform** (Inkrafttreten zum 1.1.2010), des Gesetzes zur **Regelung der Patientenverfügung** (Inkrafttreten zum 1.9.2009) und der Reform des **Verfahrens der Freiwilligen Gerichtsbarkeit** (Inkrafttreten zum 1.9.2009).

Das Bundesministerium der Justiz stellt für interessierte Bürgerinnen und Bürger aktuellen **Gesetze und Rechtsverordnungen** kostenlos im Internet bereit: **www.gesetze-im-internet.de**.

Ihre Anregungen und Hinweise zu diesem Buch sind jederzeit willkommen. Meine Anschrift finden Sie auf folgender Website: www.convocat.de

München, im September 2009 *Bernhard F. Klinger*

Inhaltsübersicht

Vorwort V
Inhaltsverzeichnis IX
Verzeichnis der Mustertexte XV

A. Die Erbfolge 1
   I. Die gesetzliche Erbfolge 1
  II. Die testamentarische Erbfolge 16
 III. Die vorweggenommene Erbfolge 65
 IV. Exkurs: Die Patientenverfügung und Vorsorgevollmacht 68

B. Typische Fälle letztwilliger Verfügungen 79
   I. Das Testament von Ehegatten 79
  II. Das Testament Alleinstehender 102
 III. Das Testament von Paaren ohne Trauschein 106
 IV. Das Testament des Immobilienbesitzers 113

C. Rechte und Pflichte nach dem Erbfall 117
   I. Maßnahmen nach dem Todesfall 117
  II. Der Alleinerbe 133
 III. Der Miterbe 137
 IV. Der Pflichtteilsberechtigte 148
  V. Der Vermächtnisnehmer 175
 VI. Der Vor- und Nacherbe 182
VII. Die Frau im Erbfall 184
VIII. Das Kind im Erbfall 196
 IX. Der Erbfall mit Auslandsberührung 208
  X. Die Haftung des Erben 214

D. Die Schenkung- und Erbschaftsteuer 223
   I. Die Erbschaftsteuerreform 2009 223
  II. Die Steuerbefreiungen 224
 III. Freibeträge und Steuertarife 224
 IV. Die vorweggenommene Erbfolge 228

V. Zuwendungen an Kinder 230
VI. Schenkung und Vererbung von Immobilien 233
VII. Zuwendungen an Ehegatten 236
VIII. Übertragung von Betriebsvermögen 241

E. Kosten und Gebühren 243
 I. Notar- und Gerichtsgebühren 243
 II. Anwaltsgebühren 245

Sachverzeichnis 248

Inhaltsverzeichnis

A. Die Erbfolge

I. Die gesetzliche Erbfolge 1
  1. Das Erbrecht der Verwandten 2
  2. Das Erbrecht des Ehegatten 7
    a) Ehegattenerbrecht bei Zugewinngemeinschaft ... 7
    b) Ehegattenerbrecht bei Gütertrennung 11
    c) Ehegattenerbrecht bei Gütergemeinschaft 12
  3. Nachteile der gesetzlichen Erbfolge 14
II. Die testamentarische Erbfolge 16
  1. Warum testieren? 16
  2. Die Formalien einer letztwilligen Verfügung 17
    a) Testierfähigkeit 17
    b) Öffentliches oder privatschriftliches Testament ... 19
    c) Arten einer Verfügung von Todes wegen 23
  3. Das Einzeltestament 24
    a) Die Erbeinsetzung 24
    b) Die Enterbung 29
    c) Der Ersatzerbe 30
    d) Die Teilungsanordnung 31
    e) Die Vor- und Nacherbschaft 33
    f) Das Vermächtnis 36
    g) Die Auflage 43
    h) Die Testamentsvollstreckung 44
  4. Das Ehegattentestament 51
  5. Der Widerruf eines Testaments 52
    a) Widerruf eines Einzeltestaments 52
    b) Widerruf eines Ehegattentestaments 53
  6. Die Anfechtung eines Testaments 54
    a) Anfechtungsgründe 54
    b) Formalien der Anfechtung 57
    c) Anfechtung eines Erbvertrages 58
    d) Anfechtung eines Ehegattentestaments 60
  7. Der Erbvertrag 61

       a) Zweck eines Erbvertrages 61
       b) Inhalt eines Erbvertrages 62
       c) Form eines Erbvertrages 62
       d) Bindungswirkung eines Erbvertrages 62
       e) Anfechtung eines Erbvertrages 63
       f) Schenkungen trotz Erbvertrag? 63
III. Die vorweggenommene Erbfolge 65
IV Exkurs: Patientenverfügung und Vorsorgevollmacht.... 68
   1. Die Patientenverfügung........................ 68
       a) Zweck einer Patientenverfügung.............. 68
       b) Formalien einer Patientenverfügung 70
   2. Die Vorsorgevollmacht 73
       a) Zweck einer Vorsorgevollmacht 73
       b) Formalien einer Vorsorgevollmacht 76
   3. Die Vollmacht über den Tod hinaus............... 78

B. Typische Fälle letztwilliger Verfügungen

I. Das Testament von Ehegatten 79
   1. Die gesetzliche Erbfolge bei Ehegatten 79
   2. Das Ehegattentestament 79
       a) Form des gemeinschaftlichen Testaments 81
       b) Einsetzung des Ehegatten als Vollerben 82
       c) Einsetzung des Ehegatten als Vorerben 83
       d) Einsetzung des Ehegatten als Vermächtnisnehmer . 84
       e) Bindungswirkung des gemeinschaftlichen
          Testaments 85
       f) Anfechtung eines Ehegattentestaments 88
       g) Nachteile und Risiken des Berliner Testaments ... 88
       h) Regelung für die Wiederverheiratung........... 90
       i) Regelung für den Scheidungsfall 91
   3. Die testamentarische Absicherung der Kinder 92
       a) Vorsorge für minderjährige Kinder 92
       b) Vorsorge für ein behindertes Kind 92
       c) Vorsorge für ein überschuldetes Kind 95
   4. Das Ehepaar ohne Kinder...................... 97
       a) Gesetzliche Erbfolge bei kinderlosen Ehegatten... 97
       b) Das Testament kinderloser Ehegatten 99

    5. Der enterbte Ehegatte 101
II. Das Testament Alleinstehender................... 102
    1. Gesetzliche Erbfolge bei Alleinstehenden 102
    2. Das Testament nicht verheirateter Personen 103
    3. Das Testament Geschiedener 103
    4. Das Testament von verwitweten Personen 105
    5. Testamentarische Vorsorge für Kinder 106
III. Das Testament von Paaren ohne Trauschein 106
    1. Gesetzliche Erbfolge bei Partnern ohne Trauschein .. 106
    2. Das Testament für Partner ohne Trauschein 108
    3. Letztwillige Vorsorge für Kinder bei Paaren ohne
       Trauschein 112
    4. Die Erbschaftsteuerlast bei Paaren ohne Trauschein .. 113
IV. Das Testament des Immobilienbesitzers 113
    1. Risiken der gesetzlichen Erbfolge bei Nachlass-
       immobilien 113
    2. Das Testament des Immobilieneigentümers 115

C. Rechte und Pflichten nach dem Erbfall

I. Maßnahmen nach dem Todesfall 117
    1. Erste Schritte nach dem Todesfall 117
    2. Eröffnung letztwilliger Verfügungen 120
    3. Annahme oder Ausschlagung der Erbschaft 123
    4. Ermittlung und Sicherung des Nachlasses 126
    5. Der Erbschein.............................. 127
    6. Grundbuchberichtigung im Erbfall 131
II. Der Alleinerbe................................ 133
    1. Rechte und Pflichten des Alleinerben 133
    2. Auskunftsansprüche des Alleinerben 133
    3. Pflichten gegenüber dem Pflichtteilsberechtigten 135
    4. Pflichten gegenüber dem Vermächtnisnehmer 135
    5. Rechte gegenüber dem Testamentsvollstrecker 136
    6. Haftung des Alleinerben 136
    7. Steuerlichen Pflichten des Erben 136
III. Der Miterbe 137
    1. Rechte und Pflichten des Miterben 137
    2. Auskunftsansprüche des Miterben 137

Inhaltsverzeichnis

    3. Verwaltung des Nachlasses unter Miterben 139
    4. Teilung des Nachlasses unter Miterben 142
IV. Der Pflichtteilsberechtigte 148
    1. Der Pflichtteilsanspruch 148
       a) Das Pflichtteilsrecht 149
       b) Der Pflichtteilsschuldner 153
       c) Die Pflichtteilsquote 154
       d) Der pflichtteilsrelevante Nachlass 158
    2. Der Pflichtteilsergänzungsanspruch 162
       a) Pflichtteil bei Schenkungen des Erblassers 162
       b) Zeitliche Begrenzung der ergänzungspflichtigen
          Schenkungen 163
       c) Schuldner des Pflichtteilsergänzungsanspruchs . . . 166
    3. Anrechnung lebzeitiger Zuwendungen auf den
       Pflichtteil 167
    4. Die Durchsetzung der Pflichtteilsrechte 169
       a) Fälligkeit und Verjährung der Pflichtteilsrechte . . . 169
       b) Auskunfts- und Wertermittlungsanspruch des
          Pflichtteilsberechtigten 170
       c) Gerichtliche Durchsetzung der Pflichtteilsrechte . . 173
V. Der Vermächtnisnehmer 175
    1. Vermächtnis, Erbe oder Pflichtteil? 175
    2. Der Vermächtnisanspruch 176
       a) Vermächtnisnehmer und Beschwerter 176
       b) Annahme und Ausschlagung des Vermächtnisses . 176
       c) Inhalt eines Vermächtnisses 178
       d) Erfüllung des Vermächtnisses 179
VI. Der Vor- und Nacherbe 182
    1. Rechte des Vorerben 182
    2. Rechte des Nacherben 183
VII. Die Frau im Erbfall 184
    1. Die ledige Frau im Erbfall 184
       a) Gesetzliche Erbfolge bei einer ledigen Frau 184
       b) Testamentarische Vorsorge für Kinder der
          ledigen Frau 185
       c) Die ledige Frau als testamentarische Erbin 186
    2. Die verheiratete Frau im Erbfall 187

        a) Gesetzliches Erbrecht der Witwe 187
        b) Die Ehefrau als testamentarische Erbin 190
    3. Die geschiedene Frau im Erbfall 194
        a) Verlust des Erb- und Pflichtteilsrechts 194
        b) Unterhaltsansprüche beim Tod des Ex-Ehepartners 195
        c) Das Testament der geschiedenen Frau 195
    4. Die Partnerin ohne Trauschein im Erbfall 196
VIII. Das Kind im Erbfall............................. 196
    1. Gesetzlicher Erbteil des Kinde 196
    2. Pflichtteilsrechte des enterbten Kindes 198
    3. Rechte des Kindes als Schlusserbe 200
    4. Rechte des Kindes als Nacherbe 201
    5. Testamentarische Vorsorge für Kinder 203
        a) Vorsorge für das minderjährige Kind 203
        b) Vorsorge für das behinderte Kind 204
        c) Vorsorge für das überschuldete Kind 205
        d) Schutz des Kindes bei Wiederheirat eines
           Elternteils 207
IX. Der Erbfall mit Auslandsberührung 208
    1. Staatsangehörigkeits- oder Wohnsitzprinzip 209
    2. Spaltung des Nachlasses 211
    3. Formfragen beim Erbfall mit Auslandsbezug 212
    4. Der Erbschein im deutsch-ausländischen Erbfall 213
X. Die Haftung des Erben 214
    1. Haftung des Erben mit seinem Privatvermögen 214
    2. Die Nachlassverbindlichkeiten 214
    3. Beschränkung der Erbenhaftung 216

D. Die Schenkung- und Erbschaftsteuer

  I. Die Erbschaftsteuerreform 2009 223
  II. Die Steuerbefreiungen 224
  III. Freibeträge und Steuertarife 224
  IV. Die vorweggenommene Erbfolge 228
  V. Zuwendungen an Kinder 230
  VI. Schenkung und Vererbung von Immobilien 233
  VII. Zuwendungen an Ehegatten 236
VIII. Die Unternehmensnachfolge 241

E. Kosten und Gebühren
I. Notar- und Gerichtsgebühren 243
II. Anwaltsgebühren 245

Sachverzeichnis 248

Verzeichnis der Mustertexte

1. Schweigepflichtentbindungserklärung 18
2. Erbeinsetzung 25
3. Enterbung 30
4. Ersatzerbeneinsetzung 31
5. Teilungsanordnung............................. 33
6. Vor- und Nacherbschaft 34
7. Befreite Vorerbschaft 35
8. Ersatzvermächtnisnehmer 37
9. Kein Ersatzvermächtnisnehmer 38
10. Grundstücksvermächtnis 39
11. Vermächtnisweise Zuwendung einer Eigentumswohnung 39
12. Geldvermächtnis 39
13. Hausratsvermächtnis 39
14. Wahlvermächtnis 40
15. Gattungsvermächtnis 40
16. Zweckvermächtnis 41
17. Verschaffungsvermächtnis 41
18. Vor- und Nachvermächtnis 42
19. Vorausvermächtnis.............................. 42
20. Auflage 44
21. Abwicklungsvollstreckung 48
22. Verwaltungsvollstreckung 48
23. Bestimmung des Testamentsvollstreckers 49
24. Testamentsvollstreckervergütung 51
25. Widerruf früherer Testamente 53
26. Ehegattentestament mit Voll- und Schlusserbschaft 83
27. Ehegattentestament mit befreiter Vorerbschaft 84
28. Ehegattentestament mit Vermächtnis zugunsten des Ehegatten 85
29. Bindung des überlebenden Ehegatten 86
30. Abänderungsrecht des überlebenden Ehegatten 86
31. Pflichtteilsklausel 89
32. Regelung für den Fall der Scheidung 91

33. Familienrechtliche Anordnung 92
34. Auseinandersetzungsausschluss 147
35. Schiedsklausel Nachlassteilung 148
36. Familienrechtliche Anordnung 204

A. Die Erbfolge

I. Die gesetzliche Erbfolge

▶ Was bedeutet „Gesamtrechtsnachfolge"?

Mit dem Tod einer Person geht ihr Vermögen als **Ganzes** auf den oder die Erben über (§ 1922 I BGB). Der Erbe tritt mit dem Erbfall **unmittelbar** und **sofort** in die gesamten Rechte und Pflichten des Erblassers ein. Eine **Einzelrechtsnachfolge,** wonach nur einzelne Vermögensgegenstände (z. B. ein Grundstück) auf einen Erben übergehen, kennt das deutsche Erbrecht nicht. Möglich ist aber die Zuwendung dieses Gegenstandes in Form eines Vermächtnisses (Einzelheiten dazu auf Seite 176).

▶ Wer kann Erbe werden?

Erbe kann nur werden, wer zur Zeit des Erbfalls lebt (§ 1923 Abs. 1 BGB). Neben den **natürlichen** Personen sind auch **juristische** Personen (z. B. eingetragene Vereine, GmbH, Stiftung) erbfähig. Sogar der bereits gezeugte, aber noch nicht geborene Mensch (sogenannter **nasciturus**) kann Erbe werden (§ 1923 Abs. 2 BGB).

▶ Wann gilt die gesetzliche Erbfolge?

In folgenden Fällen richtet sich die Erbfolge nach dem Gesetz:
- Es gibt weder ein Testament noch einen Erbvertrag.
- Das Testament ist unwirksam oder erfolgreich angefochten.
- Die testamentarische Erbeinsetzung ist ausgeschlagen worden.

▶ Wie regelt das Gesetz die Erbfolge?

Hat der Erblasser weder ein Testament noch einen Erbvertrag hinterlassen, erben kraft Gesetz sein Ehegatte und die Verwandten, hilfsweise der Staat (§ 1936 BGB).

A. Die Erbfolge

1. Das Erbrecht der Verwandten

▶ **Welche Verwandten des Erblassers zählen zu den gesetzlichen Erben?**

Das Gesetz teilt die Blutsverwandten des Erblassers in verschiedene Erbordnungen ein.

Übersicht „Gesetzliches Erbrecht der Verwandten"		
Erben 1. Ordnung:	Abkömmlinge des Erblassers, d.h. die Kinder, Enkel, Urenkel, Ur-Urenkel	§ 1924 BGB
Erben 2. Ordnung:	Eltern und deren Abkömmlinge, d.h. die Geschwister, Neffen und Nichten, Großneffen und Großnichten des Erblassers	§ 1925 BGB
Erben 3. Ordnung:	Großeltern und deren Abkömmlinge, d.h. Onkel und Tanten, Cousins und Cousinen des Erblassers	§ 1926 BGB
Erben 4. Ordnung:	Urgroßeltern und deren Abkömmlinge	§ 1928 BGB
Erben 5. Ordnung:	Ur-Urgroßeltern und deren Abkömmlinge	§ 1929 BGB

▶ **Wonach richtet sich die Verwandtschaft?**

Nach § 1591 BGB ist **Mutter** eines Kindes die Frau, die es geboren hat. Die Abstammung vom **Vater** (§ 1592 BGB) kann durch drei formale Umstände begründet werden:
- Der Mann ist zum Zeitpunkt der Geburt mit der Mutter des Kindes verheiratet. Ergeht auf **Anfechtungsklage** hin ein rechtskräftiges Urteil, dass ein Kind nicht von einem bestimmten Mann abstammt (§ 1599 Abs. 1 BGB), ist die Abstammung beseitigt.
- Der Mann erkennt die **Vaterschaft** an.
- Die Vaterschaft wird zu Lebzeiten des Vaters gerichtlich festgestellt. Ist der Vater oder das Kind verstorben, kann die Feststellung der Abstammung in einem speziellen Verfahren erfolgen (§ 1600e Abs. 2 BGB).

I. Die gesetzliche Erbfolge

> **Expertentipp:** Stiefkinder oder Personen, die mit dem Erblasser lediglich verschwägert sind (§ 1590 BGB) gehören nicht zum Kreis der gesetzlichen Erben.

▶ Welche Rangfolge gilt zwischen den Erben aus unterschiedlichen Ordnungen?

Vorrang haben immer die Erben der niedrigsten Ordnung, die den Erblasser überleben (sogenannte **Sperrwirkung**, § 1930 BGB). Hat der Verstorbene Kinder, sind sie die Erben (zusammen mit dem Ehepartner), alle anderen Verwandten sind in diesem Fall von der Erbfolge ausgeschlossen. Wer weder Kinder noch Ehegatten hat, hinterlässt sein Vermögen seinen Eltern und seinen Geschwistern, und – wenn diese bereits verstorben sind – den Neffen und Nichten.

> **Beispiel:** In einer Drei-Generationen-Familie stirbt der Großvater. Dessen Sohn Anton ist bereits gestorben und hat einen Sohn Karl hinterlassen; Tochter Michaela lebt noch. Den Nachlass teilen sich Michaela und Karl. Der Sohn von Michaela, der genauso alt ist wie Karl, bekommt nichts, weil er durch seine Mutter von der Erbfolge ausgeschlossen ist.

▶ Wer ist Erbe 1. Ordnung?

Das sind die „**Abkömmlinge**" des Erblassers und deren „Abkömmlinge", also Kinder, Enkel und Urenkel des Verstorbenen ebenso wie die nichtehelichen und adoptierten Kinder (§ 1924 Abs. 1 BGB).

Es findet dabei eine „Erbfolge nach **Stämmen**" statt:

- Kinder erben zu gleichen Teilen (§ 1924 Abs. 4 BGB).
- Ein zur Zeit des Erbfall lebendes „Stammoberhaupt" schließt die durch ihn mit dem Erblasser verwandten Abkömmlinge von der Erbfolge aus (§ 1924 Abs. 2 BGB).
- Lebt beim Erbfall ein Abkömmling nicht mehr, treten an seine Stelle die durch ihn mit dem Erblasser verwandten Abkömmlinge (§ 1924 Abs. 3 BGB).

A. Die Erbfolge

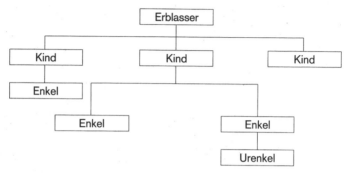

Übersicht „Erbrecht der Kinder"

Beispiel: Die Erblasserin, Frau Müller, hinterlässt einen Sohn und eine Tochter, die wiederum jeweils zwei eigene Kinder haben. Nach dem Tod von Frau Müller erben Sohn und Tochter zu gleichen Teilen (§ 1924 Abs. 4 BGB).

Alternative: Wäre die Tochter vor ihrer Mutter verstorben, so würden deren zwei Kinder, also die Enkelkinder der Erblasserin, an ihre Stelle treten (§ 1924 Abs. 3 BGB). Die Kinder des Sohnes sind nicht als Erben von Frau Müller berufen, da der Sohn als „Stammoberhaupt" seine eigenen Kinder von der Erbfolge ausschließt (§ 1924 Abs. 2 BGB). Es entsteht damit eine Erbengemeinschaft, bestehend aus dem Sohn von Frau Müller mit einer Erbquote von $1/2$ und den beiden Enkelkindern mit einer Erbquote von je $1/4$.

▶ **Haben nichteheliche, adoptierte, Stief- und Pflegekinder die gleichen Erbrechte wie ein eheliches Kind?**

Siehe dazu Seite 197.

▶ **Wer ist Erbe 2. Ordnung?**

Sind beim Tod des Erblassers keine Erben erster Ordnung vorhanden, so kommen die Erben zweiter Ordnung zum Zuge. Das sind die **Eltern** des Erblassers und deren „Abkömmlinge", also Geschwister, Neffen und Nichten (§ 1925 Abs. 1 BGB).

I. Die gesetzliche Erbfolge

Übersicht „Erbrecht der Eltern"

```
         ┌─────────┐   ┌─────────┐
         │  Vater  │   │ Mutter  │
         └────┬────┘   └────┬────┘
              └──────┬──────┘
   ┌──────────┬──────┴───┬──────────┐
┌──┴───────┐ ┌┴────────┐ ┌┴──────────┐
│Geschwister│ │Erblasser│ │Geschwister│
└────┬─────┘ └─────────┘ └─────┬─────┘
┌────┴────┐                ┌───┴─────┐
│ Neffen/ │                │ Neffen/ │
│ Nichten │                │ Nichten │
└─────────┘                └─────────┘
```

Es gelten bei Erben 2. Ordnung folgende **Prinzipien:**

- Leben zum Zeitpunkt des Erbfalls beider Elternteile, so fällt ihnen jeweils die Hälfte des Nachlasses zu (§ 1925 Abs. 2 BGB); die Geschwister des Erblassers gehen also leer aus.
- Lebt ein Elternteil nicht mehr, so fällt der Erbteil von $1/2$ an die Abkömmlinge des vorverstorbenen Vaters bzw. der vorverstorbenen Mutter (§ 1925 Abs. 3 S. 1 BGB).
- Sind keine Abkömmlinge des vorverstorbenen Elternteils vorhanden, dann erbt der überlebende Elternteil allein (§ 1925 Abs. 3 S. 2 BGB).

> **Beispiel:** Herr Schmid verstirbt unverheiratet und ohne Kinder zu hinterlassen. Sein Nachlass fällt zu gleichen Teilen an seine Eltern (§ 1925 Abs. 2 BGB).
>
> **Alternative:** Lebt nur noch der Vater oder die Mutter von Herrn Schmid, so erbt dieser Elternteil die Hälfte des Nachlasses. An die Stelle des verstorbenen Elternteils treten dessen Abkömmlinge (§ 1925 Abs. 3 S. 1 BGB). Dies sind also die Geschwister bzw. Halbgeschwister von Herrn Schmid und deren Abkömmlinge. Sind keine Abkömmlinge des vorverstorbenen Elternteils vorhanden, erbt der überlebende Elternteil allein (§ 1925 Abs. 3 S. 2 BGB).

> **Expertentipp:** Auch **geschiedene Eltern** des Erblassers sind gesetzliche Erben 2. Ordnung. Will z. B. die geschiedene Mutter eines Kindes (das selbst noch keine eigenen Kinder hat) verhindern, dass ihr Nachlass im Erbfall an das Kind und danach im Falle des Nachversterbens des Kindes an den „Ex-Mann" und Vater des gemeinschaftlichen Kindes fällt, muss die geschiedene Mutter ein sogenanntes „Geschiedenentestament" errichten (Einzelheiten dazu auf Seite 103).

A. Die Erbfolge

▶ Wer ist Erbe 3. Ordnung?

Die Erben 3. Ordnung kommen erst zum Zuge, wenn keine gesetzlichen Erben der 1. und 2. Ordnung zum Zeitpunkt des Erbfalls vorhanden sind. Hierzu zählen die **Großeltern** des Erblassers und deren „Abkömmlinge", also Onkel, Tanten, Cousinen und Cousins (§ 1926 Abs. 1 BGB).

Übersicht „Erbrecht der Großeltern"

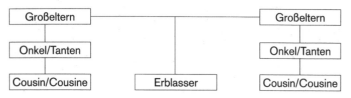

Es gelten bei Erben 3. Ordnung folgende **Prinzipien:**

• Wenn alle Großeltern noch am Leben sind, erben sie allein und jeder erhält $1/4$ des Nachlasses (§ 1926 Abs. 4 BGB).

• Ist ein Großelternteil, also Großvater oder Großmutter, vorverstorben, so erhalten dessen Abkömmlinge den Erbanteil von $1/4$ (§ 1926 Abs. 3 S. 1 BGB). Hat der vorverstorbene Großelternteil keine Abkömmlinge hinterlassen, so fällt der Erbanteil von $1/4$ an den anderen Teil des Großelternpaars, und – wenn dieser ebenfalls vorverstorben ist – an dessen Abkömmlinge.

• Lebt ein Großelternpaar nicht mehr und hat es auch keine Abkömmlinge hinterlassen, dann erbt das andere Großelternpaar allein (§ 1926 Abs. 4 BGB).

Beispiel: Die kinderlose ledige Erblasserin war das einzige Kind ihrer vorverstorbenen Eltern. Ihre Mutter hatte keine Geschwister. Der Vater hatte Schwester und Bruder, also Tante und Onkel der Erblasserin. Der Onkel lebt noch, die vorverstorbene Tante hinterlässt zwei Söhne, also Cousins der Erblasserin. Keiner der vier Großelternteile lebt mehr. Der Nachlass der Erblasserin geht zur Hälfte an den Onkel und zu je $1/4$ an die beiden Cousins.

I. Die gesetzliche Erbfolge

▶ **Wer ist Erbe 4. und 5. Ordnung?**

Erben 4. Ordnung sind die Urgroßeltern des Erblassers und deren „Abkömmlinge", also Großonkel und Großtanten (§ 1928 BGB). Erben 5. Ordnung sind die entfernteren Voreltern des Erblassers (§ 1929 BGB).

2. Das Erbrecht des Ehegatten

▶ **Wie regelt das Gesetz die Erbfolge beim Tod des Ehepartners?**

Hat der verheiratete Erblasser keine letztwillige Verfügung (Testament oder Erbvertrag) errichtet, wird er von seinem Ehepartner und etwaigen Kindern beerbt. Nach den Regelungen der §§ 1931, 1371 BGB hängt die Erbquote des Ehegatten vorrangig vom **ehelichen Güterstand** und der **Zahl der Kinder des Erblassers** ab. Es muss dabei unterschieden werden zwischen Zugewinngemeinschaft, Gütertrennung und Gütergemeinschaft:

Übersicht: Der gesetzliche Erbteil des Ehegatten			
	neben 1 Kind	neben 2 Kindern	bei mehr als 2 Kindern
bei Zugewinngemeinschaft	$1/4 + 1/4 = 1/2$	$1/4 + 1/4 = 1/2$	$1/4 + 1/4 = 1/2$
bei Gütertrennung	$1/2$	$1/3$	$1/4$
bei Gütergemeinschaft	$1/4$	$1/4$	$1/4$

a) Ehegattenerbrecht bei Zugewinngemeinschaft

▶ **Wie hoch ist der gesetzliche Erbteil des Ehegatten bei Zugewinngemeinschaft?**

Bei der sogenannten Zugewinngemeinschaft, die immer dann gilt, wenn die Eheleute ehevertraglich keinen anderen Güterstand vereinbart haben, ermittelt sich der Erbteil des überlebenden Ehegatten wie folgt:

A. Die Erbfolge

- **Allgemeiner Erbteil des Ehegatten:** Neben Verwandten der **1. Ordnung** (also z. B. neben Kindern des Erblassers) erhält der Ehegatte gemäß § 1931 Abs. 1 S. 1 BGB zunächst **ein Viertel** des Nachlasses; neben Verwandten der **2. Ordnung** und neben **Großeltern** fällt ihm die **Hälfte** zu.
- **Erhöhung des Erbteils bei Zugewinngemeinschaft:** Damit der während der Ehe erzielte Zugewinn des Verstorbenen zugunsten des überlebenden Ehegatten berücksichtigt werden kann, wird dieser gesetzliche Erbteil gemäß §§ 1931 Abs. 3, 1371 Abs. 1 BGB um ein **weiteres Viertel** pauschal erhöht (sogenannte „**erbrechtliche" Lösung**). Hierdurch soll sichergestellt werden, dass der während der Ehe erzielte Zugewinn auch im Todesfall des Partners dem überlebenden Ehegatten zusteht. Dies gilt selbst dann, wenn ein Vermögenszugewinn während der Ehezeit überhaupt nicht erzielt wurde. Durch die pauschale Erhöhung des Erbanteiles wird der überlebende Ehegatte davor geschützt, mit den anderen Erben über die Höhe des Zugewinnes streiten zu müssen.
- Der danach verbleibende Erbteil wird auf die erbberechtigten **Verwandten** des Erblassers, also im Regelfall auf dessen Kinder nach den Regeln der §§ 1924 ff. BGB verteilt.

> **Beispiel:** Frau Müller hat ihren ersten Ehemann durch einen tödlich verlaufenden Verkehrsunfall verloren. Aus dieser ersten Ehe sind zwei Söhne hervorgegangen. Einige Jahre später heiratet Frau Müller ihren zweiten Ehemann, der eine Tochter mit in die Ehe bringt. Als Frau Müller später verstirbt, lebte sie im gesetzlichen Güterstand (hat also keinen Ehevertrag abgeschlossen) und hinterlässt einen Nachlass von 200 000 Euro. Eine letztwillige Verfügung hat Frau Müller nicht errichtet.
>
> Erbe wird der zweite Ehemann von Frau Müller zur Hälfte, da ihm als gesetzlichem Erben ein Viertel zusteht (§ 1931 Abs. 1 BGB) und als pauschalierter Zugewinn ein weiteres Viertel gebührt (§§ 1931 Abs. 3, 1371 Abs. 1 BGB). Die beiden Söhne von Frau Müller aus erster Ehe erben neben dem zweiten Ehemann je ein Viertel des Nachlasses. Die Stieftochter, die der zweite Ehemann von Frau Müller mit in die Ehe gebracht hat, hat kein eigenes gesetzliches Erbrecht im Verhältnis zur Stiefmutter.

I. Die gesetzliche Erbfolge

▸ **Welche Ansprüche stehen dem überlebenden Ehegatten bei Zugewinngemeinschaft nach Ausschlagung der Erbschaft zu?**

Es kann sein, dass der verstorbene Ehepartner während der Ehe einen Vermögenszugewinn erzielt hat, der über ein Viertel des gesamten Nachlasses hinausgeht. In diesem Fall würde der überlebende Ehegatte mit der pauschalierten Erhöhung der Erbquote schlechter stehen als bei einer konkreten Berechnung des Zugewinns. Deshalb räumt der Gesetzgeber dem überlebenden Ehegatten in § 1371 Abs. 3 BGB die Möglichkeit ein, die Erbschaft **auszuschlagen** und stattdessen zwei Forderungen gegen die Erben des verstorbenen Ehepartners geltend zu machen (sogenannte „güterrechtliche" Lösung):

- Zum einen kann er den konkret berechneten **Zugewinnausgleich** (ähnlich wie im Fall der Scheidung) gemäß § 1378 BGB geltend machen. Hierzu müssen für jeden Ehegatten gesondert die Anfangs- und Endvermögen ermittelt werden. Die Differenz zwischen dem Anfangs- und Endvermögen ergibt den jeweiligen Zugewinn eines Ehegatten. Haben die Ehegatten während der Ehezeit einen unterschiedlichen Zugewinn erwirtschaftet, ist die Hälfte des Unterschiedsbetrags auszugleichen.
- Zum anderen kann der überlebende Ehegatte gemäß § 1371 Abs. 3 BGB i.V.m. § 2303 Abs. 2 BGB seinen **Pflichtteil** fordern. Die Pflichtteilsquote beträgt dann aber nur ein Achtel (sogenannter „kleiner" Pflichtteil) und die Zugewinnausgleichsforderung muss vom Nachlass als Verbindlichkeit abgezogen werden.
- Dieses Wahlrecht steht dem länger lebenden Ehegatten auch bei **testamentarischer** Erbfolge zu (siehe dazu Seite 79).

Beispiel: Das Ehepaar Schmid hat gemeinsam ein Architekturbüro aufgebaut, das beim Ableben von Herrn Schmid einen Verkehrswert von 400 000 Euro hat. Herr Schmid hinterlässt neben seiner Ehefrau einen Sohn. Er lebte im gesetzlichen Güterstand und hat weder ein Testament errichtet noch einen Erbvertrag geschlossen. Der Zugewinn, den Herr Schmid während der gesamten Ehezeit erwirtschaftet hat, beträgt 200 000 Euro.

Herr Schmid wird kraft Gesetz von seiner Witwe und seinem Sohn je zur Hälfte beerbt. Der Erbanteil der Witwe beläuft sich also auf einen Wert von 200 000 Euro. Frau Schmid kann aber diesen gesetz-

A. Die Erbfolge

lichen Erbanteil innerhalb einer Frist von sechs Wochen (§ 1944 Abs. 1 BGB) ausschlagen und folgende Ansprüche gegen den Erben ihres verstorbenen Mannes (dies wird der Sohn sein, sofern nicht auch dieser ausschlägt) durchsetzen:

Gemäß § 1378 BGB kann sie zunächst den Zugewinn von 200 000 Euro verlangen. Zusätzlich kann sie ihren Pflichtteil von einem Achtel fordern, der aus dem Nachlasswert von 400 000 Euro abzüglich der Zugewinnverbindlichkeit von 200 000 Euro, also aus 200 000 Euro berechnet wird. Der Pflichtteil der Witwe beträgt damit 25 000 Euro.

Frau Schmid erhält also anlässlich des Ablebens ihres Mannes insgesamt einen Betrag von 225 000 Euro (Zugewinn von 200 000 Euro zuzüglich des Pflichtteils von 25 000 Euro) und steht damit wirtschaftlich besser als bei der gesetzlichen Erbfolge. Diese Vorgehensweise hat für Frau Schmid weiter den Vorteil, dass es sich bei Zugewinn und Pflichtteil um Forderungen handelt, die der Erbe (also hier der Sohn) sofort mit dem Todesfall bar zu erfüllen hat. Bei gesetzlicher Erbfolge bestünde dagegen eine Erbengemeinschaft mit dem Sohn, bei der häufig Streitigkeiten entstehen.

Expertentipp: Die Ausschlagung zur Erlangung der güterrechtlichen Lösung kommt **in der Praxis** aber **sehr selten** vor. Der überlebende Ehegatte muss die Ausschlagung innerhalb der relativ kurzen Ausschlagungsfrist von nur sechs Wochen (§ 1944 Abs. 1 BGB) erklären. Dieser Zeitraum reicht meist nicht aus, realistische Werte für die beiden Anfangs- und Endvermögen zu ermitteln. Der überlebende Ehegatte muss zudem zwei Verfahren führen: Den Zugewinnausgleich muss er beim Amtsgericht (Familiengericht) gegen die Erben durchsetzen; die Pflichtteilsklage muss bei einem Streitwert von über 5 000 Euro beim Landgericht anhängig gemacht werden. Wegen der Vorgreiflichkeit der Zugewinnausgleichsklage muss das Landgericht den Pflichtteilsprozess aussetzen (§ 148 ZPO). Beide Prozesse verursachen also nicht nur hohe Kosten (insbesondere für die erforderlichen Wertgutachten), sondern sind auch sehr langwierig.

▶ **Wie ist die gesetzliche Erbfolge bei kinderlosen Ehepaaren in Zugewinngemeinschaft?**

Häufig wird von juristischen Laien angenommen, dass bei **kinderlosen** Ehepaaren der überlebende Ehegatte Alleinerbe wird. Dem ist aber nicht so. Gemäß § 1931 Abs. 1 BGB fällt dem überlebenden Ehegatten zunächst die Hälfte der Erbschaft zu. Bestand zum Zeitpunkt des Erbfalls gesetzlicher Güterstand, erhöht sich dieser Erbteil gemäß § 1931 Abs. 3 BGB in Verbindung mit § 1371 Abs. 1 BGB um ein weiteres Viertel. Der restliche Nachlass fällt an die Eltern des Erblassers. Bei gesetzlicher Erbfolge entsteht also eine **Erbengemeinschaft** zwischen dem überlebenden Ehegatten und den Eltern des Erblassers.

▶ **Wann werden die Eltern des verstorbenen Ehegatten gesetzliche Erben?**

Die Eltern des Verstorbenen sind gemäß § 1931 Abs. 1 BGB nur dann gesetzliche Erben, wenn keine Abkömmlinge (Kinder, Enkel, Urenkel) des Verstorbenen vorhanden sind. Hat der verstorbene Ehegatte in Zugewinngemeinschaft gelebt, erbt der überlebende Ehegatte drei Viertel des Nachlasses, den beiden Elternteilen steht jeweils ein Achtel zu.

▶ **Wann werden die Geschwister des verstorbenen Ehegatten gesetzliche Erben?**

Die Geschwister des Erblassers sind gemäß § 1925 Abs. 3 BGB nur dann gesetzliche Erben, wenn ein oder beide Elternteile des Erblassers nicht mehr leben und keine Abkömmlinge des Verstorbenen (Kinder, Enkel, Urenkel) vorhanden sind.

b) Ehegattenerbrecht bei Gütertrennung

▶ **Wie hoch ist der gesetzliche Erbteil des Ehegatten bei Gütertrennung?**

Hat das Ehepaar durch notariellen Vertrag (§§ 1408, 1414 BGB) **Gütertrennung** vereinbart, stellt der Gesetzgeber sicher, dass der überlebende Ehegatte keinen kleineren Erbteil erhalten soll als die Kinder (§ 1931 Abs. 4 BGB):
- Ein Einzelkind des Verstorbenen erbt ebenso wie der überlebende Ehegatte die Hälfte des Nachlasses.
- Bei zwei Kindern bekommen diese und der Ehepartner jeweils ein Drittel des Nachlasses.

A. Die Erbfolge

- Bei mehr als zwei Kindern steht dem überlebenden Ehepartner gemäß § 1931 Abs. 1 BGB ein Viertel des Nachlasses zu.
- Neben Verwandten der 2. Ordnung und neben den noch lebenden Großeltern erbt der Ehegatte die Hälfte des Nachlasses (§ 1931 Abs. 1 S. 2 BGB).

> **Expertentipp:** Bei Gütertrennung steht der überlebende Ehegatte im Erbfall also deutlich schlechter als bei einer Zugewinngemeinschaft.

c) Ehegattenerbrecht bei Gütergemeinschaft

▶ **Wie hoch ist der gesetzliche Erbteil des Ehegatten bei Gütergemeinschaft?**

Hat das Ehepaar durch notariellen Vertrag (§§ 1408, 1415 BGB) **Gütergemeinschaft** vereinbart, gehört jedem Ehepartner bereits vor dem Erbfall die Hälfte des gemeinsamen Vermögens (sogenanntes Gesamtgut; § 1416 BGB). Von der Hälfte des Gesamtguts, das dem Erblasser zustand, bekommt der überlebende Ehegatte neben Verwandten der **1. Ordnung** ein Viertel (§ 1931 Abs. 1 S. 1 BGB), wirtschaftlich betrachtet also $1/8$ des Gesamtguts. Der Rest des Gesamtguts geht an die Verwandten des Erblassers. Da der überlebende Ehegatte bereits vor dem Erbfall 50 % des Gesamtgutes besaß, steht ihm nun bei wirtschaftlicher Betrachtung $5/8 (= 4/8 + 1/8)$ des Gesamtguts zu.

Neben Verwandten **2. Ordnung** und neben den lebenden Großeltern steht dem überlebenden Ehegatten nicht nur ein Viertel, sondern die Hälfte des Gesamtguts zu (§ 1931 Abs. 1 S. 1 BGB).

> **Expertentipp:** Viele Ehegatten nehmen irrtümlich an, sie leben in Gütergemeinschaft, obwohl tatsächlich – da sie in der Regel keinen Ehevertrag geschlossen haben gesetzlicher Güterstand, also **Zugewinngemeinschaft** besteht. Diese Fehlvorstellung führt häufig dazu, die Eigentumsverhältnisse innerhalb der Ehe nicht richtig zu beurteilen: Während bei der Zugewinngemeinschaft das Vermögen des Ehemannes und der Ehefrau rechtlich getrennt bleiben, entsteht bei der Gütergemeinschaft mit Abschluss des Ehevertrages gemeinschaftliches Vermögen (das sogenannte Gesamtgut).

I. Die gesetzliche Erbfolge

▶ Wann wird der überlebende Ehegatte Alleinerbe?

Nur dann, wenn weder Verwandte der 1. oder 2. Ordnung und auch keine Großeltern vorhanden sind, wird der überlebende Ehegatte – unabhängig davon, in welchem ehelichen Güterstand der Erblasser lebte – **Alleinerbe** (§ 1931 Abs. 2 BGB).

▶ Was ist unter dem sogenannten „Voraus" zu verstehen?

Dem überlebenden Ehegatten steht – unabhängig davon, in welchem Güterstand er mit dem Erblasser lebte – neben seinem gesetzlichen Erbteil der sogenannte **„Voraus"** zu (§ 1932 BGB). Dieser umfasst die Haushaltsgegenstände (z. B. Haushaltsgeräte, Möbel) und die Hochzeitsgeschenke.
- Neben den Erben der **2. Ordnung** (Eltern bzw. Geschwister des Verstorbenen) und neben Großeltern stehen diese Gegenstände dem überlebenden Ehegatten allein zu.
- Neben den Erben der **1. Ordnung** (z. B. Kinder) kann der überlebende Ehegatte diese Gegenstände nur dann für sich allein verlangen, soweit er diese „zur Führung eines angemessenen Haushalts benötigt" (§ 1932 Abs. 1 BGB).

> **Expertentipp:** Einen Anspruch auf den Voraus hat der Ehepartner nur dann, wenn die **gesetzliche** Erbfolge gilt. Erbt er aufgrund eines Testamentes oder Erbvertrages, so besteht dieser Anspruch nur, wenn der Erblasser ein sogenanntes „Hausratsvermächtnis" angeordnet hat (Mustertext dazu auf Seite 39).

▶ Was ist der sogenannte „Dreißigste"?

Gemäß § 1969 BGB hat jeder Familienangehörige, der zum Hausstand des Erblassers gehört und von ihm Unterhalt bezogen hat, einen gegen die Erben gerichteten **Anspruch auf Unterhalt und Wohnungsnutzung** für eine Dauer von 30 Tagen ab dem Erbfall. Dieser Anspruch steht nach der Rechtsprechung auch dem nichtehelichen Lebensgefährten zu.

A. Die Erbfolge

▶ Haben geschiedene Ehegatten ein gesetzliches Erbrecht?

Nein, mit der Scheidung enden sämtliche erbrechtlichen Beziehungen zwischen den Ehegatten. Der rechtskräftig geschiedene Ehegatte hat kein Erbrecht. Er hat nicht einmal Anspruch auf einen Pflichtteil. Nach § 1933 BGB endet die Erbberechtigung des Ehegatten sogar schon dann, wenn zur Zeit des Todes des Erblassers die **Voraussetzungen für eine Scheidung** der Ehe gegeben waren und der Verstorbene die Scheidung **beantragt** oder ihr zugestimmt hat.

▶ Haben Paare ohne Trauschein ein gesetzliches Erbrecht?

Nichteheliche Lebensgefährten haben kein gesetzliches Erb- oder Pflichtteilsrecht beim Tod des Partners. Dies gilt selbst dann, wenn die Lebensgemeinschaft dauerhaft bestanden oder ein Partner den anderen jahrelang gepflegt hat. Von den Gerichten ist lediglich anerkannt, dass der Partner ohne Trauschein für einen Zeitraum von 30 Tagen nach Erbfall die mit dem Verstorbenen gemeinsam genutzte **Wohnung** und den **Haushalt** weiter nutzen darf. Nach dieser Schonfrist muss er damit rechnen, dass ihn die Erben buchstäblich „vor die Tür setzen".

> **Expertentipp:** Zur wirtschaftlichen Absicherung im Todesfall ist zwingend eine letztwillige Verfügung zugunsten des Lebenspartners notwendig.

3. Nachteile der gesetzlichen Erbfolge

▶ Warum ist die gesetzliche Erbfolge von Nachteil für die Angehörigen?

Ohne durchdachte letztwillige Verfügung greift gesetzliche Erbfolge. Der Erblasser verschafft hierdurch seinen Hinterbliebenen oft genug ein gewaltiges Streitpotenzial, Vermögensverlust, vermeidbare Erbschaftsteuerlast und nicht selten auch eine ungerechte Vermögensverteilung. Solche Sorglosigkeit fügt der eigenen Familie Schaden zu und verrät einen Mangel an Verantwortungsgefühl.

I. Die gesetzliche Erbfolge

- Die **wirtschaftlichen Folgen der gesetzlichen Erbfolge** entsprechen oft nicht dem Willen des Erblassers.
- Eine besondere **Fürsorge für schwächere Familienmitglieder** (z. B. minderjährige oder behinderte Kinder) ist nicht möglich.
- Ohne testamentarische Regelung der Erbfolge entsteht zwischen dem überlebenden Ehepartner und den Kindern des Erblassers oder den Verwandten kraft Gesetz eine **Erbengemeinschaft.** Da bei einer Erbengemeinschaft jeder Miterbe jederzeit die Teilung des Nachlasses verlangen kann (siehe § 2042 BGB), können die Kinder als Miterben vom überlebenden Ehegatten fordern, dass ihnen ihr Anteil an den Nachlassgegenständen ausbezahlt wird.

    Beispiel: Verfügt der überlebende Ehegatte nicht über die ausreichenden Barmittel, muss er u.U. ein Darlehen aufnehmen. Neben den ohnehin anfallenden Hauskosten muss dann der Witwer bzw. die Witwe auch noch die Kreditkosten für Tilgung und Zinsen tragen. Die finanziellen Mittel für den persönlichen Unterhalt des überlebenden Ehegatten werden damit geschmälert. Gelingt es dem Witwer bzw. der Witwe nicht, die notwendigen Barmittel, gegebenenfalls durch eine Kreditaufnahme, zu beschaffen, droht die Teilungsversteigerung, bei der oft nur 50–70 % des Verkehrswertes erzielt werden.

- Bei **Nachlassimmobilien** ist eine solche Zwangsgemeinschaft besonders gefährlich. Ein Verkauf oder eine Belastung von Nachlassgegenständen ist nur durch alle Erben gemeinsam möglich (siehe dazu Seite 139). Möchte der überlebende Ehegatte die Nachlassimmobilie nach dem Erbfall alleine nutzen, können die Miterben verlangen, dass er anteilig ortsübliche Miete bezahlt (siehe dazu Seite 141).
- Über **Verwaltungsmaßnahmen** kann der überlebende Ehegatte nicht allein entscheiden, sondern muss die Zustimmung der Miterben einholen (siehe dazu Seite 139).
- Auch eine **Vermietung** der Nachlassimmobilie ist nur bei Einwilligung der Miterben möglich. Es besteht also für den überlebenden Ehegatten immer der Zwang zur Einigkeit mit den Kindern.

    Beispiel: Soll das Haus oder die Eigentumswohnung renoviert werden, müssen alle Erben einen Teil der Kosten übernehmen. Verfügt eines der Kinder nicht über die genügenden Barmittel, unterbleiben oftmals notwendige Renovierungsarbeiten. Kann oder will der überlebende Ehegatte nicht mit eigenen Mitteln in Vorleistung treten, besteht die Gefahr, dass die Substanz der Immobilie geschädigt wird. Auch die Frage, ob der überlebende Ehegatte die zum Nachlass gehörende Immobilie allein nutzen darf, ist nur mit Zustimmung aller anderen Miterben zu beantworten. Fordert ein Miterbe die Vermietung, um Einnahmen zu erzielen, ist Streit vorprogrammiert.

- Dem überlebenden Ehegatten steht aus dem Nachlass lediglich der sogenannte **Voraus,** also die Haushaltsgegenstände, allein zu (§ 1932 BGB; siehe dazu Seite 13). Das sonstige Vermögen, insbesondere Bargeld, muss zwischen den Miterben und dem überlebenden Ehegatten entsprechend den Erbquoten aufgeteilt werden.
- Gehört zum Nachlass ein **Unternehmen,** wird dessen Existenz durch die oftmals auftretende Handlungsunfähigkeit einer Erbengemeinschaft gefährdet. Wichtige unternehmerische Entscheidungen können deshalb nicht oder nur mit erheblicher Verzögerung getroffen werden. Hierdurch kann die Versorgung des überlebenden Ehegatten erheblich gefährdet werden.
- Die Möglichkeiten einer **Erbschaftsteuerminimierung** werden ohne Testament regelmäßig vernachlässigt (siehe dazu Seite 228).

II. Die testamentarische Erbfolge

1. Warum testieren?

▶ **Wer sollte eine Verfügung von Todes wegen errichten?**

Jeder Bürger kann über sein Vermögen frei verfügen und mit einem Testament oder einem Erbvertrag zu Lebzeiten regeln, wer zu welchen Teilen einmal seinen Nachlass erben soll (§ 1937 BGB). Diese **Testierfreiheit** sollte jeder nutzen, der erkennt, dass die vom Gesetz geregelte Erbfolge seinem Willen nicht entspricht.

In folgenden Fallgruppen entstehen beim Eingreifen der gesetzlichen Erbfolge Probleme, Versorgungslücken und nicht selten auch Steuernachteile. Sie können deshalb in diesen **familiären Konstellationen** auf die Errichtung eines Testaments nicht verzichten:

- Bei gesetzlicher Erbfolge würde eine Erbengemeinschaft zwischen Ihrem Ehegatten und den Kindern entstehen.

- Sie haben Kinder aus erster Ehe.
- Sie haben nichteheliche Kinder.
- Sie möchten Vorsorge für ein behindertes Kind treffen.
- Sie haben ein minderjähriges Kind.
- Ihr Kind ist überschuldet.
- Sie möchten verhindern, dass Ihr Nachlass an Schwiegerkinder fällt.
- Sie sind nicht verheiratet oder haben keine Kinder.
- Sie sind verwitwet oder geschieden.
- Sie leben in einer Partnerschaft ohne Trauschein.
- Sie möchten ein Familienmitglied für besondere Leistungen (Pflege oder Unterstützung beim Hausbau) belohnen.
- Sie möchten lebzeitige Schenkungen an ein Kind zugunsten anderer Kinder ausgleichen.
- Sie oder ein Familienmitglied haben eine ausländische Staatsangehörigkeit.
- Sie haben Vermögen im Ausland.
- Zu Ihrem Vermögen gehören Anteile an Personen- oder Kapitalgesellschaften.
- Zu Ihrem Vermögen gehört ein Betrieb oder Unternehmen.
- Sie möchten Ihren Nachlass oder Teile davon an karitative, wissenschaftliche oder künstlerische Einrichtungen zuwenden.

2. Die Formalien einer letztwilligen Verfügung

a) Testierfähigkeit

▶ **Wer kann eine letztwillige Verfügung errichten?**

Eine letztwillige Verfügung kann errichten, wer
- testierfähig ist,
- Testierwillen hat,
- und dabei höchstpersönlich handelt.

▶ **Wann fehlt es an der Testierfähigkeit?**

Testamente sind bei fehlender Testierfähigkeit (§ 2229 Abs. 4 BGB) unwirksam. Der Gesetzgeber geht davon aus, dass im Re-

A. Die Erbfolge

gelfall Testierfähigkeit vorliegt und lediglich dann fehlt, wenn der Erblasser zu Lebzeiten an einer krankhaften Störung des Geisteszustandes, einer Geistesschwäche oder einer Bewusstseinsstörung gelitten hat. Beruft sich z. B. ein (übergangener) gesetzlicher Erbe auf Testierunfähigkeit des Erblassers, so hat das Nachlassgericht im Rahmen des Erbscheinverfahrens zu dieser Frage Beweis zu erheben. Die **Beweislast** trägt derjenige, der sich auf Testierunfähigkeit beruft.

> **Expertentipp:** Das Gericht holt in diesem Fall ein psychiatrisches und/oder neurologisches **Gutachten** ein und befragt Zeugen, die über den geistigen Zustand des Verstorbenen berichten können. Hierbei entsteht immer wieder die Frage, ob der behandelnde Arzt von seiner ärztlichen Schweigepflicht entbunden ist. Es ist unstreitig, dass der Erblasser diese Entbindung selbst vornehmen kann. Deshalb ist zu empfehlen, in der Verfügung von Todes wegen eine solche **Schweigepflichtentbindungserklärung** aufzunehmen.

Mustertext „Schweigepflichtentbindungserklärung"
Sollten Zweifel an meiner Testierfähigkeit entstehen, so entbinde ich insofern die Ärzte, die mich behandelt haben und noch behandeln werden, von ihrer Schweigepflicht.

▶ **Kann eine Person, die unter Betreuung steht, noch testieren?**

• Die Anordnung einer Betreuung nach dem Betreuungsgesetz (§§ 1896 ff. BGB) führt nicht automatisch zur Annahme der Testierunfähigkeit. Bei Zweifeln an der Testierfähigkeit des **Betreuten** wird das Nachlassgericht ein Sachverständigengutachten einholen.

• Der **Betreuer** kann nicht in Vertretung des Betreuten ein Testament errichten, da es sich hierbei um eine höchstpersönliche Willenserklärung handelt.

▶ **Ab welchem Lebensalter kann man ein Testament errichten?**

Anders als bei einem Erbvertrag, der die volle Geschäftsfähigkeit (vollendetes 18. Lebensjahr) erfordert (§ 2275 Abs. 1 BGB), können **Minderjährige** ab dem vollendeten 16. Lebensjahr – auch ohne Zustimmung der Eltern – ein Testament errichten, allerdings nur in notarieller Form (§ 2229 Abs. 1 BGB).

▶ Was bedeutet Testierwille?

Das Testament sollte als solches deutlich gekennzeichnet werden (z. B. mittels der Überschrift „Mein letzter Wille") und nicht etwa in Form eines Briefes oder sonstigen Anschreibens erklärt werden. In letzteren Fällen kann nämlich fraglich sein, ob überhaupt ein **„Testierwille"** vorlag oder nur die Errichtung eines späteren Testamentes angekündigt werden sollte.

▶ Darf eine Verfügung zugunsten Heimbediensteter getroffen werden?

Wer in einem Seniorenwohnheim oder einer Pflegeeinrichtung lebt, kann weder den Träger des Hauses noch dessen Beschäftigten letztwillig etwas zuwenden (§ 14 Heimgesetz).

▶ Kann man sich bei der Testamentserrichtung vertreten lassen?

Nein; die Errichtung eines Testamentes ist gemäß § 2064 BGB ein **höchstpersönliches** Rechtsgeschäft, das jeder Bürger und jede Bürgerin nur selbst erledigen kann. Auch wenn es von einer bestimmten Person gewünscht wird, ist es nicht zulässig, dass ein Stellvertreter (z. B. Vorsorgebevollmächtigter oder Betreuer) ein Testament niederlegt.

> **Expertentipp:** Es ist dringend zu empfehlen, ein Testament nicht ohne fachliche Beratung zu errichten. Die Kosten hierfür machen nur einen Bruchteil eines langwierigen Erbschaftsstreites aus, der durch ein fehlerhaftes Testament ausgelöst werden kann.

b) Öffentliches oder privatschriftliches Testament

▶ Was ist ein öffentliches Testament?

Ein öffentliches Testament kann entweder durch mündliche Erklärung vor dem **Notar** oder durch Übergabe einer (offenen oder verschlossenen) Schrift an den Notar errichtet werden (§ 2232 BGB).

▶ Was ist ein privatschriftliches Testament?

Der Erblasser kann alternativ zum öffentlichen Testament seinen letzten Willen selbst verfassen und ein privatschriftliches Testament errichten (§ 2247 Abs. 1 BGB). Die Hinzuziehung eines Notars oder einer anderen Urkundsperson ist dabei nicht erforderlich.

▶ Wie unterscheidet sich nun die Beratung eines Notars und eines Rechtsanwalts im Rahmen der Testamentsgestaltung?

Der Notar ist überparteilich und muss deshalb die Interessen aller Beteiligten berücksichtigen. Der Anwalt kann aus mehreren Gestaltungsalternativen die für seinen Mandanten beste Lösung auswählen. Während der Notar **neutral** zu beraten hat, kann der Anwalt auch die Interessen von Familienmitgliedern, die faktisch eine schwächere Stellung haben, im Rahmen einer Testamentsgestaltung absichern.

▶ Welche Formalien sind bei einem privatschriftlichen Testament zu beachten?

- Beim privatschriftlichen Testament muss der gesamte Text **eigenhändig geschrieben** sein. Zweck der Handschriftlichkeit ist es, Fälschungen zu erschweren. Ein mit Schreibmaschine, Computer oder in Form eines E-Mails geschriebener Text ist deshalb kein gültiges Testament.
- Das Testament ist gemäß § 2247 Abs. 3 BGB mit Vor- und Familiennamen zu **unterzeichnen.** Die Unterschrift muss den Text räumlich abschließen, um spätere Zusätze auszuschließen. Eine Oberschrift, also eine sogenannte Selbstbenennung zu Beginn des Textes („Ich, Hans Schmidt, verfüge hiermit Folgendes ...") genügt in der Regel nicht.
- Besteht das Testament aus **mehreren Seiten,** sollte es auf jeder Seite rechts unten mit einem Namenszeichen versehen werden.
- Es versteht sich von selbst, dass der Testierende um eine **leserliche Schrift** bemüht sein soll.

II. Die testamentarische Erbfolge

▶ **Müssen bei einem privatschriftlichen Testament Ort und Zeit der Errichtung angegeben werden?**

Nach § 2247 Abs. 2 BGB **„soll"** der Testierende Zeit und Ort der Testamentserrichtung angeben. Hierbei handelt es sich zwar nicht um eine Wirksamkeitsvoraussetzung. Die Angabe ist aber sehr sinnvoll, da bei Vorliegen mehrerer Testamente überprüft werden kann, welche letztwillige Verfügung die aktuellste und damit gültige ist.

▶ **Kann ein Testament nachträglich ergänzt werden?**

Nachträge sind möglich, müssen jedoch nochmals (mit Ort und Datum) unterschrieben werden, um spätere Streitigkeiten über die Gültigkeit der ergänzten Passagen zu vermeiden.

▶ **Was versteht man unter einem „Nottestament"?**

In Notsituationen, etwa wenn ein Unfallopfer oder ein älterer Mensch auf dem Sterbebett nicht mehr die Möglichkeit hat, ein privatschriftliches oder notarielles Testament zu errichten, können folgende Testamentsformen gewählt werden:

- Das **Bürgermeistertestament** (§ 2249 BGB) ist möglich, falls zu besorgen ist, „dass der Erblasser früher sterben werde, als die Errichtung eines Testamentes vor einem Notar möglich ist". Der Bürgermeister hat die Erklärung des Testierenden zu beurkunden und dafür zwei Zeugen hinzuzuziehen.
- Ein **Drei-Zeugen-Testament** (§ 2250 BGB) kann bei naher Todesgefahr, bei der auch die Errichtung vor einem Bürgermeister voraussichtlich nicht mehr möglich ist, gewählt werden. Die mündliche Erklärung des Testierenden muss vor drei Zeugen erfolgen. Die Zeugen fertigen über den letzten Willen des Testierenden eine Niederschrift an und unterzeichnen sie.
- Ein **Seetestament** (§ 2251 BGB) kann durch mündliche Erklärung vor drei Zeugen in Niederschrift errichtet werden, wenn man sich während einer Seereise an Bord eines deutschen Schiffes außerhalb eines inländischen Hafens befindet.

A. Die Erbfolge

> **Expertentipp:** Zu beachten ist die Bestimmung des § 2252 BGB, wonach diese drei Nottestamente ihre Wirkungen verlieren, wenn seit Errichtung des Testamentes drei Monate verstrichen sind und der Erblasser noch lebt. Der Gesetzgeber geht nämlich davon aus, dass Nottestamente oft unvorbereitet und ohne genaue Überlegung abgefasst werden.

▶ Was ist der Hauptgrund für fehlerhafte Testamente?

Die größte Fehlerquelle sind **unklare Formulierungen.** Viele – von juristischen Laien formulierte – letztwillige Verfügungen sind mehrdeutig, widersprüchlich und unvernünftig formuliert. Der Grund hierfür ist die Unterschätzung der schwierigen erbrechtlichen Materie und der Verzicht auf qualifizierte Beratung durch einen Experten. Das Gesetz versucht zwar durch verschiedene Auslegungs- und Zweifelsregeln dem wirklichen Willen des Erblassers so weit als möglich Geltung zu verschaffen (§§ 2087 ff. BGB). Häufig ergeben sich aber langwierige und teure Streitigkeiten über den genauen Inhalt eines Testaments.

Checkliste: Fehlervermeidung bei der Testamentserrichtung
- Unklare Formulierungen vermeiden.
- Der Testierwille muss deutlich erkennbar sein.
- Der gesamte Text des Testamentes muss handschriftlich geschrieben sein.
- Achten Sie auf lesbare Schrift.
- Das Testament muss eigenhändig mit Vor- und Familienname unterzeichnet sein.
- Ort, Datum der Errichtung angeben.
- Nachträgliche Änderungen erneut unterzeichnen.
- Der Testierende darf sich nicht vertreten lassen.
- Testierfähigkeit beachten.
- Keine Verfügung zugunsten Heimbediensteter.

c) Arten einer Verfügung von Todes wegen

▶ **Mit welchen Verfügungen von Todes wegen kann der Testierende seine Vermögensnachfolge regeln?**

Der Testierende kann zwischen folgenden Verfügungen von Todes wegen wählen:
- **Einzeltestament** in öffentlicher oder privatschriftlicher Form
- **Gemeinschaftliches Testament** unter Ehegatten in öffentlicher oder privatschriftlicher Form (siehe dazu Seite 79)
- **Erbvertrag** in notariell beurkundeter Form (siehe dazu Seite 61)

▶ **Wie unterscheiden sich Testament, Ehegattentestament und Erbvertrag?**

- Ein **Einzeltestament** kann jederzeit geändert und widerrufen werden; es tritt also keine Bindung des Testierenden an seinen letzten Willen ein. Bei Eheleuten, Partnern ohne Trauschein, kann dies aber auch von Nachteil sein, da eine Änderung des Testamentes „hinter dem Rücken" des Ehe- oder Lebenspartners erfolgen kann. Hiergegen schützt nur ein gemeinschaftliches Testament oder ein Erbvertrag.
- Der **Erbvertrag** führt dazu, dass eine spätere Aufhebung oder Änderung der getroffenen Anordnungen nur möglich ist, wenn alle Vertragspartner zustimmen. Der Erbvertrag ist also bindend, es sei denn, es wurde ein Rücktrittsrecht vorbehalten. Nachteilhaft am Erbvertrag ist, dass er notariell beurkundungspflichtig ist und hierdurch bei größeren Vermögen erhebliche Kosten ausgelöst werden.
- Das **Testament von Ehegatten** kann nicht ohne Weiteres abgeändert, widerrufen oder aufgehoben werden. Notwendig ist entweder ein neues gemeinsames Testament beider Ehegatten oder – falls nur ein Ehegatte das Testament abändern will – ein notariell beurkundetes Widerrufstestament, das dem anderen Ehegatten zugestellt werden muss. Nach dem Tod des erstversterbenden Ehegatten kann der Überlebende die letztwillige Verfügung im Regelfall nur dann widerrufen, wenn sich im Testament ein Abänderungsvorbehalt findet. Wenn Eheleute eine letztwillige Verfügung errich-

ten, sollten sie klären, ob sie die Bindungswirkung eines gemeinschaftlichen Testamentes (bzw. Erbvertrages) wünschen oder ihre Testierfreiheit über den Tod des anderen Ehegatten hinaus erhalten wollen.

3. Das Einzeltestament

▶ **Welchen Inhalt kann ein Testament haben?**

Der Testierende kann in seinem Testament folgende Anordnungen treffen:
- Einsetzung einer oder mehrerer Personen als **Erben** (siehe dazu Seite 24),
- **Enterbung** einzelner Personen (siehe dazu Seite 29),
- Bestimmung eines **Ersatzerben** einsetzen (siehe dazu Seite 30),
- **Teilungsanordnungen** für den Nachlassteilung unter Miterben (siehe dazu Seite 31),
- zeitlich befristete Einsetzung einer Person als **Vorerben** (siehe dazu Seite 33),
- Zuwendung einzelner Gegenstände als **Vermächtnis** (siehe dazu Seite 36),
- **Auflagen** für den Erben oder Vermächtnisnehmer (siehe dazu Seite 43),
- einen **Testamentsvollstrecker** zur Auseinandersetzung oder Verwaltung des Nachlasses einsetzen (siehe dazu Seite 44),
- **familienrechtliche Anordnungen** für minderjährige Kinder treffen (siehe dazu Seite 92).

a) Die Erbeinsetzung

▶ **Wie erfolgt die Einsetzung eines Allein- oder Miterben?**

Gemäß § 1937 BGB kann der Erblasser in seinem Testament oder Erbvertrag einen oder mehrere **Erben** als seine Rechtsnachfolger bestimmen. Er kann dabei über seinen gesamten Nachlass verfügen oder auch nur über Teile davon. Im letzteren Fall gilt dann für den sonstigen Nachlass die gesetzliche Erbfolge.

II. Die testamentarische Erbfolge

▸ Wie unterscheiden sich Erbe und Vermächtnisnehmer?

Häufig wird in Testamenten nicht genau zwischen der Einsetzung eines Erben und der Bestimmung eines Vermächtnisses unterschieden. Juristische Laien verwenden vielfach den Begriff „vermachen", obwohl eine Erbeinsetzung gemeint ist. Folge hiervon ist, dass es zu Rechtsstreitigkeiten kommt, da der Inhalt des Testaments dann auslegungsfähig ist. Die Betroffenen haben anschließend unterschiedliche Ansichten über den Willen des Erblassers. Letztendlich muss dann ein Richter in einem oft langwierigen Prozess entscheiden, was der Erblasser vermutlich gewollt hat.

- Der **Erbe** ist der sogenannte Rechtsnachfolger des Erblassers und tritt in sämtliche Positionen des Erblassers ein. Dies bedeutet, dass er auch für die Schulden des Erblassers haftet. Der Erbe kann mit dem Nachlass machen was er will. Er kann alles behalten oder einzelne Gegenstände (z.B. Häuser) verkaufen bzw. verschenken. Sind mehrere Erben zu sogenannten Miterben eingesetzt, so müssen sich diese anschließend über die Verwaltung und Aufteilung des Nachlasses einigen (siehe Seite 139, 142).
- Ein **Vermächtnisnehmer** hat im Gegensatz zum Erben nur einen Anspruch auf einzelne Gegenstände aus dem Nachlass. Er tritt demnach nicht in sämtliche Rechte und Pflichten des Erblassers ein. Die Rechtsstellung des Vermächtnisnehmers ist schwach. Er erhält nur einen Anspruch gegen den bzw. die Erben, dass diese ihm den vermachten Gegenstand zu Eigentum übertragen müssen. Folge ist somit, dass die Vermächtniserfüllung gegenüber den Erben geltend gemacht werden muss. Dies kann Streitigkeiten mit den Erben provozieren. Auf der anderen Seite hat der Vermächtnisnehmer keinerlei Haftung für Nachlassverbindlichkeiten.

▸ Welche Formulierung kann für eine Erbeinsetzung verwendet werden?

Mustertext „Erbeinsetzung"

Zu meinen Erben setze ich meinen Sohn ....., geboren am ....., wohnhaft ..... und meine Tochter ....., geboren am ....., wohnhaft ..... zu gleichen Teilen ein.

(Ort, Datum; Vor- und Familienname)

A. Die Erbfolge

> **Expertentipp:** Bitte beachten sie, dass die Einsetzung mehrerer Personen als **Miterben** – ähnlich wie bei der gesetzlichen Erbfolge (vgl. dazu Seite 14) – häufig zu Streit führt. Sie sollten sich deshalb von einem Fachanwalt für Erbrecht erläutern lassen, ob es nicht besser ist, einen Familienangehörigen als Alleinerben einzusetzen und die anderen Personen durch Vermächtnisse (vgl. dazu Seite 36) abzusichern.

▶ Warum müssen bei der Erbeinsetzung konkrete Erbquoten angegeben werden?

Juristischen Laien machen immer wieder den Fehler, in ihrem Testament **keine festen Erbquoten** anzugeben, sondern nur einzelne Gegenstände (z. B. das Wohnhaus, eine Ferienwohnung, das Aktiendepot oder den Pkw) unter den Hinterbliebenen zu verteilen. Für das Nachlassgericht, das auf der Grundlage eines derartigen Testaments einen Erbschein erteilen soll, ergeben sich hieraus erhebliche Probleme: Im Erbschein sind nämlich keine Gegenstände verzeichnet, sondern nur Name und Anschrift der einzelnen Miterben sowie die ihnen jeweils am Nachlass zustehenden Erbquoten (in Form von Bruch- oder Prozentzahlen).

▶ Wie muss das Nachlassgericht tun, wenn der Erblasser keine konkreten Erbquoten im Testament angegeben hat?

Das Nachlassgericht muss dann durch **Auslegung des Testaments** versuchen zu ermitteln, was der Testierende tatsächlich gewollt hat. Zunächst ist zu prüfen,

- ob der Testierende die Einzelgegenstände in Form von **Vermächtnissen** zuwenden wollte (und es im Übrigen bei der gesetzlichen Erbfolge verbleibt)
- oder ob der Erblasser praktisch sein gesamtes Vermögen unter den Hinterbliebenen in Form einer testamentarischen **Miterbeneinsetzung** verteilen wollte.
- Im letzteren Falle muss das Nachlassgericht zusätzlich noch die Höhe der Erbquoten dadurch ermitteln, indem der **Wert der einzelnen Gegenstände** mit dem Wert des Gesamtvermögens verglichen wird. Hierbei kommt es im Regelfall auf den Wert zum Zeitpunkt der Testamentserrichtung und nicht auf den des Erbfalls an.

II. Die testamentarische Erbfolge

Beispiel: Herr Franz Müller hinterlässt nach seinem Tod im Jahr 2007 seine Ehefrau Anna, seinen Sohn Wolfgang und seine Tochter Beate. Sein Nachlass besteht im Wesentlichen aus einem Wohnhaus, einer Ferienwohnung und einem Sparguthaben. In seinem Testament aus dem Jahr 1970 hat er seiner Ehefrau Anna Müller das Wohnhaus zugewandt, dem Sohn Wolfgang die Ferienwohnung und der Tochter Beate das Sparguthaben.

Die Witwe Anna Müller beantragt beim Nachlassgericht einen Erbschein, der sie als Alleinerbin ihres verstorbenen Mannes ausweisen soll. Die Tochter Beate möchte sich mit dem Sparguthaben allein nicht „abspeisen" lassen. Sie ist der Meinung, dass ihr Vater sie als Miterbin einsetzen wollte und sie deshalb am gesamten Nachlass mit einer bestimmten Erbquote zu beteiligen sei. Im Rahmen des Erbscheinerteilungsverfahrens ermittelt das Nachlassgericht durch Einholung von Sachverständigengutachten folgende Vermögenswerte zum Zeitpunkt der Testamentserrichtung im Jahr 1970:

Variante 1: Da die Ferienwohnung sehr klein ist und zudem im Jahr 1970 in einem sehr schlechten Zustand war, ermittelt der Sachverständige einen Wert von nur 15 000 DM. Der Sparguthaben von Herr Müller war ebenfalls relativ gering. Damit ergeben sich folgende Wertverhältnisse:

Wohnhaus	400 000 DM	Zuwendung an Ehefrau Müller
Ferienwohnung	15 000 DM	Zuwendung an Sohn Wolfgang
Sparguthaben	10 000 DM	Zuwendung an Tochter Beate
Vermögen insgesamt	425 000 DM	

Da der Erblasser seiner Ehefrau das Wohnhaus mit einem Wert von 400 000 DM und damit den **wesentlichen** Teil seines Vermögens zugewandt hat, wird das Nachlassgericht das Testament dahingehend auslegen, dass die **Ehefrau Alleinerbin** sein sollte und die beiden Kindern die Ferienwohnung bzw. das Sparguthaben nur als Vermächtnis erhalten sollen und damit keine Miterbenstellung haben. Das Nachlassgericht wird deshalb folgenden **Erbschein** erteilen:

„Herr Franz Müller, geboren am ..., gestorben am ..., zuletzt wohnhaft ..., ist

– allein –

beerbt worden von seiner Ehefrau Anna Müller."

Die beiden Kinder werden als bloße **Vermächtnisnehmer** nicht in den Erbschein aufgenommen und müssen ihren Anspruch auf Erfüllung des Vermächtnisses gegenüber der Witwe als Alleinerbin durchsetzen. Sollte sich die Witwe weigern, die Vermächtnisse zu erfüllen,

A. Die Erbfolge

müssen die Kinder vor dem Landgericht Klage erheben (das Nachlassgericht ist hierfür nicht zuständig).

Variante 2: In dieser Variante ermittelt der Gutachter einen Verkehrswert der Ferienwohnung im Jahr 1970 von 200 000 DM, da die Wohnfläche sehr groß und sich das Objekt in bester Lage befindet. Auch das Sparguthaben von Herrn Müller war 1970 deutlich höher als in Variante 1. Damit ergeben sich folgende Wertverhältnisse:

Wohnhaus	400 000 DM	Zuwendung an Ehefrau Müller
Ferienwohnung	200 000 DM	Zuwendung an Sohn Wolfgang
Sparguthaben	200 000 DM	Zuwendung an Tochter Beate
Vermögen insgesamt	800 000 DM	

In Variante 2 hat der Erblasser keinem Familienangehörigen den wesentlichen Teil seines Vermögens zugewandt, mit der Folge, dass das Nachlassgericht das Testament so auslegen wird, dass der Testierende seine Frau, seinen Sohn Wolfgang und seine Tochter Beate als **Miterben** einsetzen wollte. Wenn nun der Wert der Einzelgegenstände mit dem Wert des Gesamtvermögens verglichen wird, so ergeben sich folgende Anteile: das Wohnhaus macht 50 % des gesamten Nachlasses aus, die Ferienwohnung und das Sparguthaben jeweils 25 %. Das Nachlassgericht wird deshalb folgenden **Erbschein** erteilen:

„Herr Franz Müller, geboren am ..., gestorben am ..., zuletzt wohnhaft ..., ist beerbt worden vom:

(1) seiner Ehefrau Anna Müller, zu $1/2$
(2) seinem Sohn Wolfgang Müller, zu $1/4$
(3) seiner Tochter Beate Müller, zu $1/4$."

Dieser Erbschein berechtigt die drei Miterben aber noch nicht, den zugewandten Gegenstand aus dem Nachlass zu entnehmen. Die Mitglieder der Erbengemeinschaft müssen vielmehr einen sogenannten **Erbauseinandersetzungsvertrag** abschließen, der Voraussetzung für den Alleineigentumserwerb des jeweiligen Miterben an den Nachlassgegenständen ist.

Expertentipp: In obigem Beispiel ist also die Ermittlung der Erbquoten durch das Gericht außerordentlich schwierig und zeitaufwändig. Die Sachverständigengutachten, die das Nachlassgericht einholen muss, lösen Kosten von ca. 1 000 bis 2 000 Euro für jede Bewertung aus. Hätte der Erblasser vor Errichtung seines Testaments qualifizierte erbrechtliche Beratung eingeholt, wären seinen Angehörigen nicht nur diese unnötigen Ausgaben, sondern auch ein langwieriges gerichtliches Verfahren erspart geblieben.

II. Die testamentarische Erbfolge

▶ **Was soll der Erblasser testamentarisch verfügen, um Auslegungsprobleme zu vermeiden?**

- Der Erblasser muss zunächst die Frage entscheiden, ob er nur eine Person (z. B. seine Ehefrau) als **Alleinerben** oder mehrere Personen (z. B. seine Ehefrau und die beiden Kinder) als **Miterben** einsetzen will.
- Im letzteren Falle muss er mittels einer sogenannten **Teilungsanordnung** (vgl. dazu Seite 31) den Miterben einzelne Vermögensgegenstände zuordnen.
- Hierbei hat der Erblasser auch die Frage zu klären, ob ein Miterbe, der mittels der Teilungsanordnung wirtschaftlich mehr als den Wert seines Erbteils erhält, diesen **Mehrwert** gegenüber den anderen Miterben **auszugleichen** hat (vgl. dazu Seite 32).
- Möchte der Erblasser eine derartige Ausgleichszahlung vermeiden, muss er diesen Mehrwert dem betroffenen Miterben als **Vorausvermächtnis** (vgl. dazu Seite 42) zuwenden.

> **Expertentipp:** Die testamentarische Verteilung einzelner Vermögenswerte unter den Miterben schafft ein erhebliches Streitpotenzial, das nur durch relativ komplizierte für den juristischen Laien schwer verständliche Anordnungen beseitigt werden kann. Ohne vorherige Beratung durch einen erfahrenen Fachanwalt für Erbrecht sollten deshalb im Testament nur die Erbquoten der einzelnen Miterben festgelegt und auf die Zuordnung von Vermögensgegenständen verzichtet werden.

b) Die Enterbung

▶ **Wie erfolgt die Enterbung einer Person?**

Nach § 1938 BGB ist es auch möglich, dass ein Testament ausschließlich mit dem Ziel errichtet wird, eine bestimmte Person zu **enterben**. Es gilt dann die gesetzliche Erbfolge, bei der die ausgeschlossene Person nicht berücksichtigt wird.

> **Expertentipp: Gründe** für die Enterbung sollten im Testament in der Regel nicht angegeben werden, da hierdurch für den Enterbten die Chancen einer erfolgreichen Testamentsanfechtung vergrößert werden:

A. Die Erbfolge

> Treffen nämlich die angegebenen Gründe nicht vollständig zu, kann der Enterbte geltend machen, der Erblasser sei irrtümlich von falschen Tatsachen ausgegangen.

Gehört die enterbte Person zum Kreis der pflichtteilsberechtigten Personen, so stehen ihr gegen den Erben Pflichtteilsansprüche gemäß den §§ 2303 ff. BGB zu (Einzelheiten dazu auf Seite 148). Eine Entziehung dieses Pflichtteils ist nur unter sehr engen für die Praxis kaum relevanten Voraussetzungen möglich (vergleiche dazu Seite 150).

> **Expertentipp:** Eine Enterbung erstreckt sich in der Regel nicht auf die **Abkömmlinge** des Enterbten. Es sollte deshalb testamentarisch zweifelsfrei festgelegt werden, ob sich der Ausschluss von der gesetzlichen Erbfolge nur auf die Person des Enterbten selbst oder auch auf dessen gesamten Stamm bezieht.

▶ **Welche Formulierung kann für eine Enterbung verwendet werden?**

Mustertext „Enterbung"
Hiermit enterbe ich meinen Sohn ....., geboren am ....., wohnhaft ..... einschließlich seines gesamten Stammes.

(Ort, Datum; Vor- und Familienname)

c) Der Ersatzerbe

▶ **Warum ist eine Ersatzerbenregelung notwendig?**

- Besonders wichtig ist die Einsetzung eines sogenannten **Ersatzerben** (§ 2096 BGB) für den Fall, dass der eigentlich eingesetzte Erbe vor dem Erblasser verstirbt oder nach dem Erbfall die Erbschaft ausschlägt mit der Folge, dass der Ausschlagende gemäß § 1953 Abs. 1 BGB für die Erbfolge nicht mehr berücksichtigt wird.
- Ohne ausdrückliche testamentarische Regelung muss durch **Auslegung** des Testamentes ermittelt werden, ob und wen der Erblasser als Ersatzerben bestimmen wollte.

- Ist dies nicht möglich, rücken im Falle der Erbeinsetzung von **Abkömmlingen** deren Kinder nach der gesetzlichen Auslegungsregel des § 2069 BGB als Ersatzerben nach.
- Für den Fall, dass auch der Ersatzerbe wegfällt, sollten **hilfsweise** weitere Ersatzerben genannt werden.

> **Beispiel:** Herr Müller, ledig und kinderlos, setzt in seinem Testament seine beiden Freunde Martin und Robert als Erben je zur Hälfte ein. Einige Jahre nachdem Martin bei einem Verkehrsunfall tödlich verunglückt, verstirbt auch Herr Müller.
>
> Obwohl Robert im Testament von Herrn Müller nur zur Hälfte als Erbe eingesetzt ist, fällt ihm die gesamte Erbschaft zu, da der Erbteil des vorverstorbenen Martin ihm zuwächst (§ 2094 BGB). Gleiches würde gelten, wenn Martin nicht vorverstorben wäre, sondern nach Eintritt des Erbfalls frist- und formgerecht die Erbschaft ausgeschlagen hätte. Eine solche Anwachsung zugunsten von Robert tritt dann nicht ein, wenn der Testierende einen Ersatzerben für Martin bestimmt hat.

▶ **Was gilt, wenn kein Ersatzerbe bestimmt wurde und auch nicht durch Auslegung zu ermitteln ist?**

In diesem Fall fällt der Erbteil des weggefallenen Miterben den anderen Miterben zu (sogenannte **Anwachsung**, § 2094 BGB). Um Streitigkeiten zu vermeiden sollte also im Testament immer ein Ersatzerbe bestimmt und ersatzweise die sogenannte Anwachsung angeordnet werden.

▶ **Welche Formulierung kann für eine Ersatzerbeneinsetzung verwendet werden?**

Mustertext „Ersatzerbeneinsetzung"

Zu Ersatzerben meiner Kinder sind deren Abkömmlinge nach gesetzlicher Erbfolgeordnung berufen und berechtigt, wiederum ersatzweise tritt – zunächst innerhalb eines Stammes – Anwachsung ein.

d) Die Teilungsanordnung

▶ **Wozu dient eine Teilungsanordnung?**

Gemäß § 2048 BGB kann der Erblasser sogenannte Teilungsanordnungen treffen, wie die Auseinandersetzung zwischen den einzelnen Miterben zu erfolgen hat. Erhält dabei ein einzelner

A. Die Erbfolge

Miterbe wertmäßig mehr als ihm eigentlich nach seiner Erbquote zustehen würde, muss er den anderen Miterben gegenüber einen Ausgleich zahlen, sofern im Testament nichts anderes geregelt ist.

▶ Welche Wirkung hat eine Teilungsanordnung?

Zu beachten ist, dass eine Teilungsanordnung nicht automatisch dazu führt, dass der Miterbe den ihm zugedachten Gegenstand vorab aus dem Nachlass erhält. Er muss vielmehr die Verteilung des gesamten Nachlasses abwarten, es sei denn, alle anderen Miterben sind damit einverstanden, dass er sich den Gegenstand aus dem Nachlass entnehmen darf. Will der Erblasser dies vermeiden, kann er ein sogenanntes **Vorausvermächtnis** (§ 2150 BGB) anordnen (siehe dazu Seite 42).

Beispiel: Frau Müller, verwitwet, hat ihre beiden Kinder als Miterben zu gleichen Teilen eingesetzt. Sie hat weiter bestimmt, dass die Eigentumswohnung ihrem Sohn und das Einfamilienhaus ihrer Tochter zufallen soll. Zum Zeitpunkt des Erbfalls ist die Eigentumswohnung 100 000 Euro und das Einfamilienhaus 300 000 Euro wert. Sonstigen nennenswerten Nachlass hat Frau Müller nicht hinterlassen.

Die beiden Kinder sind Miterben mit einer Quote von je ein Halb geworden und damit am Nachlass von Frau Müller von insgesamt 400 000 Euro wirtschaftlich mit jeweils 200 000 Euro beteiligt. Im Rahmen der Nachlassteilung müssen die Miterben Regelungen treffen, wonach dem Sohn die Eigentumswohnung und der Tochter das Einfamilienhaus eigentumsmäßig zustehen soll. Die Teilungsanordnung führt allerdings zu einer Ausgleichsverpflichtung desjenigen, der wirtschaftlich mehr erhalten hat, als es seiner Erbquote entspricht. Deshalb muss die Tochter einen Betrag von 100 000 Euro an ihren Bruder bezahlen. Da diese Ausgleichszahlung die Liquidität der Tochter ganz erheblich beeinträchtigen kann, hätte die Erblasserin in ihrem Testament auch die Frage regeln sollen, ob ein derartiger Ausgleich geschuldet ist oder nicht.

Expertentipp: In der Praxis ist die Teilungsanordnung nicht immer vom Vorausvermächtnis eindeutig zu unterscheiden. Ohne präzise testamentarische Anordnungen ist Streit unter den Miterben vorprogrammiert. Häufig enden diese Auseinandersetzungen mit der Teilungsversteigerung von Nachlassimmobilien, die oft nur zu einem geringen Erlös führen. Hier ist der Rat eines Fachanwalts für Erbrecht unverzichtbar.

II. Die testamentarische Erbfolge

▶ **Welche Formulierung kann für eine Teilungsanordnung verwendet werden?**

Mustertext „Teilungsanordnung"

Für die Auseinandersetzung der Erbengemeinschaft ordne ich Folgendes an:
1. Mein Sohn ...... erhält im Wege der Teilungsanordnung und somit in Anrechnung auf seinen Erbteil das Hausanwesen in ....., ... Str., eingetragen im Grundbuch von ....., Fl.Nr. .....
2. Meine Tochter ..... erhält im Wege der Teilungsanordnung und somit in Anrechnung auf ihren Erbteil, das Wertpapierdepot ..... bei der ..... Bank in ...... mit dem Bestand am Todestag.

e) Die Vor- und Nacherbschaft

▶ **Was versteht man unter Vor- und Nacherbschaft?**

Der Testierende kann sein Vermögen durch die Anordnung einer Vor- und Nacherbschaft (§ 2100 BGB) über zwei oder mehrere Generationen hinweg vererben. Hierzu bestimmt er, dass sein Vermögen zunächst einer Person zukommen soll **(= Vorerbe)**, legt aber gleichzeitig bereits fest, wer es nach dieser Person bekommen soll **(= Nacherbe)**. Vor- und Nacherbe sind Erben desselben Erblassers, allerdings zeitlich aufeinander folgend.

▶ **Wann tritt der Nacherbfall ein?**

Der Nacherbe kommt regelmäßig erst dann zum Zug, wenn der Vorerbe ebenfalls verstorben ist. Der Testierende kann aber auch andere Anlässe oder Zeitpunkte für den Eintritt der Nacherbfolge festlegen (z.B. Heirat des Vorerben oder Volljährigkeit des Nacherben).

▶ **Welche Vorteile hat die Vor- und Nacherbschaft?**

- Durch die Anordnung einer Vor- und Nacherbschaft kann der Erblasser verhindern, dass die **Substanz seines Nachlasses** vom Erben verbraucht wird.
- Die Vorerbschaft bildet in der Hand des Vorerben ein **Sondervermögen**, das er von seinem Eigenvermögen getrennt zu verwalten hat.

A. Die Erbfolge

- Dem Vorerben gebühren lediglich die **Nutzungen** der Vorerbschaft.
- Der Nachlass kann hierdurch für **minderjährige** Erben gesichert werden, bis diese ein bestimmtes Alter (z. B. das 25. Lebensjahr) erreicht haben.
- **Überschuldete** Vorerben können vor Zwangsvollstreckungsmaßnahmen ihrer Gläubiger in den Nachlass geschützt werden (§ 2115 BGB).

▶ Welchen Verfügungsbeschränkungen unterliegt der Vorerbe?

Bei der Anordnung einer Vor- und Nacherbschaft ist besondere Vorsicht geboten, da der Vorerbe in seiner Verfügungsmöglichkeit über das ererbte Vermögen stark eingeschränkt ist, da der Nachlass in seiner Substanz für die Nacherben zu erhalten ist. So darf der Vorerbe **Grundstücke, Häuser und Eigentumswohnungen,** die sich im Nachlass befinden, nur mit Zustimmung des Nacherben veräußern (§ 2113 Abs. 1 BGB). Zum Schutz des Nacherben wird im Grundbuch ein „Nacherbenvermerk" eingetragen mit der Folge, dass jeder Kaufinteressent von vornherein abgeschreckt wird.

> **Expertentipp:** Vor- und Nacherbe stehen in einem Interessengegensatz zueinander, der häufig zu Konflikten und Streitigkeiten führt. Ohne fachliche Beratung sollte deshalb eine Vor- und Nacherbschaft nicht angeordnet werden.

▶ Welche Formulierung kann für eine Vor- und Nacherbschaft verwendet werden?

Mustertext „Vor- und Nacherbschaft"

Ich setze meine Ehefrau zu meiner alleinigen Vorerbin ein. Zu Nacherben bestimme ich meine Kinder nach den Regeln der gesetzlichen Erbfolge. Der Nacherbfall tritt mit dem Tod der Vorerbin ein.

> **Expertentipp:** Der Testierende sollte in seiner letztwilligen Verfügung ausdrücklich klarstellen, ob sein Erbe (unbeschränkter) Vollerbe oder nur (in seiner Verfügungsgewalt beschränkter) Vorerbe werden sollen.

▶ **Kann der Vorerbe von seinen gesetzlichen Verfügungsbeschränkungen befreit werden?**

Gemäß § 2136 BGB ist es möglich, dass der Erblasser den Vorerben von bestimmten Beschränkungen befreit. Nach § 2113 Abs. 2 BGB darf der Vorerbe aber auch dann Gegenstände des Nachlasses nur verschenken, wenn es sich hierbei um eine „Anstands- oder Pflichtschenkung" handelt. Diese Beschränkung kann dem Vorerben gemäß § 2136 BGB nicht erlassen werden.

▶ **Welche Formulierung kann für eine befreite Vorerbschaft verwendet werden?**

Mustertext „Befreite Vorerbschaft"

Wir, das Ehepaar ..... berufen uns gegenseitig zu alleinigen Vorerben. Der Vorerbe ist von allen Beschränkungen und Verpflichtungen befreit, von denen er nach dem Gesetz befreit werden kann. Ihm stehen alle Rechte zu, die ihm nach dem Gesetz zustehen können, einschließlich des Rechts auf Verzehr des Nachlasses. Nacherben auf den Tod des Letztversterbenden sind unsere gemeinschaftlichen Abkömmlinge, unter sich nach den Regeln der gesetzlichen Erbfolge erster Ordnung zum Zeitpunkt des zweiten Erbfalls.

Übersicht: Rechte und Pflichten des Vorerben		
Rechte und Pflichten beim ...	... nicht-befreiten Vorerben	... befreiten Vorerben
Veräußerung oder Belastung von Immobilien der Vorerbschaft durch den Vorerben	nicht zulässig (§ 2113 Abs. 1 BGB)	**zulässig** (§ 2136 BGB)
Schenkungen zu Lasten des Nachlasses durch den Vorerben	nicht zulässig (§ 2113 Abs. 2 BGB)	nicht zulässig (§ 2136 BGB)
Pflicht zur ordnungsgemäßen Verwaltung der Vorerbschaft	Ja (§ 2130 BGB)	Nein (§ 2136 BGB)
Der Erlös von veräußerten Nachlassgegenständen fällt als Ersatz in den Nachlass	Ja (§ 2111 BGB)	Ja (§ 2136 BGB)
Pflicht des Vorerben zur Vorlage eines Nachlassverzeichnisses	Ja (§ 2121 BGB)	Ja (§ 2136 BGB)

A. Die Erbfolge

Pflicht des Vorerben, den Zustand der Vorerbschaft durch einen Sachverständigen feststellen zu lassen	Ja (§ 2122 BGB)	Ja (§ 2136 BGB)
Pflicht des Vorerben Schadenersatz zu leisten	Ja (§ 2138 Abs. 2 BGB)	Ja (§ 2136 BGB)

▶ **Welche steuerlichen Nachteile hat eine Vor- und Nacherbschaft**

Die Anordnung einer Vor- und Nacherbschaft ist steuerlich nachteilhaft, da sowohl beim Eintritt des Vorerbfalls als auch im Nacherbfall Erbschaftsteuer fällig wird. Eine Vor- und Nacherbschaft sollte also nur dann angeordnet werden, wenn Sie hierzu durch einen Fachanwalt für Erbrecht ausführlich zu den Vor- und Nachteilen beraten wurden.

▶ **Welche Rechte hat der Nacherbe gegen den Vorerben?**

Siehe dazu Seite 35, 183.

f) Das Vermächtnis

▶ **Was ist ein Vermächtnis?**

Gemäß § 1939 BGB kann der Erblasser in Form eines Vermächtnisses einer anderen Person einen Vermögensvorteil einräumen, ohne ihn als Erben einzusetzen.

▶ **Wie unterscheiden sich Vermächtnis und Erbeinsetzung?**

Während der Erbe mit Eintritt des Erbfalls unmittelbar am gesamten Vermögen des Verstorbenen beteiligt ist, hat der Vermächtnisnehmer nur einen schuldrechtlichen **Anspruch** (§ 2174 BGB) auf Erfüllung der im Testament oder im Erbvertrag bezeichneten Zuwendung.

> **Beispiel:** Wird etwa dem Vermächtnisnehmer eine Eigentumswohnung zugewendet, muss für die Erfüllung des Vermächtnisses zwischen ihm und dem Erben eine notariell beurkundungspflichtige – Übereignung

vorgenommen werden. Soll der Vermächtnisnehmer Girokonten des Erblassers erhalten, muss der Erbe beim Kreditinstitut die Umschreibung dieser Girokonten veranlassen.

Ein weiterer Unterschied zur Einsetzung als Erbe ist, dass der Vermächtnisnehmer keine Verpflichtungen zu tragen hat. Er muss deshalb nicht für die Schulden des Verstorbenen aufkommen.

> **Expertentipp:** Wer zu viel beschwert, testiert verkehrt. Sie sollten Vermächtnisanordnungen nur nach vorheriger Beratung durch einen Fachanwalt für Erbrecht in Ihr Testament aufnehmen.

▶ Wie genau muss der Vermächtnisnehmer in der letztwilligen Verfügung bezeichnet werden?

Der Erblasser muss die Person des Vermächtnisnehmers in seiner letztwilligen Verfügung noch nicht abschließend festlegen. Es reicht aus, wenn er den Personenkreis bestimmt und die endgültige Auswahl einer anderen Person überlässt, die dann entscheidet, wer das Vermächtnis (nach bestimmten Kriterien oder billigem Ermessen) bekommt.

▶ Warum sollte ein Ersatzvermächtnisnehmer bestimmt werden?

Es sollte immer geregelt werden, ob ein Ersatzvermächtnisnehmer für den Fall, dass der zunächst Bedachte das Vermächtnis (beispielsweise wegen Vorversterbens oder durch Ausschlagung) nicht erwirbt (§ 2190 BGB), eingesetzt wird oder nicht. Ohne Bestimmung eines Ersatzvermächtnisnehmers wird das Vermächtnis unwirksam (§ 2160 BGB).

▶ Welche Formulierung kann für die Bestimmung eines Ersatzvermächtnisnehmers verwendet werden?

Mustertext „Ersatzvermächtnisnehmer"
Fällt der Vermächtnisnehmer vor oder nach dem Erbfall weg, dann bestimme ich dessen Abkömmlinge nach den Regeln der gesetzlichen Erbfolgeordnung zum Ersatzvermächtnisnehmer.

A. Die Erbfolge

> **Mustertext „Kein Ersatzvermächtnisnehmer"**
> Fällt der Vermächtnisnehmer vor oder nach dem Erbfall weg, dann bestimme ich entgegen jeder anders lautenden gesetzlichen oder richterlichen Auslegungs- und Vermutungsregel keinen Ersatzvermächtnisnehmer.

▶ Wer schuldet die Erfüllung des Vermächtnisses?

Die Erfüllung des Vermächtnisses ist regelmäßig mit dem Tod des Erblassers sofort fällig. Das Vermächtnis muss vom „Beschwerten", also im Regelfall vom Erben, erfüllt werden. Der Erblasser kann aber auch ein „Untervermächtnis" anordnen, das den Vermächtnisnehmer beschwert.

> **Expertentipp:** Der Vermögensgegenstand fällt dem Vermächtnisnehmer aber nicht automatisch zu. Die bedachte Person muss vielmehr ihren Vermächtniserfüllungsanspruch gegen den Beschwerten geltend machen und – notfalls gerichtlich – durchsetzen.

▶ Was kann vermacht werden?

- Gegenstand eines Vermächtnisses kann jeder Vermögensvorteil sein. So kann der Erblasser festlegen, dass dem Vermächtnisnehmer bestimmte bewegliche oder unbewegliche Sachen zu übereignen sind, eine bestimmte Geldsumme aus dem Nachlass zu zahlen ist, eine Forderung zu übertragen ist, Schulden erlassen werden oder ein bestimmtes Nutzungsrecht eingeräumt wird.
- Das Vermächtnis kann sich auch auf einen sehr wertvollen Gegenstand beziehen, der den größten Teil des Nachlasses ausmacht.
- Der Vermögensvorteil kann auch zeitlich befristet oder vom Eintritt eines bestimmten Ereignisses abhängig gemacht werden.

▶ Was sind praktische Anwendungsfälle für die Anordnung von Vermächtnissen?

Vermächtnisweise können z. B. folgende Vermögenswerte zugeordnet werden:
- Grundstücke
- Immobilien
- Eigentumswohnungen

- Geldbeträge
- Hausrat

▶ **Welche Formulierung kann für ein Grundstücksvermächtnis verwendet werden?**

Mustertext „Grundstücksvermächtnis"

Mein Sohn ... erhält im Wege des Vermächtnisses mein Grundstück in ..... eingetragen im Grundbuch von ....., Band ....., Blatt ....., Fl.Nr...... Zu Ersatzvermächtnisnehmern bestimme ich die Abkömmlinge meines Sohnes nach gesetzlicher Erbfolgeordnung. Bestehen zum Zeitpunkt des Erbfalls noch Verbindlichkeiten, die auf dem Grundstück, welches Gegenstand des Vermächtnisses ist, in Form eines Grundpfandrechts abgesichert sind und betreffen diese Verbindlichkeiten auch das zugewandte Grundstück, dann hat der Vermächtnisnehmer diese zu übernehmen. Die Kosten der Erfüllung des Vermächtnisses tragen die Erben.

▶ **Welche Formulierung kann für ein Vermächtnis bezüglich einer Eigentumswohnung verwendet werden?**

Mustertext „Vermächtnisweise Zuwendung einer Eigentumswohnung"

Ich wende im Wege des Vermächtnisses meiner Ehefrau ..... mein im Grundbuch von ....., Band ....., Blatt ....., Fl.Nr......, eingetragenes Wohnungseigentum, bestehend aus einem Miteigentumsanteil von ....., an dem Grundstück Fl.Nr......, verbunden mit dem Sondereigentum an der im Aufteilungsplan mit Nr......, bezeichneten Wohnung mit allen Rechten und Bestandteilen zu.

▶ **Welche Formulierung kann für ein Geldvermächtnis verwendet werden?**

Mustertext „Geldvermächtnis"

Im Wege des Vermächtnisses erhalten meine Enkelkinder ....., geboren am ..... und ....., geboren am ..... je einen Geldbetrag in Höhe von ..... EUR.

▶ **Welche Formulierung kann für ein Hausratsvermächtnis verwendet werden?**

Mustertext „Hausratsvermächtnis"

Der überlebende Ehegatte erhält im Wege des Vorausvermächtnisses den gesamten Hausrat und das Inventar der von uns gemeinschaftlich bewohnten Wohnung in ..... einschließlich des Pkw und aller persönlichen Gegenstände.

▶ Wer trägt die mit dem Vermächtnis verbundenen Belastungen?

Der Vermächtnisnehmer hat – sofern der Erblasser keine anders lautende Anordnung getroffen hat – die auf dem vermachten Gegenstand ruhenden Belastungen (Pfandrechte, Nießbrauch, Hypotheken) zu übernehmen.

▶ Was ist ein sogenanntes Wahlvermächtnis?

Der Erblasser kann gemäß § 2154 BGB ein Vermächtnis auch in der Weise anordnen, dass der Bedachte von mehreren Gegenständen wahlweise einen erhalten soll (sogenanntes Wahlvermächtnis). Der Erblasser kann testamentarisch auch bestimmen, wer die Wahl treffen soll: der Bedachte selbst, ein Dritter (zum Beispiel ein Testamentsvollstrecker) oder der Beschwerte. Fehlt eine derartige Anordnung, steht das Wahlrecht dem Beschwerten zu.

Mustertext „Wahlvermächtnis"
Im Wege des Wahlvermächtnisses vermachte ich meiner Lebensgefährtin L eines meiner sich in meinem Eigentum befindlichen Bilder, das sie nach Eintritt des Erbfalls auswählt. Sie hat die Auswahl innerhalb von sechs Monaten nach dem Erbfall zu treffen. Hat sie bis dahin keine Auswahl getroffen, geht das Bestimmungsrecht auf den Erben über.

▶ Was ist ein sogenanntes Gattungsvermächtnis?

Dem Erblasser ist es gestattet, den sogenannten Gegenstand nur der Gattung nach zu bestimmen (sogenanntes Gattungsvermächtnis gemäß § 2155 BGB). Die Bestimmung des konkreten Leistungsgegenstandes kann dem Beschwerten, dem Bedachten oder einem Dritten zustehen.

Mustertext „Gattungsvermächtnis"
Mein Segelfreund S erhält im Wege des Gattungsvermächtnisses 50 Flaschen französischen Rotwein aus dem Anbaugebiet Burgund. Er darf sich den Wein selbst auswählen. Das Vermächtnis ist innerhalb eines Jahres nach dem Erbfall geltend zu machen und die Auswahl zu treffen. Andernfalls geht das Bestimmungs- und Auswahlrecht auf den Erben über.

II. Die testamentarische Erbfolge

▶ Was ist ein sogenanntes Zweckvermächtnis?

Hat der Erblasser den Zweck des Vermächtnisses und den Bedachten festgelegt, kann er gemäß § 2156 BGB die Bestimmung der Leistung dem billigen Ermessen eines Dritten oder des Beschwerten, nicht aber dem Bedachten selbst, überlassen.

Mustertext „Zweckvermächtnis"
Meiner Lebensgefährtin L vermache ich im Wege des Zweckvermächtnisses aus meinem Nachlass den Betrag, den sie zur Finanzierung einer Schiffsreise rund um die Welt in einem Kreuzfahrtschiff der Luxusklasse benötigt. Über die Einzelheiten entscheidet die Alleinerbin.

▶ Was ist ein sogenanntes Verschaffungsvermächtnis?

Wenn ein bestimmter Gegenstand vermacht wurde und dieser Gegenstand zur Zeit des Erbfalls nicht (mehr) zum Nachlass gehört, ist wie folgt zu unterscheiden:
- Im Regelfall ist das Vermächtnis unwirksam (§ 2169 Abs. 1 BGB).
- Wenn aber die Auslegung der letztwilligen Verfügung ergibt, dass der Gegenstand auch in diesem Fall zugewendet werden sollte, ist das Vermächtnis wirksam. Der Beschwerte (in der Regel der Erbe) hat dann den Gegenstand dem Vermächtnisnehmer zu verschaffen (zum Beispiel zu kaufen), notfalls den Wert zu leisten (sogenanntes Verschaffungsvermächtnis gemäß § 2170 BGB).

Mustertext „Verschaffungsvermächtnis"
Ich vermache im Wege des Vermächtnisses meiner Lebensgefährtin L meine Eigentumswohnung in München, Maximilianstraße 1. Für den Fall, dass sie sich im Zeitpunkt des Erbfalls nicht mehr in meinem Nachlass befindet, beschwere ich den Erben mit einem Verschaffungsvermächtnis derart, dass er der Vermächtnisnehmerin auf Kosten des Nachlasses eine vergleichbare Eigentumswohnung mit einer Fläche von circa 80 Quadratmetern in vergleichbarer Lage zu einem Verkehrswert von circa 500 000 Euro zu verschaffen hat.

▶ Was ist ein sogenanntes Ver- und Nachvermächtnis?

Der Erblasser kann anordnen, dass ein Gegenstand zunächst einer Person (dem sogenannten Vorvermächtnisnehmer) und von einem bestimmten Zeitpunkt oder Ereignis an, einem Dritten (dem sogenannten Nachvermächtnisnehmer), zugewendet ist (§ 2191 BGB). Der vermachte Gegenstand ist dabei beim Vorvermächtnisnehmer und beim Nachvermächtnisnehmer identisch.

> **Mustertext „Vor- und Nachvermächtnis"**
> Im Wege des Vorvermächtnisses vermache ich meiner Ehefrau meine Eigentumswohnung in München, Maximilianstraße 1. Meinen Sohn S bestimme ich hinsichtlich dieser Eigentumswohnung zum Nachvermächtnisnehmer. Das Nachvermächtnis fällt mit dem Tode meiner Ehefrau an.

> **Expertentipp:** Nicht verwechselt werden darf das Vor- und Nachvermächtnis (§ 2191 BGB) mit der Vor- und Nacherbschaft (§ 2100 BGB). Gemäß § 2191 finden nämlich die wichtigsten Vorschriften zum Schutze des Nacherben (vergleiche dazu Seite 35) auf das Nachvermächtnis keine Anwendung. Die Rechtsposition des Nachvermächtnisnehmers ist deshalb deutlich schwächer als die des Nacherben.

▶ **Wie unterscheiden sich Ersatzvermächtnis und Nachvermächtnis?**

Von einem Ersatzvermächtnis unterscheidet sich das Nachvermächtnis dadurch, dass der erste Vermächtnisnehmer nicht wegfällt. Es obliegt ihm (dem Vorvermächtnisnehmer) gerade, das Nachvermächtnis gegenüber dem Nachvermächtnisnehmer zu erfüllen.

▶ **Was ist ein sogenanntes Vorausvermächtnis?**

Der Erblasser kann auch einem von mehreren Miterben ein Vermächtnis zuwenden. Ein derartiges **Vorausvermächtnis** muss sich der Erbe dann nicht auf seinen Erbteil anrechnen lassen. Ist keine Anrechnung gewollt, empfiehlt sich eine sogenannte **Teilungsanordnung** (siehe dazu Seite 31).

▶ **Welche Formulierung kann für ein Vorausvermächtnis verwendet werden?**

> **Mustertext „Vorausvermächtnis"**
> 1. Mein Sohn ....., geboren am ..... erhält im Wege des Vorausvermächtnisses, also ohne Anrechnung auf seinen Erbteil, das Hausanwesen in ......, ... Str., eingetragen im Grundbuch von ....., Fl.Nr. .....

2. Meine Tochter ……, geboren am ….. erhält ebenfalls im Wege des Vorausvermächtnisses, also ohne Anrechnung auf ihren Erbteil, das Wertpapierdepot ….. bei der ….. Bank in ….. mit dem Bestand am Todestag.

▸ **Wie kann der Vermächtnisnehmer das ihm zugewandte Vermächtnis durchsetzen?**

Siehe dazu Seite 176.

▸ **Wie kann Streit zwischen dem Vermächtnisnehmer und dem Erben vermieden werden?**

Bei unklaren oder unvollständigen letztwilligen Verfügungen ist die Gefahr relativ groß, dass nach dem Erbfall Streit über die Erfüllung des Vermächtnisses entsteht. Der Erblasser sollte deshalb folgende Punkte präzise regeln:
- Was ist Inhalt des Vermächtnisses?
- Ist ein Vorausvermächtnis oder nur eine Teilungsanordnung gewollt?
- Wer ist Vermächtnisnehmer?
- Wer ist Ersatzvermächtnisnehmer?
- Wer muss das Vermächtnis erfüllen?
- Wann fällt das Vermächtnis an und wann ist es fällig?
- Wer trägt die Kosten der Vermächtniserfüllung?
- Wem fallen Erträge und Kosten des Vermächtnisgegenstandes zu?
- Soll das Vermächtnis wegen einer Pflichtteilshaftung des Erben gekürzt werden können?

> **Expertentipp:** Ein rechtlich nicht angreifbares und damit Streit vermeidendes Vermächtnis erfordert in der Regel die Beratung durch einen Fachanwalt für Erbrecht. Die Kosten einer qualifizierten Beratung sind immer niedriger als die Kosten eines langwierigen Erbprozesses.

g) Die Auflage

▸ **Wann ist die Anordnung einer Auflage sinnvoll?**

Mit einer Auflage (§ 1940 BGB) kann in einem Testament dem Erben oder dem Vermächtnisnehmer eine Verpflichtung auferlegt werden, z.B. die Bestattung und Grabpflege zu übernehmen, sich um ein Haustier zu kümmern oder ein Grundstück zu verwalten.

▸ **Welche Formulierung kann für eine Auflage verwendet werden?**

> **Mustertext „Auflage"**
> Ich wünsche Erdbestattung und belaste meine Erben mit der Auflage, meine Grabstätte für die Dauer der vollen Ruhezeit für Kaufgräber zu pflegen und zu unterhalten, insbesondere regelmäßig mit dem üblichen Grabschmuck zu versehen. Zu diesem Zwecke ist ein Grabpflegevertrag mit der Gärtnerei ..... zu schließen.

▸ **Wie wird eine Auflage durchgesetzt?**

Da der Auflagenbegünstigte gegenüber dem Beschwerten nicht forderungsberechtigt ist, besteht die Gefahr, dass dieser der Auflage nicht nachkommt. Deshalb räumt § 2194 BGB bestimmten Personen die Befugnis ein, vom Beschwerten die **Vollziehung der Auflage** zu verlangen: Dies ist der Erbe (falls ein Vermächtnisnehmer mit der Auflage beschwert ist) und bei einer Erbengemeinschaft jeder Miterbe. Vollziehungsberechtigt ist auch ein Ersatz- und Nacherbe. Liegt die Vollziehung der Auflage im öffentlichen Interesse, kann auch die zuständige Behörde die Vollziehung verlangen.

> **Expertentipp:** Um sicherzustellen, dass die Auflage auch erfüllt wird, sollte deshalb im Testament ein **Testamentsvollstrecker** eingesetzt werden, dem die Aufgabe übertragen wird, die Erfüllung der Auflage sicherzustellen.

h) Die Testamentsvollstreckung

▸ **Wozu dient eine Testamentsvollstreckung?**

Wer ein Testament oder einen Erbvertrag errichtet, hat klare Ziele vor Augen: Er möchte eine gerechte und zügige Verteilung des Nachlasses, Schutz des Vermögens, Erhaltung des Familienfriedens und finanzielle Absicherung des Ehepartners und anderer

II. Die testamentarische Erbfolge

Familienmitglieder. Diese **Ziele des Erblassers** lassen sich oft besser verwirklichen, wenn die Verantwortung für die Nachlassabwicklung oder -verwaltung einem Testamentsvollstrecker übertragen wird. Wenn die Erben versuchen alles selbst zu regeln, ist Streit und Ärger häufig vorprogrammiert. Für die Anordnung einer Testamentsvollstreckung sprechen also einige gute **Gründe:**

- Arbeitsentlastung für die Erben (siehe dazu Seite 45)
- Friedensstiftung (siehe dazu Seite 46)
- Durchsetzung des Erblasserwillens (siehe dazu Seite 46)
- Minderjährigenschutz (siehe dazu Seite 46)
- Schutz Behinderter (siehe dazu Seite 47)
- Schutz des Erben vor seinen eigenen Gläubigern (siehe dazu Seite 47).

▶ **Wie kann eine Testamentsvollstreckung den Erben arbeitsmäßig entlasten?**

Niemand sollte die **Nachlassabwicklung** unterschätzen. Die Aufgabe ist keineswegs einfach und umfasst viele Schritte. Zahlreiche Dinge sind zu veranlassen und zu beachten: Sicherung des Nachlasses, Wohnungsauflösung, Sichtung aller Unterlagen, Erstellung des Nachlassverzeichnisses, Klärung aller bestehenden privaten und geschäftlichen Vertragsbeziehungen, Einziehung fälliger Forderungen, Bezahlung von Rechnungen, Erfüllung von Auflagen und Vermächtnissen, notwendige Kündigungen, Konten- und Grundstücksumschreibungen, Unterbringung von Haustieren, Überwachung aller Fristen, Abgabe der Erbschaftsteuererklärung.

Aus unterschiedlichen Gründen können die Erben diese Angelegenheiten oft nicht selbst erledigen: Wer im Beruf voll gefordert ist, hat meist keine Zeit für Behördengänge. Junge und unerfahrene oder minderjährige Erben können die Nachlassabwicklung genauso wenig übernehmen wie Erwachsene im Alters- oder Krankheitsfall. Weit entfernt, z.B. im Ausland wohnende Personen sind in der Regel nur schwer in der Lage, alle anfallenden Aufgaben zu übernehmen. Vor allem bei einem großen und wertvollen Nachlass wird ein geschulter und erfahrener Testamentsvollstrecker die Hinterbliebenen entlasten, beraten und unterstützen können.

A. Die Erbfolge

▶ Wieso trägt eine Testamentsvollstreckung zur Friedensstiftung bei?

- Entsteht durch den Todesfall eine **Erbengemeinschaft,** können die Erben den Nachlass nur gemeinschaftlich verwalten. Bei wesentlichen Entscheidungen gilt das Prinzip der Einstimmigkeit. Viele Verwandte haben sich im Zuge der Erbauseinandersetzung schon zerstritten, weil sie selbst nebensächliche Dinge nicht regeln konnten.
- Ganz anders ist das bei einer Testamentsvollstreckung. Die Fäden laufen bei einer Person zusammen, die zu Objektivität und Neutralität verpflichtet ist und häufig auch bei aufkommendem Streit oder zwischen den Fronten vermitteln kann. Vorschläge eines Testamentsvollstreckers finden eher die Zustimmung aller Beteiligten als die Wunschvorstellungen von verfeindeten Familienmitgliedern, die miteinander nicht mehr reden können.

▶ Warum kann durch eine Testamentsvollstreckung der Erblasserwillen effektiv durchgesetzt werden?

- Testamentsvollstrecker setzen die **Anweisungen und Richtlinien des Verstorbenen** nach dem Wortlaut und Geist seines Testaments um. Sie kümmern sich darum, dass sämtliche Auflagen und Vermächtnisse auch wirklich erfüllt werden.
- Manchmal ist die Testamentsvollstreckung sogar über einen längeren Zeitraum sinnvoll. Mit einer Anordnung, die dies vorschreibt, kann der Erblasser den Nachlass der Verwaltung der Erben (befristet) entziehen, um das Vermögen zu schützen. Die Testamentsvollstreckung kann beispielsweise die voreilige Liquidierung wertvoller Immobilien oder die rasche Zerschlagung eines gesunden Familienunternehmens verhindern.

▶ Wie können Minderjährige durch eine Testamentsvollstreckung geschützt werden?

- Immer wieder kommt es vor, dass Eltern mit ihrem Vermögen **minderjährige** Kinder absichern wollen. In diesem Fall reicht es jedoch nicht aus, die Kinder als Erben einzusetzen.
- Um das Erbe vor dem Zugriff des gesetzlichen Vertreters zu schützen, kann der Erblasser Testamentsvollstreckung anordnen.

Die Person, die mit dieser Aufgabe beauftragt ist, ist dann bei Rechtsgeschäften weder auf die Zustimmung des gesetzlichen Vertreters noch des Vormundschaftsgerichts angewiesen.

▶ **Wie kann der Schutz Behinderter durch eine Testamentsvollstreckung verbessert werden?**

• Wenn ein **Behinderter,** der in einem Heim lebt, eine Erbschaft erhält, droht in der Regel der „sozialhilferechtliche Rückgriff". Der Sozialhilfeträger, der die Kosten für die Pflege und Unterbringung trägt, fordert regelmäßig die Liquidierung des Erbes zur Bezahlung dieser Leistungen.

• Die Anordnung einer Testamentsvollstreckung kann die baldige Aufzehrung des empfangenen Vermögens verhindern, da der Nachlass des Behinderten dann vor einem Zugriff etwaiger Gläubiger, und damit auch des Sozialhilfeträgers geschützt ist (Einzelheiten dazu auf Seite 92).

▶ **Warum kann der Erbe durch eine Testamentsvollstreckung vor seinen eigenen Gläubigern geschützt werden?**

• Manchmal steht der Testierende vor der Frage, wie er den künftigen Nachlass vor den **Gläubigern des Erben** schützen kann. Die Testamentsvollstreckung bietet eine effektive Möglichkeit, den Zugriff solcher Gläubiger auf den Nachlass abzuwehren. Gemäß § 2147 BGB kann der Erblasser Testamentsvollstreckung anordnen und einen oder mehrere Testamentsvollstrecker bestimmen.

• Nachlass, der einer Testamentsvollstreckung unterliegt, ist gemäß § 2214 BGB vor den Eigengläubigern des Erben geschützt.

▶ **Welche Arten einer Testamentsvollstreckung können angeordnet werden?**

• Die Anordnung einer **„Abwicklungstestamentsvollstreckung"** ist sinnvoll, wenn der Testierende nur eine gesicherte, gerechte Verteilung des Nachlasses sicherstellen will. Der Erbe muss sich damit abfinden, dass der Testamentsvollstrecker nach den Vorgaben des Erblassers tätig wird; Weisungen kann der Erbe dem Testamentsvollstrecker nicht erteilen.

A. Die Erbfolge

- Der Erbe verliert gemäß § 2211 BGB durch die Testamentsvollstreckung seine **Verfügungsbefugnis** über den Nachlass. Das bezieht sich auch auf die Veräußerung oder Belastung eines Nachlassgrundstücks. Sobald das Grundstück durch Umschreiben des Eigentums auf den Erben berichtigt ist, wird ein **Testamentsvollstreckervermerk** ins Grundbuch eingetragen. Damit ist das Grundbuch für den Erben gesperrt.

▶ **Welche Formulierung kann für eine Abwicklungstestamentsvollstreckung verwendet werden?**

Mustertext „Abwicklungsvollstreckung"
Ich ordne Testamentsvollstreckung an. Der Testamentsvollstrecker hat die Aufgabe, meine obigen Anordnungen auszuführen und den Nachlass abzuwickeln. Hierzu hat er alle gesetzlich zulässigen Befugnisse.

Möchte der Erblasser seinen Nachkommen zwar die Erträge der Erbschaft zukommen lassen, ihnen aber vorübergehend oder auf Dauer die Verfügungsbefugnis entziehen, empfiehlt sich die Anordnung einer **„Verwaltungstestamentsvollstreckung"**. Damit kann man z. B. den Lebensunterhalt für Personen sichern, die aufgrund von Minderjährigkeit, Suchtabhängigkeit, Krankheit oder aus anderen Gründen nicht in der Lage sind, das ererbte Vermögen wirtschaftlich zu verwalten.

▶ **Welche Formulierung kann für eine Verwaltungstestamentsvollstreckung verwendet werden?**

Mustertext „Verwaltungsvollstreckung"
Ich ordne Testamentsvollstreckung an. Der Testamentsvollstrecker hat die Aufgabe, meinen Nachlass bis zur Vollendung des 25. Lebensjahres des jüngsten Miterben zu verwalten. Er hat die angeordneten Vermächtnisse zu erfüllen. Der Testamentsvollstrecker ist in der Eingehung von Verbindlichkeiten für den Nachlass nicht beschränkt und von den Beschränkungen des § 181 BGB befreit. Die Erträge des Nachlasses unterliegen der Verwaltung des Testamentsvollstreckers. Er hat aus ihnen und erforderlichenfalls aus der Substanz des Nachlasses jedem Erben die Mittel zur Verfügung zu stellen, die er zu seinem Unterhalt und zur Finanzierung einer angemessenen Ausbildung benötigt. Hierzu gehören auch die Einrichtung einer Wohnung am Ausbildungs- oder Studienort und ein angemessenes Kraftfahrzeug.

II. Die testamentarische Erbfolge

▶ **Welche Anforderungen sind an die Person des Testamentsvollstreckers zu stellen?**

• Der Erfolg der Testamentsvollstreckung steht und fällt mit der damit beauftragten Person. Das Amt erfordert neben der fachlichen **Kompetenz** ein hohes Maß an Sorgfalt, Entscheidungs-, Durchsetzungs- und Überzeugungskraft sowie die Fähigkeit zum Ausgleich und innere Unabhängigkeit.

• Ein Angehöriger oder ein Miterbe als Testamentsvollstrecker – das birgt von Haus aus Zündstoff. Der Vorwurf, der Testamentsvollstrecker verhalte sich parteiisch, kommt in diesen Fällen meist sehr schnell auf. Aufkommender Streit zwischen den Erben lässt sich dagegen durch Einsetzung einer **neutralen** Person vermeiden: Der Nachlass kann dann mit einem hohen Maß an persönlicher und sachlicher Distanz als Vermittler zwischen verfeindeten Erben abwickelt werden.

• Ein juristischer Laie ist zudem in der Regel mit der umfangreichen und komplizierten Nachlassabwicklung überfordert und für den Schaden, den er verursacht, in vollem Umfang verantwortlich.

▶ **Warum sollte man einen Testamentsvollstrecker und gleichzeitig eine Ersatzperson bestimmen?**

Hat der Erblasser zwar Testamentsvollstreckung angeordnet, aber keine Person benannt, bestimmt das **Nachlassgericht** einen außenstehenden Dritten als Testamentsvollstrecker, den weder der Erblasser noch die Erben kennen und deshalb nicht immer vertrauen. Es ist deshalb sinnvoll, nicht nur einen Testamentsvollstrecker einzusetzen, sondern auch einen **„Ersatz"-Testamentsvollstrecker.** Für den Fall, dass die an erster Stelle als Testamentsvollstrecker eingesetzte Person das Amt nicht antreten kann oder will, ist sichergestellt, dass eine andere Vertrauensperson des Erblassers den letzten Willen des Verstorbenen erfüllt.

▶ **Welche Formulierung kann für die Bestimmung des Testamentsvollstreckers verwendet werden?**

Mustertext „Bestimmung des Testamentsvollstreckers"
Zum Testamentsvollstrecker mit dem Recht, einen Nachfolger zu bestimmen, ernenne ich ....., geboren am ....., wohnhaft in .....

A. Die Erbfolge

Sollte der Testamentsvollstrecker das Amt nicht annehmen oder vor oder nach dem Erbfall wegfallen, dann soll der Vorstand des Netzwerks Deutscher Testamentsvollstrecker e.V. (www.NDTV.info) mit Sitz in 12163 Berlin, Schloßstr. 26 einen geeigneten Ersatztestamentsvollstrecker bestimmen.

▶ Welche Pflichten hat der Testamentsvollstrecker?

- Damit sich die Erben einen Überblick über den Nachlass verschaffen können, muss der Testamentsvollstrecker unverzüglich ein **Nachlassverzeichnis** erstellen (§ 2215 BGB).
- Während seiner Tätigkeit als Testamentsvollstrecker ist er den Erben **auskunfts- und rechenschaftspflichtig** (§ 2218 BGB).
- Der Testamentsvollstrecker muss sein Amt gewissenhaft und sorgfältig führen und das ihm anvertraute **Vermögen** nicht nur erhalten, sondern möglichst auch **vermehren** (§ 2216 BGB).
- **Schenkungen** darf der Testamentsvollstrecker nicht vornehmen, es sei denn, es handelt sich um Anstands- oder Pflichtschenkungen (§ 2205 Satz 3 BGB).
- Der Testamentsvollstrecker darf auch **keine Geschäfte mit sich selbst** abschließen, also keine Gegenstände aus dem Nachlass käuflich erwerben (§ 181 BGB).
- Fügt der Testamentsvollstrecker den Erben vorsätzlich oder fahrlässig Schaden zu, so **haftet** er hierfür mit seinem Privatvermögen (§ 2219 BGB).
- Auf Antrag erteilt das Nachlassgericht dem Testamentsvollstrecker ein **Zeugnis** (§ 2368 BGB), damit dieser sich im Rechtsverkehr gegenüber Dritten legitimieren kann.

▶ Kann der Testamentsvollstrecker für seine Tätigkeit eine Vergütung verlangen?

Gemäß § 2221 BGB erhält der Testamentsvollstrecker eine „angemessene" Vergütung. Wie hoch diese ist, hat der Gesetzgeber aber nicht geregelt. Der Erblasser sollte deshalb im Testament genau festlegen, welche Vergütung ihm für seine Tätigkeit zusteht. Nur so lässt sich Streit zwischen dem Testamentsvollstrecker einerseits und den Erben andererseits vermeiden. Der **Deutsche Notarverein** (www.dnotv.de) empfiehlt z.B. folgende Vergütungsregelung, auf die im Testament Bezug genommen werden kann:

Vergütungsgrundbetrag	
Bis Euro 250 000,–	4,0 % des Nachlasses
bis Euro 500 000,–	3,0 % des Nachlasses
bis Euro 2 500 000,–	2,5 % des Nachlasses
bis Euro 5 000 000,–	2,0 % des Nachlasses
über Euro 5 000 000,–	1,5 % des Nachlasses

Wenn man bedenkt, dass Erbprozesse häufig mehr als 10 % des Nachlasses verschlingen, sind die Kosten einer Testamentsvollstreckung verhältnismäßig gering.

▶ **Welche Formulierung kann für die Regelung des Testamentsvollstreckerhonorars verwendet werden?**

Mustertext „Testamentsvollstreckervergütung"
Ich ordne an, dass für die Bemessung der Vergütung des Testamentsvollstreckers die Empfehlungen des Deutschen Notarvereins zugrunde gelegt werden sollen.

4. Das Ehegattentestament

▶ **Wann ist ein gemeinschaftliches Testament sinnvoll?**

Die meisten Ehepartner betrachten ihr Vermögen – Wohnung, Aktien, Auto, Bargeld – als gemeinsames Eigentum, obwohl die Vermögen rechtlich auch nach der Eheschließung vollständig getrennt bleiben. Wegen dieser Vorstellung erwarten sie, dass das Vermögen nach dem Tod des einen in vollem Umfang dem Überlebenden zusteht. Weit verbreitet ist der Wunsch, dass die eigenen Kinder oder nahe Verwandte das Vermögen erst nach dem Tod der Witwe oder des Witwers erben sollen. Um diesen Wunsch zu verwirklichen, können die Ehepartner ein gemeinschaftliches Testament errichten. Eine **ausführliche Darstellung des gemeinschaftlichen Testaments** (Formfragen, Gestaltungsmöglichkeiten, Bindungswirkung, usw.) findet sich auf den Seiten 79 bis 91.

5. Der Widerruf eines Testaments

a) Widerruf eines Einzeltestaments

▶ **Wie wird ein Testament widerrufen?**

Der Erblasser kann ein Testament gemäß § 2253 BGB insgesamt oder auch nur in Teilen jederzeit widerrufen:
- Dies geschieht im Regelfall durch die Errichtung eines neuen Testamentes (§ 2254 BGB).
- Möglich ist auch ein Widerruf doch Vernichtung des Testaments (§ 2255 BGB).
- Bei öffentlichen (nicht also bei privatschriftlichen) Testamenten gilt die Rücknahme aus der amtlichen Verwahrung (§ 2256 BGB) als Widerruf.
- Gemäß § 2257 BGB ist sogar der Widerruf des Widerrufs möglich mit der Folge, dass das ursprüngliche Testament wieder gilt.

▶ **Kann ein notarielles Testament nur durch ein weiteres notarielles Testament widerrufen werden?**

Nein. Jedes Testament unabhängig davon, ob es in notarieller oder privatschriftlicher Form errichtet wurde kann durch ein neues (notarielles oder privatschriftliches) Testament widerrufen werden.

▶ **Was gilt, wenn mehrere Testamente des Erblassers sich inhaltlich widersprechen?**

Gemäß § 2058 BGB wird ein früheres Testament durch ein später errichtetes Testament aufgehoben, aber nur dann, wenn spätere Testamente mit dem früheren inhaltlich in **Widerspruch** stehen.

> **Beispiel:** Herr Müller hat in seinem Testament aus dem Jahre 1990 seinen Sohn und seine Tochter als Miterben eingesetzt. Im Jahr 2000 errichtet Herr Müller ein Testament, wonach sein Sohn Alleinerbe sein soll. Die Alleinerbeneinsetzung des Sohnes steht im Widerspruch zu früheren Miterbeneinsetzung der Tochter, die damit gemäß § 2058 BGB widerrufen ist.

> **Expertentipp:** Um den vollständigen Willen des Testierenden ermitteln zu können, müssen nach dem Erbfall beim Nachlassgericht nicht nur das letzte Testament, sondern auch alle früheren Verfügungen von Todes wegen abgeliefert werden (vgl. dazu Seite 120).

▶ **Wie können Unklarheiten bei der Errichtung von mehreren Testamenten vermieden werden?**

Der Testierende sollte bereits im Eingangswortlaut klarstellen, dass er etwaige frühere Testamente hiermit widerruft.

▶ **Welche Formulierung kann für den Widerruf eines Testaments verwendet werden?**

Mustertext „Widerruf früherer Testamente"
Hiermit widerrufe ich sämtliche von mir früher errichteten Testamente.

b) Widerruf eines Ehegattentestaments

▶ **Welche Besonderheiten bestehen beim Widerruf eines gemeinschaftlichen Testaments?**

In einem Ehegattentestament können gem. § 2270 BGB sogenannte **„wechselbezügliche"** Verfügungen getroffen werden. Der einseitige Widerruf einer derartigen wechselbezüglichen Verfügung zu Lebzeiten beider Ehegatten kann nur durch notariell beurkundete Erklärung erfolgen und muss dem anderen Ehegatten zugehen (§ 2271 Abs. 1 S. 1 BGB in Verbindung mit § 2296 Abs. 2 BGB). Der **einseitige** Widerruf einer wechselbezüglichen Verfügung ist also ungültig, wenn der andere Ehepartner davon nichts (in der vorgeschriebenen Form) erfährt (Einzelheiten dazu auf Seite 85).

> **Expertentipp:** Im Ehegattentestament sollte ausdrücklich festgelegt werden, ob die Verfügungen **wechselbezüglich** und damit bindend sind oder nicht (Mustertexte hierzu finden sich auf Seite 86).

6. Die Anfechtung eines Testaments

a) Anfechtungsgründe

▶ Wann sind Testamente anfechtbar?

Der juristische Laie denkt oft, dass ein Testament, das nicht seinen wirtschaftlichen Vorstellungen entspricht, ohne Weiteres durch Anfechtung beseitigt werden kann. Der Großteil dieser „Anfechtungen" geht aber ins Leere, da der Gesetzgeber und die Rechtsprechung eng definierte Voraussetzungen für eine wirksame Anfechtung aufgestellt haben:
- Zunächst muss einer der **Anfechtungsgründe** der §§ 2078, 2079 BGB vorliegen.
- Weiter muss die Anfechtung **formgerecht** erklärt werden.
- Die Anfechtung ist zudem **fristgebunden.**

▶ Welche Anfechtungsgründe kennt das Gesetz?

Die Anfechtung eines Testamentes oder Erbvertrages ist nur in folgenden Fällen zulässig:
- Anfechtung wegen Erklärungsirrtums (§ 2078 Abs. 1, 2. Alt. BGB)
- Anfechtung wegen Inhaltsirrtums (§ 2078 Abs. 1, 1. Alt. BGB)
- Anfechtung wegen Motivirrtums (§ 2078 Abs. 2, 1. Alt. BGB)
- Anfechtung wegen widerrechtlicher Drohung (§ 2078 Abs. 2, 2. Alt. BGB)
- Anfechtung wegen Übergehen eines Pflichtteilsberechtigten (§ 2079 BGB)

> **Expertentipp:** Der juristische Laie kann normalerweise nicht beurteilen, ob ein Testament angefochten werden muss oder durch Auslegung der letztwilligen Verfügung dem letzten Willen Geltung verschafft werden kann. Hierzu ist die Beratung durch einen Erbrechtsexperten zwingend erforderlich.

II. Die testamentarische Erbfolge

> **Wann kann eine letztwillige Verfügung wegen Erklärungsirrtums angefochten werden?**

Eine letztwillige Verfügung kann gemäß § 2078 Abs. 1, 2. Alt. BGB angefochten werden, wenn der Erblasser eine **Erklärung** dieses Inhalts überhaupt nicht abgeben wollte.

Beispiel: Der Erblasser schreibt in seinem Testament „Meine Tochter erhält vermächtnisweise einen Geldbetrag von 10000 Euro." Er hat sich dabei verschrieben und wollte der Tochter eigentlich nur einen Betrag von 100,00 Euro zuwenden.

> **Wann kann eine letztwillige Verfügung wegen Inhaltsirrtums angefochten werden?**

Eine letztwillige Verfügung kann gemäß § 2078 Abs. 1, 1. Alt. BGB angefochten werden, wenn der Erblasser über den **Inhalt** seiner Erklärung im Irrtum war. Dies ist etwa dann der Fall, wenn der Erblasser mit einem von ihm im Testament gebrauchten Rechtsbegriff oder Fremdwort eine falsche Bedeutung verbindet. Wenn sich aber ermitteln lässt, in welchem Sinne er das betreffende Wort aufgefasst hat, kann dieser Fehler durch Auslegung der letztwilligen Verfügung ausgeräumt werden, so dass eine Anfechtung nicht mehr erforderlich ist.

Beispiel: Der Erblasser setzt in seinem Testament den Sohn als Erben und sein Enkelkind als „Nacherben" ein. Tatsächlich wollte der Erblasser aber, dass sein Enkelkind nur dann Erbe wird, wenn der Sohn vorverstorben ist; der Enkel sollte also nur Ersatzerbe für den Sohn sein. Im Regelfall wird aber auch hier eine Anfechtung nicht erforderlich sein, da dem wirklichen Willen des Erblassers durch Auslegung Geltung verschafft werden kann.

> **Wann kann eine letztwillige Verfügung wegen Motivirrtums angefochten werden?**

Eine letztwillige Verfügung kann gemäß § 2078 Abs. 2, 1. Alt. BGB angefochten werden, wenn der Erblasser bei der Testamentserrichtung von unrichtigen Vorstellungen ausgegangen ist oder sich seine damaligen **Erwartungen** später als falsch erwiesen haben. Diese **Umstände** müssen aber für den Erblasser wesentlich bestimmend für den Inhalt seines Testamentes gewesen sein. Daran würde es zum Beispiel fehlen, wenn er auch bei Kenntnis der Sachlage dieselbe letztwillige Verfügung errichtet hätte.

Beispiel: Ein Motivirrtum liegt etwa vor, wenn der Erblasser bei der Testamentserrichtung nicht wusste, dass der eingesetzte Erbe einer Sekte angehört und den Nachlass hierfür verschleudern wird (OLG München, NJW 1983, 2577). Gleiches gilt, wenn der Erblasser bei Testamentserrichtung der Auffassung war, dass die beiden testamentarisch bedachten Personen miteinander verheiratet seien (BayObLG, Rpfleger 1984, 66).

▸ **Wann kann eine letztwillige Verfügung wegen widerrechtlicher Drohung angefochten werden?**

Eine letztwillige Verfügung kann gemäß § 2078 Abs. 2, 2. Alt. BGB angefochten werden, wenn der Erblasser zu dieser Verfügung widerrechtlich durch **Drohung** bestimmt worden ist.

Beispiel: Die Lebensgefährtin sagt zum Erblasser, sie werde sich sofort umbringen, wenn sie nicht zur Alleinerbin eingesetzt werde.

▸ **Wann kann eine letztwillige Verfügung wegen Übergehen eines Pflichtteilsberechtigten angefochten werden?**

Eine letztwillige Verfügung kann gemäß § 2079 BGB angefochten werden, wenn der Erblasser einen zum Zeitpunkt des Erbfalls vorhandenen **Pflichtteilsberechtigten** (zum Beispiel ein Kind, den Ehegatten oder die Eltern) **übergangen** hat und
- die Existenz dieses Pflichtteilsberechtigten bei Testamentserrichtung nicht bekannt war oder
- der Pflichtteilsberechtigte erst nach Testamentserrichtung geboren oder pflichtteilsberechtigt geworden ist.

Beispiel: Witwer Müller hat im Jahr 1990 seine beiden Töchter testamentarisch zu Miterben eingesetzt. Im Jahr 2000 heiratet er wieder; aus dieser Ehe geht auch ein gemeinsamer Sohn hervor. Nach dem Ableben von Herrn Müller könnten seine Witwe und das Kind aus zweiter Ehe lediglich Pflichtteilsansprüche geltend machen, da die beiden Kinder aus erster Ehe testamentarische Erben wurden. Gemäß § 2079 BGB können aber die Witwe und der Sohn das im Jahr 1990 errichtete Testament binnen Jahresfrist gegenüber dem Nachlassgericht anfechten. Es gilt dann gesetzliche Erbfolge, nach der die Witwe die Hälfte und die drei Kinder von Herrn Müller je ein Sechstel des Nachlasses erhalten.

Eine **Anfechtung** ist aber gemäß § 2079 S. 2 BGB dann **ausgeschlossen**, wenn anzunehmen ist, dass der Erblasser auch bei Kenntnis von der Existenz der pflichtteilsberechtigten Person seine letztwillige Verfügung unverändert getroffen hätte.

Beispiel: Nach Errichtung des Testaments wird ein weiteres Kind des Erblassers geboren. Der Testierende lässt dieses Testament bewusst (also nicht etwa, weil er die letztwillige Verfügung vergessen hätte) unverändert weiter bestehen. In diesem Fall ist die Anfechtung des später geborenen Kindes in der Regel ausgeschlossen, weil anzunehmen ist, dass der Testierende seine letztwillige Verfügung auch bei Kenntnis der Geburt des späteren Kindes nicht anders errichtet hätte.

b) Formalien der Anfechtung

▶ **Von wem muss das Anfechtungsrecht ausgeübt werden?**

• Bei einer Anfechtung gemäß **§ 2079 BGB** ist der (übergangene) Pflichtteilsberechtigte anfechtungsberechtigt (§ 2080 Abs. 3 BGB).

• Bei einer Anfechtung nach **§ 2078 BGB** ist derjenige anfechtungsberechtigt, dem der Wegfall der letztwilligen Verfügung unmittelbar zustatten kommen würde (§ 2080 Abs. 1 BGB). Dies kann zum Beispiel der gesetzliche Erbe bei wirksamer Anfechtung des einzigen Testaments des Erblassers sein. Hat der Erblasser aber zwei Testamente errichtet, würde die Anfechtung des späteren Testaments dem im früheren Testament eingesetzten Erben zustatten kommen.

▶ **In welcher Form muss die Anfechtung einer letztwilligen Verfügung erklärt werden?**

• Adressat der Anfechtungserklärung ist das **Nachlassgericht** (§ 2081 Abs. 1 BGB), nicht also die testamentarischen oder gesetzlichen Erben des Erblassers. Lediglich bei Vermächtnissen und

A. Die Erbfolge

Teilungsanordnungen hat die Anfechtung direkt gegenüber den bedachten Personen zu erfolgen (§ 143 Abs. 4 S. 1 BGB).

- Eine notarielle Beglaubigung der Anfechtungserklärung ist nicht erforderlich; es reicht eine schriftlich oder mündlich zu Protokoll des Nachlassgerichts gegebene Erklärung.

▸ **Innerhalb welcher Frist muss die Anfechtung einer letztwilligen Verfügung erklärt werden?**

- Die Anfechtung kann nur binnen einer **Frist von einem Jahr** erfolgen (§ 2082 Abs. 1 BGB). Innerhalb dieser Frist muss die Anfechtungserklärung beim örtlich zuständigen Nachlassgericht (§§ 72, 73 FGG) eingehen.
- Die Frist **beginnt** mit dem Zeitpunkt, in welchem der Anfechtungsberechtigte vom Anfechtungsgrund (also vom Erbfall, Testament, Irrtum) Kenntnis erlangt (§ 2082 Abs. 2 S. 1 BGB). Auf den Zeitpunkt der Testamentseröffnung kommt es (anders als zum Beispiel bei einer Ausschlagung gemäß § 1944 Abs. 2 S. 1 BGB) nicht an. Bloße Vermutungen genügen nicht; erforderlich ist eine zuverlässige Kenntnis vom Anfechtungsgrund.
- **Dreißig Jahre** nach dem Erbfall ist die Anfechtung auch dann ausgeschlossen, wenn der Anfechtungsberechtigte bis dahin keine Kenntnis vom Anfechtungsgrund erlangt (§ 2082 Abs. 3 BGB).

c) Anfechtung eines Erbvertrages

▸ **Welche Besonderheiten gelten bei der Anfechtung eines Erbvertrages?**

- Beim **Erbvertrag** ist der Erblasser an seine vertragsmäßigen Verfügungen gebunden, sofern er kein Rücktrittsrecht oder einen Änderungsvorbehalt im Erbvertrag vereinbart hat. Liegt nun zu Lebzeiten des Erblassers ein Anfechtungsgrund vor, kann der Erblasser gemäß § 2281 Abs. 1 BGB seine erbvertragsmäßigen Verfügungen selbst anfechten.
- Ein **Einzeltestament** kann der Erblasser dagegen jederzeit durch ein neues Testament widerrufen. Eine Anfechtung hat für ihn deshalb keine Bedeutung. Die Anfechtungsgründe der §§ 2078, 2079

BGB kommen deshalb gemäß § 2080 Abs. 1 BGB denjenigen Personen zustatten, die aus der Anfechtung einer letztwilligen Verfügung einen unmittelbaren rechtlichen Vorteil haben.

▶ Welche Formalien gelten für die Anfechtung eines Erbvertrags?

- Die **Anfechtungserklärung** muss vom Erblasser persönlich (nicht also durch einen Vertreter) erfolgen und notariell beurkundet sein (§ 2282 Abs. 3 BGB). Die Anfechtungserklärung muss dem Erbvertragspartner beziehungsweise – wenn dieser schon verstorben ist – dem für diesen Erbfall zuständigen Nachlassgericht zugehen (§ 2281 Abs. 2 BGB).
- Die **Anfechtungsfrist** beträgt ein Jahr und beginnt mit dem Zeitpunkt, in dem der Erblasser vom Anfechtungsgrund Kenntnis erlangt (§ 2283 BGB). Hat der Erblasser noch zu Lebzeiten den anfechtbaren Erbvertrag (zum Beispiel durch schlüssiges Handeln) bestätigt, also seinen früheren Irrtum erkannt und trotzdem am Erbvertrag festgehalten, ist eine spätere Anfechtung ausgeschlossen (§ 2284 BGB).

▶ Kann ein Erbvertrag nach dem Tode des Erblassers angefochten werden?

- Gemäß §§ 2285, 2080 Abs. 1 BGB können nach dem Tod des Erblassers diejenigen Personen den Erbvertrag anfechten, denen der Wegfall des Erbvertrages einen rechtlichen Vorteil bringen würde.
- Voraussetzung für das Anfechtungsrecht dieser dritten Personen ist allerdings, dass der **Erblasser zu Lebzeiten** sein eigenes Anfechtungsrecht nicht durch Bestätigung (§ 2284 BGB) oder Fristablauf (§ 2283 BGB) schon verloren hatte.

Beispiel: Nach dem Tod seiner ersten Ehefrau heiratet der erbvertraglich gebundene Erblasser am 1.5.2006 wieder. Mit dem Tag der Heirat wurde die zweite Ehefrau pflichtteilsberechtigte Person (vgl. § 2303 Abs. 2 BGB). Der Erblasser hätte somit den Erbvertrag binnen Jahresfrist (§ 2283 BGB) anfechten können. Tut er dies nicht innerhalb dieser Frist oder hat er sogar (durch ausdrückliches oder schlüssiges Handeln) zu erkennen gegeben, dass er am Erbvertrag festhalten will (sogenannte Bestätigung gemäß § 2284 BGB), so kann die zweite Ehefrau nach dem Tod des Erblassers den Erbvertrag nicht mehr anfechten (BGH, FamRZ 1992, 1104).

d) Anfechtung eines Ehegattentestaments

▶ **Welche Besonderheiten gelten bei der Anfechtung eines Ehegattentestaments?**

- Die freie Widerruflichkeit eines Testamentes ist bei einem Ehegattentestament eingeschränkt: Gemäß § 2271 Abs. 2 BGB erlischt das Recht zum Widerruf von wechselbezüglichen Verfügungen mit dem Tod des ersten Ehegatten. Der länger lebende Ehegatte ist damit an diese wechselbezüglichen Verfügungen **gebunden,** es sei denn, im gemeinschaftlichen Testament wurde ein sogenannter Abänderungsvorbehalt (vergleiche dazu Seite 86) aufgenommen.

- Da sich in den Bestimmungen des Ehegattentestamentes keine Regelungen zur Anfechtung finden, wendet die Rechtsprechung (BGH, FamRZ 1970, 79) die **Anfechtungsregelungen des Erbvertrages** (§§ 2281 ff. BGB in Verbindung mit §§ 2078, 2079 BGB) entsprechend auf bindend gewordene wechselbezügliche Verfügungen in gemeinschaftlichen Testamenten an.

- Das gemeinschaftliche Testament kann entsprechend § 2285 BGB aber nur dann angefochten werden, wenn das Anfechtungsrecht des Erblassers zur Zeit des Erbfalls noch bestand, das heißt weder durch Fristversäumnis (§ 2283 BGB) noch durch Bestätigung (§ 2284 BGB) erloschen ist.

- Eine – für die Praxis besonders wichtige – **Anfechtungsmöglichkeit** besteht somit für den zweiten Ehepartner oder Kinder aus der zweiten Ehe.

Beispiel: Das Ehepaar Müller hat sich im Jahr 1990 wechselseitig zu Alleinerben und nach dem Tod des Längerlebenden die beiden Töchter testamentarisch zu Miterben eingesetzt. Nach dem Tod seiner Frau im Jahr 1993 heiratet Witwer Müller am 1. 2. 1995 wieder. Er erleidet am 10. 10. 1995 einen tödlichen Verkehrsunfall.

Entsprechend §§ 2281, 2079 BGB kann die Witwe das im Jahr 1990 errichtete Testament anfechten: Die zweite Heirat am 1. 2. 1995 stellt einen Anfechtungsgrund i.S.d. § 2078 BGB dar. Der Erblasser hätte zu seinen Lebzeiten binnen Jahresfrist ab Wiederheirat (§ 2283 BGB), also bis zum 31.1.1996 das Ehegattentestament noch selbst anfechten können. Nach seinem Tod kann seine Witwe anfechten. Es gilt dann gesetzliche Erbfolge, nach der die Witwe die Hälfte und die zwei Kinder von Herrn Müller je ein Viertel des Nachlasses erhalten.

Variante: Hätte Herr Müller noch zu Lebzeiten bestätigt, dass trotz der 2. Heirat das Ehegattentestament weiter gelten soll oder wäre Herr Müller nach dem 31.1.1996 verstorben, wäre eine Anfechtung der Witwe ausgeschlossen.

7. Der Erbvertrag

a) Zweck eines Erbvertrages

▶ **Wann ist der Abschluss eines Erbvertrages sinnvoll?**

Ein einseitiges Testament kann jederzeit geändert und widerrufen werden; es tritt also **keine Bindung des Testierenden** an seinen letzten Willen ein. Der Erbvertrag dagegen führt regelmäßig dazu, dass eine spätere Aufhebung oder Änderung der getroffenen Anordnungen nur möglich ist, wenn alle Vertragspartner zustimmen; der Erbvertrag ist also im Regelfall bindend. Eine spätere Korrektur bei veränderten Familien- oder Vermögensverhältnissen ist nur selten möglich. Zudem erfordern Erbverträge zwingend eine notarielle Beurkundung. Der Abschluss eines Erbvertrages ist deshalb nur in wenigen **Ausnahmefällen** sinnvoll.

• **Zur Absicherung einzelner Familienmitglieder.** Ein Erbvertrag kommt in Betracht, wenn eine Person einen Verwandten oder Freund finanziell unterstützt, bei Pflegebedürftigkeit versorgt, kostenfrei größere Reparaturen oder Investitionen am Haus ausführt oder andere Leistungen unentgeltlich erbringt. Diese „Vorleistungen" zugunsten des späteren Erblassers können durch eine erbvertragliche Erbeinsetzung abgesichert werden. Ein Testament reicht hierzu nicht aus, da der Erblasser diese Verfügung jederzeit einseitig ändern, widerrufen oder erneuern kann, ohne irgendjemanden darüber informieren zu müssen.

- **Für Paare ohne Trauschein.** Diese können sich nicht über ein Ehegattentestament absichern. Eine wechselseitig bindende Erbeinsetzung kann deshalb nur durch einen Erbvertrag erfolgen.
- **Bei der Unternehmensnachfolge.** Zur Regelung der Nachfolge in einem Betrieb kann ein Erbvertrag die richtige Lösung sein. Dies trifft vor allem dann zu, wenn der Unternehmer sicherstellen will, dass sein „Lebenswerk" von einem kompetenten Nachfolger erhalten und weitergeführt wird. In diesem Fall ist der alte Chef gut beraten, über einen Erbvertrag den Einfluss fachlich inkompetenter und geldhungriger Erben zu minimieren und eine vernünftige Nachfolge zu regeln.

b) Inhalt eines Erbvertrages

▶ **Welchen Inhalt kann ein Erbvertrag haben?**

Gemäß § 2278 BGB kann sowohl der eine als auch der andere Vertragsteil letztwillige Verfügungen treffen. Vertraglich bindend werden dabei aber nur Erbeinsetzungen, Vermächtnisse und Auflagen. Andere Anordnungen (wie z. B. die Einsetzung eines Testamentsvollstreckers) sind zwar nach § 2299 BGB möglich, doch können sie jederzeit einseitig widerrufen werden.

c) Form eines Erbvertrages

▶ **Welche Formvorschriften gelten beim Abschluss eines Erbvertrages?**

Ein Erbvertrag muss gemäß § 2276 Abs. 1 BGB vor einem Notar bei **gleichzeitiger** Anwesenheit **beider** Vertragsteile geschlossen werden. Der Erblasser kann sich nicht von einer anderen Person vertreten lassen und muss uneingeschränkt geschäftsfähig sein (§§ 2274, 2275 BGB).

d) Bindungswirkung eines Erbvertrages

▶ **Kann später vom Erbvertrag abgewichen werden?**

Die vom Gesetz vorgegebene Bindungswirkung eines Erbvertrages kann wie folgt eingeschränkt sein:

- Der Erblasser kann vom Erbvertrag **zurücktreten**, wenn er sich ein Rücktrittsrecht vorbehalten hat (§ 2293 BGB), die vom Erbvertragspartner vereinbarte Gegenleistung ausbleibt (§ 2295 BGB) oder er dem Begünstigten den Pflichtteil entziehen könnte (§ 2294 BGB).
- Der Erblasser kann zudem den Erbvertrag gemäß § 2281 Abs. 1 BGB durch notariell beurkundete Erklärung binnen Jahresfrist **anfechten,** wenn einer der in den §§ 2078, 2079 BGB genannten Anfechtungsgründe vorliegt (zur Anfechtung siehe Seite 54).

e) Anfechtung eines Erbvertrages

▶ **Welche Besonderheiten gelten bei der Anfechtung eines Erbvertrages?**

Dies ist auf Seite 58 ausführlich erläutert.

f) Schenkungen trotz Erbvertrag?

▶ **Kann der durch Erbvertrag gebundene Erblasser noch zu Lebzeiten über sein Vermögen verfügen?**

Nach § 2286 BGB bleibt der Erblasser trotz des Erbvertrages frei, bis zu seinem Tod über sein Vermögen zu verfügen. Allerdings begrenzt § 2287 BGB diese Möglichkeit insoweit, als der Erblasser **keine Schenkungen** vornehmen darf, „die den Vertragserben beeinträchtigen". Nach der Rechtsprechung handelt ein Erblasser bereits dann mit der Absicht, die vertraglich festgelegten Erben zu beeinträchtigen, wenn er zu Lebzeiten kein **Eigeninteresse an der Schenkung** (z.B. wegen einer Versorgung im Alter) hatte.

▶ **Kann der Erblasser die Bindungswirkung eines Erbvertrages durch lebzeitige Schenkungen unterlaufen?**

- Wer einen Erbvertrag geschlossen hat, versucht manchmal später die vom Gesetzgeber angeordnete Bindungswirkung dadurch zu unterlaufen, indem er seinen Nachlass oder Teile hiervon durch lebzeitige Schenkungen schmälert und dieses Vermögen

A. Die Erbfolge

nicht denjenigen Personen zuwendet, die im Erbvertrag benannt sind, sondern hiervon abweichend.

• Nach der Rechtsprechung müssen diese Zuwendungen nach dem Tod des Schenkers an dessen Erben dann gem. § 2287 BGB **zurückgegeben** werden, wenn dieser für die Vornahme der Schenkung **kein** sogenanntes **„lebzeitiges Eigeninteresse"** hatte. Die Schenkung ist also nur dann bestandsfest, wenn der Schenker den Beschenkten für bisher erbrachte **Pflege** belohnen, einen Anreiz für zukünftige Pflege geben oder dessen **Altersversorgung** sicherstellen wollte.

> **Beispiel:** Witwer W hatte mit seiner Ehefrau einen Erbvertrag errichtet, in dem sie sich wechselseitig zu Alleinerben und nach dem Tode des Längerlebenden den gemeinsamen Sohn S als Schlusserben eingesetzt haben. Mehrere Jahre nach dem Tod seiner Ehefrau ging Witwer W eine nichteheliche Lebensgemeinschaft mit Frau L ein. Die Partnerschaft ohne Trauschein bestand über 15 Jahre bis zum Tod des Witwers W. 12 Jahre vor seinem Ableben hatte Witwer W seiner Lebensgefährtin L eine kleine Eigentumswohnung im Wert von 100000,- Euro geschenkt, ohne den Zweck der Schenkung näher zu regeln. 5 Jahre vor seinem Ableben wendet er der Lebensgefährtin L ein Aktiendepot im Wert von 40000,- Euro mit der Bestimmung zu, dass „hiermit die von L in der Vergangenheit erbrachte Pflegeleistung abgegolten und gleichzeitig ein Anreiz für zukünftige Versorgung und Pflege durch L geschaffen werden soll". Nach dem Ableben von W verlangt dessen Sohn als testamentarischer Schlusserbe von der Lebensgefährtin L Rückgabe sowohl der Eigentumswohnung als auch des Aktiendepots. Zu Recht?
>
> Witwer W war aufgrund des Erbvertrages in seiner Verfügungsgewalt beschränkt. Da zum Zeitpunkt der Schenkung der Eigentumswohnung kein lebzeitiges Eigeninteresse des W für die Schenkung vorlag (zumindest nicht vertraglich dokumentiert wurde), muss die Lebensgefährtin L die Wohnung an den Sohn S gem. § 2287 BGB zurückgeben. Das Aktiendepot darf sie dagegen behalten, weil Witwer W hierfür nachvollziehbare Gründe bei der Schenkung dokumentiert hat.

III. Die vorweggenommene Erbfolge

▶ **Was versteht man unter „vorweggenommener Erbfolge"?**

Unter „vorweggenommener" Erbfolge versteht man alle Vermögensübertragungen unter Lebenden, insbesondere Schenkungen, die in der Erwartung vorgenommen werden, dass der Erwerber im Erbfall das Vermögen ohnehin erhalten sollte.

▶ **Welche Ziele können mit einer „vorweggenommenen Erbfolge" erreicht werden?**

- Reduzierung der Steuerlast (siehe dazu Seite 228)
- Erhaltung des Familienvermögens
- Versorgung des Schenkers und seiner Familie
- Pflichtteilsminderung

▶ **Wie kann durch eine vorweggenommene Erbfolge das Vermögen der Familie erhalten werden?**

Wirtschaftliche Einheiten, wie zum Beispiel Grundbesitz, ein Unternehmen oder Kunstsammlungen, werden bei Streit unter den Miterben nicht selten zerschlagen (siehe dazu Seite 143). Eine gut strukturierte lebzeitige Übertragung auf die nächste Generation kann nicht nur eine Zersplitterung von Vermögenswerten verhindern, sondern auch Streit unter den Angehörigen über die Verteilung des Nachlasses vorbeugen. Eine rechtzeitige Übertragung motiviert zudem einen Nachfolger, den Besitz zu erhalten und zu mehren.

▶ **Warum bietet sich die vorweggenommene Erbfolge an, den Schenker und seine Familie zu versorgen?**

Ein häufiges Motiv für die Übertragung von Vermögen ist, dass der Schenker als **„Gegenleistung"** von den Kindern für sich und seinen Ehepartner Leistungen für die Versorgung im Krankheits- und Pflegefall einfordern und noch zu Lebzeiten beider Elternteile vertraglich absichern kann (siehe dazu Seite 68). Aber auch schwächere Familienmitglieder, wie z. B. minderjährige oder behinderte Kinder, können im Rahmen der vorweggenommenen Erbfolge abgesichert werden.

▶ **Wie kann im Rahmen der vorweggenommenen Erbfolge der Pflichtteil einzelner Abkömmlinge gemindert werden?**

Gerade Grundbesitz ist dadurch gekennzeichnet, dass er zwar einen erheblichen Verkehrswert hat, im Erbfall aus ihm aber nur sehr schwer liquide Mittel zur Begleichung einer etwaigen Pflichtteilslast erzielt werden können. Ziel einer vorweggenommenen Erbfolge sollte es deshalb auch sein, vertragliche Regelungen zum Ausschluss oder zur Reduzierung der Pflichtteilshaftung zu treffen (siehe dazu Seite 151).

▶ **Welche Klauseln sollten bei einer vorweggenommenen Erbfolge vereinbart werden?**

Zur **Absicherung des Schenkers** empfiehlt es sich, folgende Klauseln aufzunehmen:

- Nießbrauchs- oder Wohnrechtsvorbehalt (siehe dazu Seite 66)
- Rückfallklausel (siehe dazu Seite 67)
- Verfügungsbeschränkungen
- Pflichtteilsanrechnungsklausel (siehe dazu Seite 67)
- Ausgleichspflichten (siehe dazu Seite 68)
- Rentenzahlungen (siehe dazu Seite 68)
- Pflegeverpflichtung (siehe dazu Seite 68)

> **Expertentipp:** Diese Klauseln haben gravierende Auswirkungen. Sie sollten sich deshalb deren Konsequenzen ausführlich von einem Erbrechtsexperten erläutern lassen.

▶ **Was versteht man unter einer Schenkung unter Nießbrauchsvorbehalt?**

Gerade bei der Zuwendung einer Immobilie kann es sich empfehlen, dass der Schenker sich ein lebenslanges Nutzungsrecht vorbehält. Dabei wird der Beschenkte zwar Eigentümer, kann aber die Immobilie selbst nicht bewohnen oder vermieten. Die

Nutzungen stehen allein dem „Nießbrauchsberechtigten" zu, der in der Immobilie wohnen oder sie vermieten kann. Sofern im notariellen Vertrag nichts anderes vereinbart ist, trägt der Nießbrauchsberechtigte die gewöhnlichen Unterhaltungskosten, während der Eigentümer für die außergewöhnlichen Aufwendungen aufkommen muss.

Alternativ zum Nießbrauchsrecht kann auch ein **Wohnrecht** des Schenkers vereinbart und im Grundbuch eingetragen werden. Allerdings kann der Wohnrechtsinhaber die Immobilie nur mit Zustimmung des Beschenkten vermieten.

▶ **Warum sollte in einen Übergabevertrag eine Rückfallklausel aufgenommen werden?**

Hat z. B. ein Schenker vorzeitig eine Immobilie auf seine Tochter übertragen und verstirbt diese vor dem Schenker kinderlos, so würde die Immobilie auf den gesetzlichen oder testamentarischen Erben der Tochter (z. B. den Schwiegersohn) übergehen. Dies kann durch sogenannte **Rückfallklauseln** verhindert werden, wonach im Falle des Vorversterbens des Beschenkten ohne Hinterlassung eigener Abkömmlinge die Immobilie an den Schenker zurückfällt.

▶ **Wie kann der Schenker einen Verkauf der geschenkten Immobilie verhindern?**

Will der Schenker verhindern, dass der Beschenkte über die Zuwendung frei verfügen kann, müssen entsprechende Beschränkungen in den Schenkungsvertrag aufgenommen und durch eine **Rückfallklausel** abgesichert werden.

▶ **Warum sollte in einem Übergabevertrag eine Pflichtteilsanrechnungsklausel aufgenommen werden?**

Ist der Beschenkte gegenüber dem Schenker pflichtteilsberechtigt, so sollte im Schenkungsvertrag festgelegt werden, dass die Zuwendung an den Pflichtteilsberechtigten auf etwaige Pflichtteilsansprüche **anzurechnen** ist (§ 2315 BGB). Einzelheiten zur Pflichtteilsanrechnung siehe Seite 167.

A. Die Erbfolge

> **Warum macht es Sinn in einem Übergabevertrag die Ausgleichung lebzeitige Vorempfänge zu regeln?**

Bei Zuwendungen an eines von mehreren Kindern sollte man im Schenkungsvertrag klarstellen, ob die betreffende Schenkung gegenüber den Geschwistern auszugleichen ist oder nicht (§ 2050 BGB). Einzelheiten zur **Ausgleichung** siehe Seite 143.

> **Wie kann im Rahmen eines Übergabevertrages der Schenker doch Rentenzahlungen abgesichert werden?**

Benötigt der Schenker Geld, um seinen Lebensunterhalt zu verbessern, kann er mit dem künftigen Eigentümer eine **Rente** vereinbaren. Über Höhe und Laufzeit der monatlichen Zahlungen können die Vertragspartner frei entscheiden.

> **Ist es sinnvoll, in einen Übergabevertrag Pflegeverpflichtungen aufzunehmen?**

Bei einer **Pflegeverpflichtung**, die der Beschenkte übernimmt, sollte man den Umfang und Inhalt der geschuldeten Pflegeleistung genau definieren.

IV. Exkurs: Patientenverfügung und Vorsorgevollmacht

Neben einer klug gestalteten letztwilligen Verfügung gehören die Patientenverfügung und die Vorsorgevollmacht zu den drei Säulen einer verantwortungsvollen Vorsorgeplanung.

1. Die Patientenverfügung

a) Zweck einer Patientenverfügung

> **Welche Rechtsgrundlagen bestehen für eine Patientenverfügung?**

Nach sechsjähriger Debatte ist es am 18. 6. 2009 gelungen, die Patientenverfügung gesetzlich zu verankern. Der Deutsche Bundestag hat ein **Gesetz zur Regelung der Patientenverfügung** beschlossen, in der die Voraussetzungen von Patientenverfügungen und ihre Bindungswirkung eindeutig bestimmt werden. Damit gibt es mehr Rechtsklarheit und Rechtssicherheit im Umgang mit Patientenverfügungen. Oberstes Gebot ist dabei die Achtung des Patientenwillens. Das Rechtsinstitut Patientenverfügung wurde im Betreuungsrecht (§§ 1901a, 1904 BGB) verankert. Das Gesetz trat zum 1.9.2009 in Kraft.

▶ **Wozu dient eine Patientenverfügung?**

Nach dem **Gesetz zur Regelung der Patientenverfügung** können Volljährige in einer schriftlichen Patientenverfügung im Voraus festlegen, ob und wie sie später ärztlich behandelt werden wollen, wenn sie ihren Willen nicht mehr selbst äußern können. Die Verfügung wendet sich also an den Arzt und das Behandlungsteam. Aber auch der Bevollmächtigte oder Betreuer ist an den Behandlungswunsch gebunden.

Ein weit verbreiteter Irrtum ist es, dass die nahen Angehörigen (z.B. der Ehepartner, Lebensgefährte oder die Kinder) befugt sind, diese notwendigen Entscheidungen zu treffen. Entsprechende Regelungen sind in unserer Rechtsordnung nicht vorgesehen. Nur durch eine Patientenverfügung kann man also das Recht auf Selbstbestimmung bei der Wahl der Behandlungsmethode und bei der Frage eines Behandlungsabbruches wahren. Ohne Patientenverfügung wird der Arzt auch bei ausweisloser Situation sich im Zweifel für eine **Maximalbehandlung** entscheiden, um einer eigenen Haftung zu entgehen.

▶ **Ist eine Patientenverfügung rechtsverbindlich?**

Künftig sind Betreuer und Bevollmächtigter im Fall der Entscheidungsunfähigkeit des Betroffenen an seine schriftliche Patientenverfügung gebunden. Sie müssen prüfen, ob die Festlegungen in der Patientenverfügung der aktuellen Lebens- und Behandlungssituation entsprechen und den Willen des Betroffenen zur Geltung bringen. Auch die Anordnung, lebenserhaltende Maßnahmen zu beenden, muss grundsätzlich befolgt werden.

A. Die Erbfolge

▶ **Was geschieht mit dem Patienten ohne Patientenverfügung?**

Niemand ist gezwungen, eine Patientenverfügung zu verfassen. Gibt es keine Patientenverfügung oder treffen die Festlegungen nicht die aktuelle Situation, muss der Betreuer oder Bevollmächtigte unter Beachtung des mutmaßlichen Patientenwillens entscheiden, ob er in die Untersuchung, die Heilbehandlung oder den ärztlichen Eingriff einwilligt.

▶ **Stellen Ärzte ihre Behandlung wegen der Patientenverfügung völlig ein?**

Der in einer Patientenverfügung erklärte Verzicht auf die weitere Therapierung einer tödlich verlaufenden Krankheit bedeutet nie eine völlige Einstellung ärztlicher Behandlung: Es geht immer nur um eine **Therapiereduktion,** also um den Verzicht auf bestimmte Medikamente, Transfusionen, Reanimationen oder Operationen. Die Behandlung hat dann nicht mehr eine Heilung zum Ziel, sondern eine bestmögliche Lebensqualität.

Wegen einer Patientenverfügung wird auch die Pflege nicht eingestellt, selbst wenn man Derartiges fordert. Die medizinische und pflegerische Versorgung (menschliche Zuwendung, Stillung des Hunger- und Durstgefühls sowie eine ausreichende Zufuhr von Schmerzmitteln) lässt sich nicht durch eine Patientenverfügung unterbinden. Ärzte und Pflegekräfte akzeptieren zu Recht entsprechende Passagen einer Patientenverfügung nicht, weil sie nicht zulässig sind.

b) Formalien einer Patientenverfügung

▶ **Wie sollte eine Patientenverfügung gestaltet sein?**

Als Wirksamkeitsvoraussetzung einer Patientenverfügung wurde vom Gesetzgeber mit Wirkung zum 1.9.2009 die Schriftform eingeführt (§ 1901a Abs. 1 BGB). Eine notarielle Beurkundung oder Beglaubigung ist damit ebenso wenig erforderlich wie eine Registrierung im Zentralen Vorsorgeregister der Bundesnotarkammer. Eine vorherige Beratung durch einen Arzt ist sinnvoll, aber nicht zwingend vorgeschrieben. Patientenverfügungen können jederzeit formlos widerrufen werden.

> **Expertentipp:** Die Gültigkeit der bisher errichteten neun Millionen Patientenverfügungen wird zwar durch das neue Gesetz nicht in Frage gestellt. Da aber in der Vergangenheit viele Patientenverfügungen nicht ausreichend präzise und klar formuliert worden sind, sollten sie durch einen Experten überprüft und bei Bedarf überarbeitet werden.

Der Text der Patientenverfügung muss dabei nicht unbedingt handschriftlich erstellt werden; ein maschinenschriftliches Dokument reicht aus. Die Patientenverfügung muss aber auf jeden Fall eigenhändig mit Angabe von Ort und Datum unterschrieben sein. Sollte man alters- oder gesundheitsbedingt nicht mehr imstande sein, eine Patientenverfügung deutlich lesbar zu unterzeichnen, so ist dringend anzuraten, Zeugen (z. B. den Arzt) hinzuzuziehen.

▸ Welchen Inhalt sollte eine Patientenverfügung haben?

Eine Patientenverfügung muss präzise und zweifelsfrei formuliert sein und erkennen lassen, dass man sich nach reiflicher Überlegung für bestimmte Behandlungsmethoden entschieden hat. Allgemein gehaltene Formulierungen, wie z. B. „in Würde sterben zu wollen" oder „qualvolles Leiden vermeiden zu wollen" sind gänzlich ungeeignet, das Selbstbestimmungsrecht zu verwirklichen.

> **Expertentipp:** Man sollte die Patientenverfügung immer mit einer Vorsorgevollmacht absichern. Nur so ist sichergestellt, dass der in der Patientenverfügung zum Ausdruck gebrachte Wille von der Vertrauensperson gegenüber den behandelnden Ärzten und der Familie durchgesetzt werden kann.

▸ Ist der Anwendungsbereich einer Patientenverfügung eingeschränkt?

Nein. Die beschlossene Regelung enthält keine Einschränkung der Verbindlichkeit von Patientenverfügungen. Sie gelten in jeder Lebensphase. Der Wille des Betroffenen ist also unabhängig von

Art und Stadium der Erkrankung zu beachten. Die Gültigkeit der Patientenverfügung wurde vom Gesetzgeber nicht auf Fälle beschränkt, in denen das Grundleiden irreversibel ist und trotz medizinischer Behandlung nach ärztlicher Erkenntnis zum Tode führen wird.

> **Expertentipp:** Festlegungen in einer Patientenverfügung, die auf eine verbotene Tötung auf Verlangen gerichtet sind, bleiben unwirksam. Aktive Sterbehilfe ist und bleibt verboten.

▶ Kann man die Patientenverfügung ändern oder widerrufen?

Wer eine Patientenverfügung geschrieben und unterzeichnet hat, kann sie jederzeit abändern, widerrufen, vernichten oder ganz neu abfassen (vgl. § 1901a Abs. 1 S. 3 BGB).

▶ Welche Aufgaben hat der Betreuer im Zusammenhang mit einer Patientenverfügung?

Die Aufgaben eines Betreuers oder Bevollmächtigten beim Umgang mit einer Patientenverfügung und bei Feststellung des Patientenwillens werden im **Gesetz zur Regelung der Patientenverfügung** genau geregelt. Der Schutz des Betroffenen wird durch diese verfahrensrechtlichen Regelungen sichergestellt.

▶ Was gilt, wenn es zu Meinungsverschiedenheiten zwischen Betreuer/Bevollmächtigtem und behandelndem Arzt kommt?

Die Entscheidung über die Durchführung einer ärztlichen Maßnahme wird im Dialog zwischen Arzt und Betreuer bzw. Bevollmächtigtem vorbereitet. Der behandelnde Arzt prüft, was medizinisch indiziert ist und erörtert die Maßnahme mit dem Betreuer oder Bevollmächtigten, möglichst unter Einbeziehung naher Angehöriger und sonstiger Vertrauenspersonen.

Sind sich Arzt und Betreuer bzw. Bevollmächtigter über den Patientenwillen einig, bedarf es gem. § 1904 Abs. 4 BGB keiner Einbindung des Betreuungsgerichts. Bestehen hingegen Meinungsverschiedenheiten, müssen folgenschwere Entscheidungen vom Betreuungsgericht genehmigt werden. Dadurch wird gewährleistet, dass bei Missbrauchsgefahr oder Zweifeln über den Patientenwillen der Richter als neutrale Instanz entscheidet.

2. Die Vorsorgevollmacht

a) Zweck einer Vorsorgevollmacht

▶ **Was versteht man unter Vorsorgeregelungen?**

Mit Vorsorgeregelungen kann jede Bürgerin und jeder Bürger bestimmen, wer was im Fall der eigenen Entscheidungs- oder Handlungsunfähigkeit tun darf:

- Eine **Vorsorgevollmacht** gibt einer Vertrauensperson die Möglichkeit, stellvertretend für den Vollmachtgeber zu entscheiden und zu handeln.

- Mit einer **Patientenverfügung** wird dagegen festgelegt, wie eine Person bei Entscheidungs- und Handlungsunfähigkeit (Unfall, Krankheit, Alter) von den behandelnden Ärzten und Pflegekräften medizinisch versorgt und gepflegt werden möchte.

▶ **Wer braucht eine Vorsorgevollmacht?**

- Niemand ist davor sicher, dass er nicht plötzlich oder im Verlauf einer Erkrankung längere Zeit oder für immer seine Angelegenheiten nicht mehr selbst erledigen und Entscheidungen nicht oder nur noch eingeschränkt treffen kann. Unsere Gesellschaft wird immer älter. Die Möglichkeiten der Medizin, durch Einsatz von technischen Mitteln den Todeseintritt zu verzögern, schreiten stetig voran. Auch wird Leben durch eine teilweise unwürdige und manchmal fragwürdige Apparatemedizin künstlich erhalten.

- Die Zahl alter Menschen, die pflegebedürftig in Pflegeheimen oder zu Hause versorgt werden, nimmt ständig zu. Je höher das Alter ist, desto mehr steigt das Risiko, aufgrund einer alterstypischen Krankheit in Demenz zu verfallen und nicht mehr für seine eigenen Angelegenheiten sorgen zu können. 25 % der über 85-Jährigen leiden unter seniler Demenz und sind damit betreuungsbedürftig. Auch junge Menschen können durch Unfall oder schwere Krankheit zeitweise bewusstlos sein, ständig in ein Koma fallen oder dauerhaft pflegebedürftig werden.

A. Die Erbfolge

> **Expertentipp:** Die Frage „Wer braucht eine Vorsorgevollmacht?" lässt sich demnach so beantworten: Jeder Bürger, der darauf Wert legt, dass im Notfall eine Vertrauensperson für ihn entscheiden und handeln kann, benötigt eine Vorsorgevollmacht.

▶ Was passiert im Alters- und Pflegefall ohne Vorsorgevollmacht?

- Viele Menschen glauben, dass die nahen Angehörigen automatisch handeln und entscheiden können, wenn aus Altersgründen, in medizinischen Notfällen oder nach einem schweren Unfall Entscheidungen getroffen werden müssen. Das ist aber nicht so. Der Gesetzgeber hat bisher keine Regelung geschaffen, wonach die Familie oder der Lebenspartner diese Verantwortung übernehmen kann.
- Trifft man keine Vorsorge, wird das Betreuungsgericht einen **Amtsbetreuer** einsetzen, auf dessen Auswahl der Betroffene keinerlei Einfluss nehmen kann. Es kann also passieren, dass jemand zum Betreuer bestellt wird, der zum Betroffenen und seinem sozialen Umfeld keinerlei persönlichen Bezug hat.
- Die Errichtung einer Vorsorgevollmacht darf man nicht „auf die lange Bank schieben". Jeder muss Vorsorge treffen, solange er die rechtliche Tragweite seiner Vorsorgeregelungen verstehen und beurteilen kann. Ist die Einsichtsfähigkeit (z.B. wegen altersbedingter Demenz) bereit eingeschränkt, muss möglicherweise vom Betreuungsgericht ein Betreuungsverfahren eingeleitet werden.
- Die Bestellung eines **Betreuers** durch das Betreuungsgericht ist ein streng formalistisches Verfahren. Es kann deshalb erhebliche Zeit vergehen, bis ein Betreuer bestellt wird. Der Betroffene muss vom Richter angehört und amtsärztlich untersucht werden. Ergibt die amtsärztliche Untersuchung, dass man bereits betreuungsbedürftig ist, kann regelmäßig keine wirksame Vorsorgevollmacht mehr errichtet werden.

> **Expertentipp:** Wer zu spät handelt, kann eine Amtsbetreuung nicht mehr verhindern.

IV. Exkurs: Patientenverfügung und Vorsorgevollmacht

▶ Welche Lebensbereiche deckt eine Vorsorgevollmacht ab?

Die Vorsorgevollmacht kann sachlich (z. B. nur für die Gesundheitssorge oder für die Vermögensvorsorge) beschränkt oder auf alle Bereiche des Lebens ausgedehnt werden (sog. Generalvollmacht). Dem Bevollmächtigten können dabei folgende Angelegenheiten übertragen werden:
- Fragen der Gesundheitssorge und Pflegebedürftigkeit
- Regelung des Aufenthalts und von Wohnungsangelegenheiten
- Vertretung gegenüber Behörden und Versicherungen
- Fragen der Vermögenssorge, insbesondere Annahme von Zahlungen, Eingehen von Verbindlichkeiten, Geschäfte mit Kreditinstituten
- Vornahme von Schenkungen
- Immobiliengeschäfte (Wichtig: Hierfür ist notarielle Beurkundung notwendig.)
- Angelegenheiten, die das Unternehmen betreffen (Wichtig: Hierfür kann u. U. notarielle Beurkundung notwendig sein.)
- Regelung des Post- und Fernmeldeverkehrs
- Vertretung vor Gericht
- Erteilung einer Untervollmacht

Soll sich die Vollmacht auch auf freiheitsentziehende Maßnahmen erstrecken, so müssen diese Befugnisse ausdrücklich in der Vollmachtserklärung niedergelegt werden (§§ 1904 und 1906 BGB).

Beispiel: Freiheitsentziehende Maßnahmen sind u. a. Unterbringung in einem Heim oder einer psychiatrischen Anstalt zur Vermeidung einer krankheitsbedingten Eigengefährdung, das Anbringen von Bettgittern, das Fixieren mit Gurt, die Verabreichung von Schlafmitteln und Psychopharmaka.

▶ Welche rechtlichen Wirkungen hat eine Vorsorgevollmacht?

Wichtig ist die Unterscheidung zwischen dem **Außenverhältnis,** also der Beziehung zwischen dem Bevollmächtigten und Dritten (z. B. Geschäftspartner, Behörden, Gerichte, Banken), und dem **Innenverhältnis** zwischen dem Vollmachtgeber und dem Bevollmächtigten.

Im Außenverhältnis gibt eine Vollmacht dem Bevollmächtigten die Legitimation, rechtsgeschäftlich wirksame Erklärungen gegenüber Dritten abzugeben („rechtliches Können").

Beispiel: Je nach Vollmacht kann der Bevollmächtigte Kredite aufnehmen, Gegenstände des Vermögens verkaufen, Mietverträge kündigen und Forderungen beitreiben. Diese Maßnahmen sind selbst dann wirksam, wenn der Bevollmächtigte „übereifrig" handelt und diese Schritte vorher nicht mit dem Vollmachtgeber abgeklärt hat.

Das Innenverhältnis zwischen dem Vollmachtgeber und dem Bevollmächtigten betrifft dagegen die Frage, was der Bevollmächtigte darf („rechtliches Dürfen").

> **Expertentipp:** Im Innenverhältnis kann der Vollmachtgeber dem Bevollmächtigten bestimmte Weisungen und Wünsche „mit auf den Weg geben". So kann er festlegen, ob Vermögenswerte zur Finanzierung von Pflegekosten veräußert werden dürfen. Man kann auch bestimmen, ob bei einer Heimunterbringung die Wohnung aufgelöst werden soll und ob Kredite zur Finanzierung der Pflegekosten aufgenommen werden dürfen.

b) Formalien einer Vorsorgevollmacht

▶ **Muss eine Vorsorgevollmacht schriftlich oder beim Notar errichtet werden?**

Eine Vorsorgevollmacht kann in der Form frei gestaltet werden, es gibt hierfür keine gesetzliche Regelung. Allerdings sollte sie zu Beweiszwecken immer schriftlich vorliegen. Es ist nicht unbedingt erforderlich, dass die Vollmacht handschriftlich abgefasst wird; ausreichend ist die Unterzeichnung einer maschinenschriftlichen Erklärung.

Eine **notarielle Beurkundung** ist nur dann erforderlich, wenn der Bevollmächtigte auch Grundstücksgeschäfte vornehmen oder im Bereich des Gesellschafts- und Handelsrechts tätig werden soll. Ohne notarielle Beurkundung müsste zur Erledigung dieser Aufgaben vom Betreuungsgericht ein „Ergänzungsbetreuer" bestellt werden.

IV. Exkurs: Patientenverfügung und Vorsorgevollmacht

> **Expertentipp:** Bevor man eine Vorsorgevollmacht zu Papier bringt, sollte man bei der Bank anfragen, ob sie eine frei formulierte Vollmacht akzeptiert oder auf eigenen Formularen für eine **Kontovollmacht** besteht. Falls Letzteres der Fall ist, sollte man zumindest für die Kontovollmacht das geforderte Formular verwenden, um späteren Ärger auszuschließen. Es ist sinnvoll, bei den persönlichen Papieren oder in der Geldbörse einen schriftlichen Hinweis auf die Existenz der Vorsorgevollmacht und den Hinterlegungsort zu verwahren. So ist gewährleistet, dass im Ernstfall die Vollmacht schnell gefunden wird.

▶ Wie lässt sich der Missbrauch einer Vollmacht verhindern?

Um vorzubeugen, dass der Bevollmächtigte nicht in einer „schwachen Stunde in die eigene Tasche wirtschaftet", kann man einen **„Kontrollbevollmächtigten"** einsetzen. Dieser hat dann die Aufgabe, die Tätigkeit des Bevollmächtigten zu überwachen und kann Auskunft und Rechenschaft verlangen. Er kann die Vollmacht widerrufen, falls sich der Verdacht des Missbrauchs erhärtet. Weiter kann festgelegt werden, dass der Bevollmächtigte bei bestimmten, näher festgelegten Entscheidungen und Handlungen die Zustimmung des Kontrollbevollmächtigten einholen muss.

> **Expertentipp:** Eine Überwachung des Bevollmächtigten durch das Betreuungsgericht findet normalerweise nicht statt. Erst wenn konkrete Verdachtsmomente bekannt werden, dass der Bevollmächtigte seine Vollmacht missbraucht, kann das Betreuungsgericht einen Kontrollbetreuer bestellen.

▶ Was sollte der Bevollmächtigte für sich selbst beachten?

Da der Vollmachtgeber (bzw. nach seinem Tod seine Erben) jederzeit Rechenschaft über die getroffenen Maßnahmen und den Verbleib des verwalteten Vermögens verlangen kann, sollte der Bevollmächtigte zur Vermeidung von Streit
- Bargeld immer nur gegen Quittung auszahlen,
- ein Haushaltsbuch führen,
- für alle Ausgaben Belege sammeln,
- bei Kontovollmacht Kopien der Kontoauszüge fertigen.

Nur so ist sichergestellt, dass der Bevollmächtigte nach dem Erbfall vollständige Rechenschaft gegenüber den Erben ablegen kann und sich nicht schadensersatzpflichtig macht.

3. Die Vollmacht über den Tod hinaus

▶ **Kann mit einer Vollmacht auch für die Zeit nach dem Erbfall vorgesorgt werden?**

Zur Regelung von Nachlassangelegenheiten müssen die Erben im Regelfall beim Nachlassgericht einen **Erbschein** beantragen, aus dem sich ihr gesetzliches oder testamentarisches Erbrecht ergibt. Der Erbschein ist sozusagen der „Personalausweis" des Erben. Auch ein Testamentsvollstrecker muss sich durch ein gerichtliches Zeugnis legitimieren, um für den Nachlass handeln zu können.

Die Erteilung eines Erbscheins oder eines **Testamentsvollstreckerzeugnisses** durch das Nachlassgericht kann mehrere Monate in Anspruch nehmen. Hierdurch kann sich die Nachlassverwaltung, insbesondere die Zahlung von Nachlassschulden, erheblich verzögern.

Dem kann der Erblasser durch eine **„transmortale Vollmacht"** vorbeugen. Diese Vollmacht gilt über den Tod des Vollmachtgebers hinaus. Der Bevollmächtigte kann also auch noch nach dem Erbfall die erforderlichen Maßnahmen zur ordnungsgemäßen Verwaltung des Nachlasses treffen, bis der beantragte Erbschein oder das Testamentsvollstreckerzeugnis vom Nachlassgericht erteilt wird.

B. Typische Fälle letztwilliger Verfügungen

I. Das Testament von Ehegatten

1. Die gesetzliche Erbfolge bei Ehegatten

▶ **Wie ist die Erbfolge beim Tod eines Ehepartners im Gesetz geregelt?**

Ehegattenerbteil			
Güterstand:	neben 1 Kind	Neben 2 Kindern	bei mehr als 2 Kindern
Zugewinngemeinschaft	$1/2$	$1/2$	$1/2$
Gütertrennung	$1/2$	$1/3$	$1/4$
Gütergemeinschaft	$1/4$	$1/4$	$1/4$

Das gesetzliche Erbrecht des Ehegatten wird ausführlich auf den Seiten 7 bis 13 erläutert.

2. Das Ehegattentestament

▶ **Warum sollte auch in einer „funktionierenden Ehe" die Erbfolge durch Testament geregelt werden?**

- Ohne letztwillige Verfügung (Testament oder Erbvertrag) greift gesetzliche Erbfolge ein, die verschiedene Nachteile hat:
- Die wirtschaftlichen Folgen der gesetzlichen Erbfolge entsprechen oft nicht dem Willen des Erblassers. Eine besondere Fürsorge für schwächere Familienmitglieder ist nicht möglich.
- Der überlebende Ehepartner und die Kinder des Erblassers bilden eine sogenannte Erbengemeinschaft, bei der jedem Erben nur ein Anteil am Nachlass gehört. Dies bedeutet, dass nur alle Erben gemeinsam über den Nachlass verfügen können und dem einzelnen Mitglied der Erbengemeinschaft nicht automatisch einzelne

Gegenstände zustehen. Die Miterben müssen sich deshalb über die Verwaltung und Nutzung des Nachlasses einigen. Da der Ehegatte mit Ausnahme des Vorauses (siehe dazu Seite 13) nicht die alleinige Verfügungsgewalt über den Nachlass hat, ist er unzureichend versorgt.

- Die Kinder des Erblassers können vom überlebenden Ehegatten jederzeit verlangen, dass der Nachlass geteilt wird. Verfügt der Ehegatte aber nicht über genügend Barmittel, um die Kinder auszuzahlen, können diese eine Nachlassteilung erzwingen. Dies kann beispielsweise zur Teilungsversteigerung des Hauses führen.
- Auch wenn die Kinder darauf verzichten, sich ihren Erbteil auszahlen zu lassen und die Erbengemeinschaft weiter fortgesetzt wird, besteht für den überlebenden Ehegatten immer der Zwang zur Einigkeit mit den Kindern.

> **Beispiel:** Soll das Haus oder die Eigentumswohnung renoviert werden, müssen alle Erben einen Teil der Kosten übernehmen. Verfügt eines der Kinder nicht über die genügenden Barmittel, unterbleiben oftmals notwendige Renovierungsarbeiten. Kann oder will der überlebende Ehegatte nicht mit eigenen Mitteln in Vorleistung treten, besteht die Gefahr, dass die Substanz der Immobilie geschädigt wird. Auch die Frage, ob der überlebende Ehegatte die zum Nachlass gehörende Immobilie allein nutzen darf, ist nur mit Zustimmung aller anderen Miterben zu beantworten. Fordert ein Miterbe die Vermietung, um Einnahmen zu erzielen, ist Streit vorprogrammiert.

- Die Möglichkeiten, die Erbschaftsteuer zu minimieren, werden ohne Testament regelmäßig vernachlässigt.
- Gehört zum Nachlass ein Unternehmen, wird dessen Existenz durch die oftmals auftretende Handlungsunfähigkeit einer Erbengemeinschaft gefährdet. Wichtige unternehmerische Entscheidungen können deshalb nicht oder nur mit erheblicher Verzögerung getroffen werden. Hierdurch kann die Versorgung des überlebenden Ehegatten erheblich gefährdet werden.

> **Expertentipp:** Die oben beschriebenen Nachteile können nur vermieden werden, wenn der verheiratete Erblasser durch ein klar formuliertes Testament oder einen Erbvertrag vorsorgt.

I. Das Testament von Ehegatten

▶ Wann ist ein gemeinschaftliches Testament sinnvoll?

Die meisten Ehepartner betrachten ihr Vermögen – Wohnung, Aktien, Auto, Bargeld – als gemeinsames Eigentum, obwohl die Vermögen rechtlich auch nach der Eheschließung vollständig getrennt bleiben. Wegen dieser Vorstellung erwarten sie, dass das Vermögen nach dem Tod des einen in vollem Umfang dem Überlebenden zusteht. Weit verbreitet ist der Wunsch, dass die eigenen Kinder oder nahe Verwandte das Vermögen erst nach dem Tod der Witwe oder des Witwers erben sollen. Um diesen Wunsch zu verwirklichen, können die Ehepartner ein gemeinschaftliches Testament errichten.

a) Form des gemeinschaftlichen Testaments

▶ In welcher Form kann ein gemeinschaftliches Testament errichtet werden?

Ehegatten (§ 2265 BGB) und gleichgeschlechtliche eingetragene Lebenspartner (§ 10 Abs. 4 Lebenspartnerschaftsgesetz) können ein „gemeinschaftliches Testament" in notarieller oder privatschriftlicher Form errichten. Gemäß § 2267 BGB ist es im Fall einer privatschriftlichen Errichtung ausreichend, wenn einer der Partner den Text mit der Hand schreibt und dann beide unterzeichnen.

> **Expertentipp:** Gerade für deutsche Ehegatten, die **Vermögen im Ausland** haben oder mit einem **Ausländer** verheiratet sind, ist erbrechtlich größte Vorsicht geboten. Vornehmlich in romanischen Staaten, etwa in Italien, wird weder das gemeinschaftliche Ehegattentestament noch ein Erbvertrag anerkannt. Probleme können sich aber auch im Hinblick auf die ehelichen Güterstände eines anderen Staates ergeben. Hier schützt nur eine Beratung durch einen Fachanwalt für Erbrecht vor unangenehmen Überraschungen.

b) Einsetzung des Ehegatten als Vollerben

▶ **Welchen Inhalt kann ein gemeinschaftliches Testament haben?**

Den Ehegatten stehen verschiedene Möglichkeiten der testamentarischen Nachlassregelung zur Verfügung. Der überlebende Ehegatte kann eingesetzt werden als
- **Allein**erbe (siehe dazu Seite 82)
- **Vor**erbe (siehe dazu Seite 83), oder
- **Vermächtnisnehmer** (siehe dazu Seite 84).

▶ **Welche Vor- und Nachteile hat die Einsetzung des Ehegatten als Alleinerben?**

- Die Ehepartner werden sich im Regelfall in Form eines gemeinschaftlichen Testamentes wechselseitig zu **Alleinerben** einsetzen und nach dem Tode des Längerlebenden die gemeinsamen Kinder als Schlusserben bestimmen (sogenanntes „**Berliner Testament**"; siehe dazu Seite 88).

- Von **Vorteil** ist, dass das Vermögen erst einmal uneingeschränkt auf den überlebenden Ehegatten übergeht. Hierdurch erhält er die alleinige Entscheidungsfreiheit über die Verwaltung, Nutzung und Veräußerung der Nachlassimmobilien.

> **Expertentipp:** Die Frage, wer nach dem Tod des überlebenden Ehegatten das gemeinsame Vermögen erben soll, müssen die Eheleute in ihrem Testament festlegen, ansonsten würde nach dem Tod des längerlebenden Ehegatten die gesetzliche Erbfolge eingreifen. Erforderlich ist deshalb eine „**Schlusserbenregelung**", die im Regelfall zu Gunsten der Abkömmlinge erfolgt. Anstelle der Kinder können die Eheleute auch Personen aus der Verwandtschaft, eine kirchliche Stiftung, karitative Vereinigung, einen Verein oder Verband oder sonstige Organisationen als Schlusserben einsetzen.

- Ein **Nachteil** der Alleinerbeneinsetzung des anderen Ehegatten ist, dass die Abkömmlinge im ersten Erbfall enterbt sind und deshalb Pflichtteilsansprüche (§§ 2303 ff. BGB) gegen den überlebenden Ehegatten geltend machen können (siehe dazu Seite 88). Bei größeren Nachlässen ist weiter von Nachteil, dass diese Form des Ehegattentestaments eine Steuerfalle darstellen kann (siehe dazu Seite 90).

▶ Welche Formulierung kann für die Anordnung einer Voll- und Schlusserbschaft verwendet werden?

Mustertext „Ehegattentestament mit Voll- und Schlusserbschaft"

1. Verfügung für den ersten Todesfall
Wir, die Eheleute ....., setzen uns gegenseitig zum alleinigen Vollerben unseres gesamten Vermögens ein. Eine Nacherbfolge findet nicht statt.
2. Verfügung für den zweiten Todesfall
Schlusserben beim Tod des Überlebenden von uns und Erben von uns beiden im Falle unseres gleichzeitigen Versterbens sind unsere gemeinschaftlichen Abkömmlinge, und zwar einschließlich adoptierter und nichtehelicher Abkömmlinge, unter sich nach den Regeln der gesetzlichen Erbfolge erster Ordnung zum Zeitpunkt des zweiten Erbfalls.

c) Einsetzung des Ehegatten als Vorerben

▶ Welche Vor- und Nachteile hat die Einsetzung des Ehegatten als Vorerben?

- Nach einer anderen Variante des Ehegattentestaments wird der überlebende **Ehegatte als „Vorerbe"** (§ 2100 BGB) und die **Kinder als „Nacherben"** eingesetzt. Der Nachlass des verstorbenen Ehegatten bildet dann ein Sondervermögen, über das der überlebende Ehegatte zu Lebzeiten nur in engen Grenzen verfügen kann: Schenkungen sind generell nicht zulässig und Nachlassimmobilien dürfen weder veräußert noch belastet werden.
- **Vorteil** dieser Lösung ist die Sicherung des Erbes für die gemeinsamen Kinder. Gemäß § 2136 BGB ist es aber möglich, dass der Erblasser den Vorerben teilweise von diesen Beschränkungen **befreit**. Laut § 2113 Abs. 2 BGB darf der Vorerbe aber auch dann Gegenstände des Nachlasses nur verschenken, wenn es sich hierbei um eine „Anstands- oder Pflichtschenkung" handelt (Einzelheiten zur Vor- und Nacherbschaft auf Seite 33).

B. Typische Fälle letztwilliger Verfügungen

- Von **Nachteil** ist die stark **eingeschränkte Handlungsfähigkeit** des überlebenden Ehegatten. Im Notfall (etwa bei Liquiditätsengpässen oder im Pflegefall) kann sich dies zu einem gravierenden Problem auswachsen.

▶ **Welche Formulierung kann für die Anordnung einer befreiten Vor- und Nacherbschaft verwendet werden?**

Mustertext „Ehegattentestament mit befreiter Vorerbschaft"

Wir berufen uns gegenseitig zu alleinigen Vorerben. Der Vorerbe ist von allen Beschränkungen und Verpflichtungen befreit, von denen er nach dem Gesetz befreit werden kann. Ihm stehen alle Rechte zu, die ihm nach dem Gesetz zustehen können, einschließlich des Rechts auf Verzehr des Nachlasses. Nacherben auf den Tod des Letztversterbenden und Erben des Letztversterbenden und Erben von uns beiden im Falle unseres gleichzeitigen Versterbens sind unsere gemeinschaftlichen Abkömmlinge, und zwar einschließlich adoptierter und nichtehelicher Abkömmlinge, unter sich nach den Regeln der gesetzlichen Erbfolge erster Ordnung zum Zeitpunkt des zweiten Erbfalls.

> **Expertentipp:** Die Anordnung einer Vor- und Nacherbschaft ist rechtlich äußerst problematisch und Sie sollten sie deshalb nur nach eingehender Beratung durch einen Fachanwalt für Erbrecht vornehmen. So entstehen etwa steuerliche Nachteile, da sowohl bei Eintritt des Vorerbfalls als auch im Nacherbfall Erbschaftsteuer anfällt. Aufgrund der einschneidenden Verfügungsbeschränkung des Vorerben wird oftmals auch der Familienfrieden gestört, da einem juristischen Laien die vielfältigen Verpflichtungen des Vorerben nicht bekannt sind und zwischen Vor- und Nacherben häufig über die Verwaltung der Vorerbschaft gestritten wird.

d) Einsetzung des Ehegatten als Vermächtnisnehmer

▶ **Welche Vor- und Nachteile hat die Einsetzung des Ehegatten als Vermächtnisnehmer?**

- Alternativ zur Erbeneinsetzung des Ehegatten können auch das oder die **Kinder als Erben** bestimmt und dem **Ehepartner** im Rahmen eines **Vermächtnisses** ein Wohn- oder Nießbrauchsrecht zugewendet werden (Einzelheiten zum Vermächtnis auf Seite 36).

- Von **Vorteil** ist, dass hierdurch verhindert wird, dass die Kinder Pflichtteilsrechte gegen den überlebenden Ehegatten geltend machen können. Auch die Nachteile der bei gesetzlicher Erbfolge eingreifenden Erbengemeinschaft werden für den überlebenden Ehegatten vermieden.
- Diese Lösung hat aber für den überlebenden Ehegatten auch **Nachteile:** Das Wohn- oder Nießbrauchsrecht stellt zwar eine relativ gute Absicherung für den überlebenden Ehegatten dar; dieser kann bei einer Erbeinsetzung der Kinder über Nachlassgegenstände aber weder verfügen noch diese belasten.

▶ **Welche Formulierung kann für die Anordnung eines Vermächtnisses zugunsten eines Ehegatten verwendet werden?**

> Mustertext „Ehegattentestament mit Vermächtnis zugunsten des Ehegatten"
> Der Erstversterbende von uns setzt zu seinen Erben unsere Abkömmlinge zu gleichen Teilen ein. Dem Überlebenden von uns wird der lebenslange unentgeltliche Nießbrauch an unserem Wohnhaus in ... ... eingeräumt.

e) Bindungswirkung des gemeinschaftlichen Testaments

▶ **Worin unterscheidet sich ein gemeinschaftliches Testament von einem Einzeltestament?**

In einem Ehegattentestament können gem. § 2270 BGB sogenannte „wechselbezügliche" Verfügungen getroffen werden, die in ihrem rechtlichen Bestand voneinander abhängen:
- **Eingeschränkter Widerruf zu Lebzeiten.** Ist die eine wechselbezügliche Verfügung nichtig oder widerrufen worden, gilt dies automatisch auch für die andere Verfügung (§ 2270 Abs. 1 BGB). Der Widerruf einer wechselbezüglichen Verfügung zu Lebzeiten beider Ehegatten kann nur durch notariell beurkundete Erklärung erfolgen und muss dem anderen Ehegatten zugehen (§ 2271 Abs. 1 S. 1 BGB in Verbindung mit § 2296 Abs. 2 BGB). Der einseitige Widerruf einer wechselbezüglichen Verfügung ist also ungültig, wenn der andere Ehepartner davon nichts (in der vorgeschriebenen Form) erfährt.

- **Bindungswirkung mit dem ersten Erbfall.** Eine der wichtigsten Wirkungen des Ehegattentestamentes ist, dass mit dem Tode eines Ehegatten der überlebende Ehegatte seine wechselbezügliche Verfügung nicht mehr widerrufen kann (§ 2271 Abs. 2 S. 1 BGB), es sei denn, die Eheleute haben sich dies in ihrem Testament vorbehalten. Will der Witwer oder die Witwe seine eigene Verfügung wieder rückgängig machen, bleibt ihm nur die Möglichkeit, das ihm selbst durch Testament Zugewendete innerhalb einer Sechswochenfrist auszuschlagen (Einzelheiten zur Ausschlagung auf Seite 124). In einigen Ausnahmefällen kann der überlebende Ehegatte seine eigene wechselbezügliche Verfügung nach den Bestimmungen der §§ 2078, 2079 BGB binnen Jahresfrist anfechten (z. B. wenn er wieder heiratet oder aus seiner 2. Ehe Kinder hervorgehen).

> **Expertentipp:** Im Ehegattentestament sollte ausdrücklich festgelegt werden, ob die Verfügungen **wechselbezüglich** und damit bindend sind oder der überlebende Ehegatte befugt ist, von einer ursprünglich getroffenen Schlusserbenregelung nach seinem Gutdünken abzuweichen. Dies kann erforderlich werden, wenn z. B. eine Person aus der Verwandtschaft bedürftig wird und der Witwer bzw. die Witwe diesem Verwandten (z. B. für erbrachte Pflegeleistungen) etwas zukommen lassen möchte.

▶ **Welche Formulierung kann für die Anordnung einer Bindungswirkung verwendet werden?**

Mustertext „Bindung des überlebenden Ehegatten"
Alle vorstehenden Erbeinsetzungen, Vermächtnisse und Auflagen sind wechselbezüglich und damit bindend.

▶ **Welche Formulierung kann für die Anordnung eines Abänderungsvorbehalts verwendet werden?**

Mustertext „Abänderungsrecht des überlebenden Ehegatten"
Alle vorstehenden Erbeinsetzungen, Vermächtnisse und Auflagen sind nicht wechselbezüglich. Nach dem ersten Todesfall ist der Überlebende deshalb berechtigt, sämtliche Bestimmungen für den zweiten Todesfall uneingeschränkt aufzuheben oder abzuändern.

I. Das Testament von Ehegatten

▶ **Kann der Erblasser die Bindungswirkung eines gemeinschaftlichen Testaments durch lebzeitige Schenkungen unterlaufen?**

- Der überlebende Ehegatte versucht oftmals die vom Gesetzgeber angeordnete Bindungswirkung eines Ehegattentestaments dadurch zu unterlaufen, indem er seinen späteren Nachlass oder Teile hiervon durch lebzeitige Schenkungen schmälert und dieses Vermögen nicht denjenigen Personen zuwendet, die im Ehegattentestament benannt sind, sondern hiervon abweichend.
- Nach der Rechtsprechung müssen diese Zuwendungen nach dem Tod des Schenkers an dessen Erben dann entsprechend § 2287 BGB **zurückgegeben** werden, wenn dieser für die Vornahme der Schenkung **kein** sogenanntes **„lebzeitiges Eigeninteresse"** hatte. Die Schenkung ist also nur dann bestandsfest, wenn der Witwer oder die Witwe den Beschenkten für bisher erbrachte Pflege belohnen, einen Anreiz für zukünftige Pflege geben oder dessen Altersversorgung sicherstellen wollen.

Beispiel: Witwer W hatte mit seiner Ehefrau ein Ehegattentestament errichtet, in dem sie sich wechselseitig zu Alleinerben und nach dem Tode des Längerlebenden den gemeinsamen Sohn als Schlusserben eingesetzt haben. Mehrere Jahre nach dem Tod seiner Ehefrau ging Witwer W eine nichteheliche Lebensgemeinschaft mit Frau L ein. Die Partnerschaft ohne Trauschein bestand über 15 Jahre bis zum Tod des Witwers W. 12 Jahre vor seinem Ableben hatte Witwer W seiner Lebensgefährtin L eine kleine Eigentumswohnung im Wert von 100 000,- Euro geschenkt, ohne den Zweck der Schenkung näher zu regeln. 5 Jahre vor seinem Ableben wendet er der Lebensgefährtin L ein Aktiendepot im Wert von 40 000,- Euro mit der Bestimmung zu, dass „hiermit die von L in der Vergangenheit erbrachte Pflegeleistung abgegolten und gleichzeitig ein Anreiz für zukünftige Versorgung und Pflege durch L geschaffen werden soll". Nach dem Ableben von W verlangt dessen Sohn als testamentarischer Schlusserbe von der Lebensgefährtin L Rückgabe sowohl der Eigentumswohnung als auch des Aktiendepots. Zu Recht?

Witwer W war aufgrund des Ehegattentestamentes nach dem Tod seiner Ehefrau in seiner Verfügungsgewalt beschränkt. Da zum Zeitpunkt der Schenkung der Eigentumswohnung kein lebzeitiges Eigeninteresse des W für die Schenkung vorlag (zumindest nicht vertraglich dokumentiert wurde), muss die Lebensgefährtin L die Wohnung an den Sohn S entsprechend § 2287 BGB zurückgeben. Das Aktiendepot darf sie dagegen behalten, weil Witwer W hierfür nachvollziehbare Gründe bei der Schenkung dokumentiert hat.

f) Anfechtung eines Ehegattentestaments

▶ **Welche Besonderheiten gelten bei der Anfechtung eines Ehegattentestaments?**

Diese Frage ist ausführlich auf Seite 54 erläutert.

g) Nachteile und Risiken des Berliner Testaments

▶ **Was versteht man unter einem „Berliner Testament"?**

Das „Berliner Testament" ist eine besondere Form des Ehegattentestamentes und bedeutet, dass sich die Eheleute zunächst gegenseitig und anschließend die Kinder als Erben einsetzen. Die Wirkungen dieses Testamentes sind sehr unterschiedlich:
• Der überlebende Ehegatte kann nach einer Alternative des Berliner Testamentes als alleiniger **„Vollerbe"** und die Kinder als „Schlusserben" bestimmt werden. Das Vermögen geht dann erst einmal uneingeschränkt auf den überlebenden Ehegatten über, der hierüber zu Lebzeiten frei verfügen kann.
• Nach einer anderen Alternative wird der überlebende Ehegatte als **„Vorerbe"** (§ 2100 BGB) und die Kinder als „Nacherben" eingesetzt.

Welche Variante des Berliner Testamentes von den Ehegatten gewollt war, muss durch Auslegung ermittelt werden. Im Zweifel beinhaltet ein Berliner Testament gemäß § 2269 Abs. 1 BGB keine Anordnung einer Vor- und Nacherbschaft.

▶ **Wieso besteht beim „Berliner Testament" ein Pflichtteilsrisiko?**

Eine Gefahr des Berliner Testamentes ist die Belastung des überlebenden Ehegatten mit **Pflichtteilsansprüchen:** Die gegenseitige Alleinerbeneinsetzung der Ehegatten bedeutet gleichzeitig eine Enterbung der Kinder für den ersten Erbfall (Einzelheiten zur

Pflichtteilshaftung auf Seite 148). Besteht der Nachlass z. B. überwiegend aus einer Immobilie, führen die durch die Enterbung entstehenden Pflichtteilsansprüche der Kinder u.U. zu Liquiditätsproblemen mit der Folge, dass das Haus verkauft werden muss, um den Pflichtteil auszahlen zu können. Dem überlebenden Ehegatten kann damit die Lebensgrundlage für den Alters- und Pflegefall entzogen werden. Die Eltern sollten deshalb noch zu Lebzeiten versuchen, mit den Kindern einen **Pflichtteilsverzicht,** ggf. gegen Zahlung einer Abfindung im Rahmen eines notariell zu beurkundenden Vertrages zu vereinbaren.

> **Expertentipp:** Sind die Kinder nicht bereit, auf ihren Pflichtteil zu verzichten, sollten Sie zumindest sogenannte **Pflichtteilsklauseln** in Ihr Testament aufnehmen. Durch diese Anordnungen wird dasjenige Kind, das beim Tod des ersten Ehegatten seinen Pflichtteil verlangt, auch für den Tod des überlebenden Ehegatten enterbt und erhält dann wieder nur den Pflichtteil.

▶ **Welche Formulierung kann für eine Pflichtteilsklausel verwendet werden?**

Mustertext „Pflichtteilsklausel"

Macht einer unserer Abkömmlinge nach dem Tode des Erststerbenden von uns gegen den Willen des Überlebenden seinen Pflichtteilsanspruch oder Pflichtteilsergänzungsanspruch geltend und erhält er diesen auch ganz oder teilweise, dann ist er mit seinem ganzen Stamm sowohl für den ersten als auch für den zweiten Todesfall von der Erbfolge einschließlich aller sonstigen letztwilligen Zuwendungen ausgeschlossen.

▶ **Muss sich ein Pflichtteilsberechtigte lebzeitiger Zuwendungen auf seinen ordentlichen Pflichtteil anrechnen lassen?**

Die Anrechnung einer lebzeitigen Zuwendung auf den ordentlichen Pflichtteil (§ 2303 BGB) war in der früheren Fassung des § 2315 Abs. 1 BGB sehr formalistisch und wenig praxisnah ausgestaltet. Den Beteiligten war vielfach nicht bekannt, dass eine Anrechnungsanordnung nur **zum Zeitpunkt der Zuwendung** getroffen werden musste und später nur in notariell beurkundungspflichtiger Form nachgeholt werden konnte.

▶ **Reduzieren Eigengeschenke zugunsten des Pflichtteilsberechtigten dessen Pflichtteilsergänzungsanspruch?**

Anders als beim Pflichtteilsanspruch (§ 2303 BGB; siehe dazu oben Seite 89) sind beim Pflichtteilsergänzungsanspruch (§ 2325 BGB) Eigengeschenke, die der Ergänzungsberechtigte erhalten hat, immer anzurechnen, auch wenn dies vom Erblasser nicht angeordnet wurde. Eine zeitliche Begrenzung (beispielsweise 10 Jahre) gibt es bei anrechnungspflichtigen Zuwendungen nicht.

▶ **Warum wird das „Berliner Testament" auch als Steuerfalle bezeichnet?**

Siehe hierzu Seite 240.

h) Regelung für die Wiederverheiratung

▶ **Wozu dient eine testamentarische „Wiederverheiratungsklausel"?**

- Nicht selten heiratet die Witwe bzw. der Witwer nach dem Tod des Ehegatten wieder. Da der neue Ehegatte mit der Eheschließung erb- und pflichtteilsberechtigt am Nachlass der wiederverheirateten Witwe bzw. Witwers wird, besteht für die im gemeinschaftlichen Testament eingesetzten Schlusserben (im Regelfall also die Kinder) die Gefahr, dass hierdurch Vermögen an den neuen Ehepartner abfließt und so der spätere **Nachlass zu Lasten der Kinder geschmälert** wird.
- Testierende Eheleute, die dies verhindern wollen, können in ihr Testament eine sogenannte Wiederverheiratungsklausel aufnehmen. Danach soll der Nachlass ganz oder teilweise bereits dann auf die Schlusserben übergehen, wenn der überlebende Ehegatte eine neue Ehe eingeht. Ziel einer derartigen testamentarischen Anordnung ist es, das Eigenvermögen der Witwe bzw. des Witwers rechtlich zu trennen vom Nachlass mit der Folge, dass der neue Ehepartner nur am Eigenvermögen, aber nicht am Nachlass Erb- oder Pflichtteilsrechte geltend machen kann. In der Praxis wird dies erreicht durch eine bedingte **Vor- und Nacherbschaft** bzw. durch ein **Herausgabevermächtnis**.

I. Das Testament von Ehegatten

> **Expertentipp:** Die rechtliche Konstruktion einer Wiederverheiratungsklausel ist außerordentlich kompliziert und hängt insbesondere davon ab, welche Gestaltungsvariante die Eheleute für ihr gemeinschaftliches Testament gewählt haben (vgl. dazu Seite 82). Es empfiehlt sich deshalb zwingend den Rat eines Fachanwalts für Erbrecht einzuholen.

▶ **Welche Auswirkungen hat eine Scheidung auf ein früher errichtetes Ehegattentestament?**

Die Wirksamkeit einer letztwilligen Verfügung zugunsten des Ehegatten ist davon abhängig, ob die Ehe, wenn der Erblasser stirbt, noch besteht (§ 2077 Abs. 1 BGB). Ein Ehegattentestament kann aber ausnahmsweise die Ehe überdauern, wenn sich entweder aus dem Wortlaut des Testamentes oder durch Auslegung ergibt, dass der Erblasser den Ehegatten auch im Falle der Scheidung bedenken wollte (§ 2077 Abs. 3 BGB). Um Auslegungsstreitigkeiten von vornherein auszuschließen, sollte im Testament ausdrücklich festgelegt werden, ob die Verfügung auch bei Eintritt der Scheidung wirksam bleiben soll oder nicht.

i) Regelung für den Scheidungsfall

▶ **Welche Formulierung kann für den fall der Scheidung getroffen werden?**

Mustertext „Regelung für den Fall der Scheidung"
Durch Stellung des Scheidungsantrags werden alle Verfügungen dieser Urkunde unwirksam, wenn in der Folge des Scheidungsantrags die Ehe geschieden wird oder wenn ein Ehegatte vor Rechtskraft der Scheidung verstirbt und die Voraussetzungen für die Scheidung gegeben waren.

> **Expertentipp:** Wer sich scheiden lässt und sich Klarheit über seine bisher verfassten letztwilligen Verfügungen verschaffen will, ist gut beraten, nach Abschluss des Scheidungsverfahrens durch einen Fachanwalt für Erbrecht überprüfen zu lassen, ob dem früheren Ehegatten ein testamentarisches Erbrecht zusteht.

3. Die testamentarische Absicherung der Kinder

a) Vorsorge für minderjährige Kinder

▶ **Wie können Eltern mittels letztwilliger Verfügung für ein minderjähriges Kind Vorsorge treffen?**

- Wenn beide Elternteile versterben (z. B. bei einem Verkehrsunfall), wird das Vormundschaftsgericht zum Wohle eines minderjährigen Kindes einen **Vormund** suchen. Der vom Gericht bestellte Vormund verfügt in diesem Fall über das gesamte Vermögen des Kindes, also auch über die Erbschaft. Die Eltern können in einem Testament einen Vormund für ihre minderjährigen Kinder benennen (z. B. die Großmutter oder Tante des Kindes). Das Vormundschaftsgericht darf von diesem Vorschlag nur bei gravierenden Gründen abweichen.
- Neben oder statt dem Vormund können die Eltern auch einen **Testamentsvollstrecker** benennen, der dann im Interesse des Kindes das Vermögen verwaltet (Einzelheiten zur Testamentsvollstreckung finden Sie auf Seite 44). Diese Testamentsvollstreckung kann auch für die Zeit nach Eintritt der Volljährigkeit des Kindes angeordnet werden.

Mustertext „Familienrechtliche Anordnung"
Soweit meine Kinder bei meinem Tod noch minderjährig sind, entziehe ich meinem geschiedenen Ehegatten gemäß § 1638 BGB das Recht, den Erwerb von Todes wegen der Kinder zu verwalten. Zur Verwaltung des von Todes wegen erworbenen Vermögens benenne ich als Pfleger Herrn/Frau . . . . . . Für Herrn/Frau . . . . . . gelten die in den §§ 1852 bis 1854 BGB bezeichneten Befreiungen.

b) Vorsorge für ein behindertes Kind

▶ **Wie kann für ein behindertes Kind vorgesorgt werden?**

Eltern geistig schwer behinderter Kinder stehen in aller Regel vor der Frage, wie sie ihre letztwillige Verfügung gestalten sollen, um dem behinderten Abkömmling möglichst gerecht zu werden. Häufig sind solchermaßen erkrankte Kinder in Heimen unterge-

I. Das Testament von Ehegatten

bracht, wobei die Heimkosten über staatliche Zuschüsse gedeckt werden. Dieser Zuschuss kann auch in Form eines Darlehens gewährt werden. Hat ein behindertes Kind Leistungen vom Sozialhilfeträger erhalten, so nimmt dieser regelmäßig Regress beim Nachlass, den das Kind von seinen Eltern erhalten hat.

▶ Hat der Staat Zugriff auf die Erbschaft des Behinderten?

Sofern der Behinderte zu Vermögen kommen sollte, leitet der Sozialhilfeträger die entsprechenden Erstattungsansprüche auf sich über, um die gezahlten Beträge zurückzufordern. Als Vermögenserwerb gilt dabei auch eine Erbschaft oder ein Pflichtteilsanspruch des Sozialleistungsempfängers. Verstirbt ein Elternteil des behinderten Kindes, unterliegt der Nachlass deshalb regelmäßig dem staatlichen Zugriff.

▶ Ist die Enterbung des Behinderten eine geeignete Lösung?

Oft versuchen Eltern durch eine Enterbung des behinderten Kindes zu verhindern, dass dieses pfändbaren Nachlass erhält. Hierdurch entstehen jedoch Pflichtteilsansprüche zugunsten des behinderten Kindes, die wiederum auf den Sozialhilfeträger übergeleitet werden können.

▶ Welchen Schutz bietet ein Behindertentestament?

Unter dem Begriff „Behindertentestament" ist eine effektive Gestaltungsmöglichkeit entstanden, um diese Zugriffsmöglichkeit zu begrenzen. Das während des Lebens erarbeitete Familienvermögen soll so weit als möglich der eigenen Familie und den folgenden Generationen erhalten bleiben und dem Zugriff bzw. Regress des Sozialhilfeträgers nach dem Tod eines Elternteils entzogen werden.

Ausgangspunkt dieser Testamentsgestaltung ist die Tatsache, dass das Eigenvermögen des behinderten Kindes mit dem Nachlass der Eltern im Erbfall zu einer Einheit verschmilzt. Deshalb kann der Sozialhilfeträger auch auf die Erbschaft des Hilfeempfängers zugreifen. Es gilt daher, diese Verschmelzung von Eigenvermögen und Nachlass zu verhindern, aber dennoch dem behinderten Kind aus dem Nachlass etwas zukommen zu lassen.

B. Typische Fälle letztwilliger Verfügungen

▶ Warum ist die Vor- und Nacherbschaft das Mittel der Wahl?

Das behinderte Kind sollte bei richtiger Testamentsgestaltung von den Eltern als Vorerbe eingesetzt werden. Als Nacherbe kann ein Abkömmling des behinderten Kindes, ein gesundes anderes Kind oder ein anderer Familienangehöriger bestimmt werden.

Gleichzeitig wird für den behinderten Vorerben eine Dauertestamentsvollstreckung auf Lebzeiten angeordnet. Dem Testamentsvollstrecker wird im Rahmen einer der jeweiligen Familiensituation genau zu fassenden Anordnung aufgegeben, dem behinderten Vorerben bestimmte Nutzungen aus dem Nachlass zukommen zu lassen. Hierbei sollte es sich um die Erträgnisse handeln, welche die Lebensqualität des behinderten Kindes verbessern und die zum geschützten Schonvermögen gehören. Das Schonvermögen stellt den „unantastbaren" Vermögensteil des Behinderten dar, welcher dem Zugriff des Sozialhilfeträgers von vornherein entzogen ist.

> **Expertentipp:** Bei lediglich körperbehinderten Kindern kann dasselbe Ziel durch die Errichtung eines Erbvertrages erreicht werden, in welchem ein Behindertentestament mit einem Pflichtteilsverzichtsvertrag kombiniert wird.

▶ Welchen zusätzlichen Schutz bietet die Testamentsvollstreckung?

Die genaue Ausgestaltung der Handlungsbefugnis des Testamentsvollstreckers und die Fassung seiner Aufgabenbereiche stellen ein Hauptproblem des sogenannten „Behindertentestaments" dar. Als Testamentsvollstrecker sollte – soweit möglich – ein Familienangehöriger eingesetzt werden um zu vermeiden, dass familienfremde Dritte Einblick in die Vermögensverhältnisse der eigenen Familie erhalten.

▶ Wird das Behindertentestament von der Rechtsprechung gebilligt?

Der Bundesgerichtshof hat diese Art der Gestaltung des Behindertentestamentes für wirksam erklärt und hierfür ein billigenswertes Interesse des Erblassers anerkannt. Bisher war die Rechtsprechung „erblasserfreundlich" und hat im Wege erweiterter Auslegung dem Erblasserwillen auch bei missglückten oder zweifelhaft formulierten Behindertentestamenten zum Erfolg verholfen. Ob das auch weiterhin der Fall sein wird, darf aufgrund der derzeitigen finanziellen Misere der staatlichen Finanzen bezweifelt werden.

▶ **Warum gibt es für das behinderte Kind keine Standardlösungen?**

Da jede familiäre und finanzielle Situation anders gelagert ist, ist dringend davor zu warnen, ein Behindertentestament „von der Stange" oder aufgrund vorgedruckter Erklärungen zu fertigen. Droht bei behinderten Kindern mit dem Ableben eines Elternteils der Rückgriff durch Träger der Sozialhilfe, sollte der Erblasser daher rechtzeitig und richtig Vorsorge treffen, um das Vermögen über den eigenen Tod hinaus im Familienbesitz zu halten. Dies kann wegen der komplexen Rechtsfragen nicht ohne fachkundigen Rat geschehen.

c) Vorsorge für ein überschuldetes Kind

▶ **Wie kann das Familienvermögen bei Überschuldung eines Kindes erhalten werden?**

Eltern, deren Kinder zur Verschwendung neigen oder verschuldet sind, suchen oftmals nach einer Möglichkeit, das Familienvermögen den Nachkommen zu erhalten. Würden die Eltern das verschwendungssüchtige oder überschuldete Kind durch Testament enterben, steht diesem zumindest der Pflichtteilsanspruch (§ 2303 BGB) in Höhe der Hälfte des gesetzlichen Erbteils zu. Dieser Pflichtteil kann dem Kind nur bei schweren schuldhaften Verfehlungen durch Testament entzogen werden (§ 2333 BGB). Da der Gesetzgeber die Voraussetzungen für eine Pflichtteilsentziehung sehr eng gefasst hat, kommt ihr kaum praktische Bedeutung zu.

▶ **Wie kann durch eine Pflichtteilsbeschränkung in guter Absicht ein überschuldetes Kind versorgt werden?**

Zwischen dem Anspruch auf den vollen Pflichtteil und der Entziehung des Pflichtteils steht die sogenannte Pflichtteilsbeschränkung in guter Absicht (§ 2338 BGB). Ziel einer solchen Pflichtteilsbeschränkung ist es, das Familienvermögen zugunsten der Abkömmlinge und deren Erben zu erhalten. Durch eine Art „Zwangsfürsorge" wird der spätere Nachlass vor der Verschwendungssucht des Erben oder vor dem Zugriff seiner Gläubiger bewahrt und damit der laufende Unterhalt des Kindes gesichert.

▶ **Welche Voraussetzungen hat eine Pflichtteilsbeschränkung in guter Absicht?**

Die Pflichtteilsbeschränkung in guter Absicht ist nur gegenüber Abkömmlingen (also Kindern), nicht aber gegenüber Eltern oder Ehegatten des Erblassers zulässig. Sie erfordert vom Erblasser die Errichtung einer letztwilligen Verfügung, also eines Testamentes oder Erbvertrages und hat folgende Voraussetzungen:

- „Verschwendungssucht" liegt vor, wenn der Pflichtteilsberechtigte einen Hang zur zweck- und nutzlosen Vermögensverwendung hat, der seine Lebensweise prägt. Ein großzügiger Lebensstil oder ein Leben über die Verhältnisse reichen hingegen nicht aus.
- „Überschuldung" liegt vor, wenn die Verbindlichkeiten das sonstige Vermögen des Kindes übersteigen.
- Durch die Verschwendungssucht oder Überschuldung muss sich eine erhebliche Gefährdung des Nachlasses ergeben. Es muss zu erwarten sein, dass der Nachlass entweder durch die Gläubiger des Kindes gepfändet oder durch das Kind selbst vergeudet wird und auf diese Weise verloren geht.

> **Expertentipp:** Im Testament selbst muss der Sachverhalt, der zur Pflichtteilsbeschränkung in guter Absicht geführt hat, im Kern beschrieben sein. Formulierungen wie z. B. „Ich beschränke den Pflichtteil meines Sohnes, weil er verschuldet ist." genügen also nicht. Die relevanten Informationen und Beweismittel für die Überschuldung oder Verschwendungssucht sollten umfassend dokumentiert und im Testament als Anlage beigefügt werden. Nur so kann nach dem Erbfall das „gut gemeinte" Ziel einer Pflichtteilsbeschränkung auch tatsächlich erreicht werden.

▶ Wie muss eine Pflichtteilsbeschränkung in guter Absicht formuliert sein?

Die Eltern können das verschwenderische bzw. überschuldete Kind zum Vorerben und dessen gesetzliche Erben als Nacherben einsetzen. Als Vorerbe darf das Kind keine Vermögenswerte aus dem Nachlass verschenken; Nachlassimmobilien dürfen weder verkauft noch mit Grundpfandrechten belastet werden. Durch die Anordnung einer Vorerbschaft wird somit erreicht, dass den Nacherben nach dem Tod des Vorerben die Substanz des Nachlasses im Wesentlichen erhalten bleibt. Mit anderen Worten: Zumindest die Nachlassimmobilie bleibt den Enkelkindern des Erblassers erhalten. Weiterer Vorteil der Vorerbschaft ist, dass Gläubiger des Kindes nicht in das Vorerbschaftsvermögen vollstrecken können (§ 2115 BGB). Die Eltern können ergänzend eine Vertrauensperson (etwa ein anderes „zuverlässiges" Kind) als Testamentsvollstrecker einsetzen, der die Aufgabe hat, dem überschuldeten bzw. verschwenderischen Kind die Einkünfte, die aus dem Nachlass erzielt werden, als laufende Unterhaltszahlung zu überlassen.

> **Expertentipp:** Durch Kombination der Vor- und Nacherbschaft mit einer Verwaltungstestamentsvollstreckung wird der maximale Schutz des Familienvermögens erreicht.

4. Das Ehepaar ohne Kinder

a) Gesetzliche Erbfolge bei kinderlosen Ehegatten

▶ Wie ist die gesetzliche Erbfolge beim Tod eines kinderlosen Ehepartners?

Häufig wird angenommen, dass bei kinderlosen Ehepaaren der überlebende Ehegatte Alleinerbe wird. Dem ist aber nicht so:

Vielmehr entsteht eine Erbengemeinschaft zwischen dem überlebenden Ehepartner und den Schwiegereltern. Gemäß § 1931 Abs. 1 BGB fällt dem überlebenden Ehegatten zunächst die Hälfte der Erbschaft zu.

Bestand zum Zeitpunkt des Erbfalls gesetzlicher Güterstand, erhöht sich dieser Erbteil gemäß § 1931 Abs. 3 BGB i.V.m. § 1371 Abs. 1 BGB um ein weiteres Viertel. Der restliche Nachlass fällt an die Eltern des Erblassers.

▶ **Welche Nachteile bringt die gesetzliche Erbfolge für den überlebenden Ehegatten eines kinderlosen Erblassers?**

Die bei gesetzlicher Erbfolge entstehende Erbengemeinschaft zwischen der Witwe bzw. dem Witwer einerseits und den Schwiegereltern andererseits führt dazu, dass keiner der Miterben allein über Nachlassgegenstände verfügen kann:

Lediglich der sogenannte Voraus, also Haushaltsgegenstände, stehen gemäß § 1932 BGB dem überlebenden Ehegatten zu. Das sonstige Vermögen, insbesondere Bargeld muss zwischen den Schwiegereltern und dem überlebenden Ehegatten entsprechend den Erbquoten aufgeteilt werden.

Gehört zum Nachlass eine Immobilie und möchte der überlebende Ehegatte diese nach dem Erbfall allein nutzen, können die Schwiegereltern als Miterben verlangen, dass die Witwe oder der Witwer anteilig ortsübliche Miete bezahlt. Über Verwaltungs- und Renovierungsmaßnahmen kann der überlebende Ehegatte nicht allein entscheiden, sondern muss die Zustimmung der Schwiegereltern einholen. Auch eine Vermietung der Nachlassimmobilie ist nur bei Einwilligung der Schwiegereltern möglich.

Da bei einer Erbengemeinschaft jeder Miterbe jederzeit die Teilung des Nachlasses verlangen kann (siehe § 2042 BGB), können die Schwiegereltern vom überlebenden Ehegatten fordern, dass ihnen ihr Anteil an den Nachlassgegenständen ausbezahlt wird.

Beispiel: Verfügt der überlebende Ehegatte nicht über die ausreichenden Barmittel, muss er im schlimmsten Fall ein Darlehen aufnehmen. Neben den ohnehin anfallenden Hauskosten muss dann der Witwer bzw. die Witwe auch noch die Kreditkosten für Tilgung und Zinsen tragen. Die finanziellen Mittel für den persönlichen Unterhalt des überlebenden Ehegatten werden damit geschmälert. Gelingt es dem Witwer bzw. der Witwe nicht, die notwendigen Barmittel, gegebenenfalls durch eine Kreditaufnahme, zu beschaffen, droht die Teilungsversteigerung, bei der oft nur 50 bis 70 % des Verkehrswertes erzielt werden.

Diese gravierenden Nachteile der gesetzlichen Erbfolge kann ein Ehepaar nur durch Errichtung eines Testaments vermeiden.

b) Das Testament kinderloser Ehegatten

▶ **Wie kann ein kinderloses Ehepaar die Erbfolge regeln?**

Um den überlebenden Ehegatten möglichst umfangreich abzusichern, empfiehlt es sich, dass die Eheleute sich in einem Testament als Alleinerben einsetzen. Hierdurch wird vermieden, dass die Eltern des Erblassers kraft Gesetz neben dem überlebenden Ehegatten erben.

Zu beachten ist aber, dass bei kinderlosen Erblassern die Eltern gemäß § 2303 Abs. 2 BGB pflichtteilsberechtigt sind, wenn sie von der gesetzlichen Erbfolge zugunsten des überlebenden Ehegatten ausgeschlossen werden. Die Höhe der Pflichtteilsquote der Eltern hängt vom Güterstand des Ehepaares ab. Lebte das Ehepaar im gesetzlichen Güterstand, steht den Eltern des Erblassers ein Achtel als Pflichtteil zu. Hat das Ehepaar Gütertrennung vereinbart, beträgt der Pflichtteil der Eltern ein Viertel des Nachlasses.

Vorsicht ist geboten bei Schenkungen des Erblassers in seinen letzten 10 Lebensjahren. Diese Zuwendungen werden in die Berechnung von Pflichtteilsansprüchen mit einbezogen. Der Erbe muss dann zusätzliche Zahlungen in Höhe der Pflichtteilsquote leisten, die seine Liquidität stark belasten können.

Die Ehegatten können in ihrem Testament auch einer Person (z. B. einem Freund oder Bekannten) einen Geldbetrag oder Nachlassgegenstand im Rahmen eines Vermächtnisses (§ 2174 BGB) zuwenden, ohne ihn als Erben einzusetzen.

> **Expertentipp:** Diese Art der Zuwendung ist vor allem dann sinnvoll, wenn dieser Person lediglich ein Vermögensvorteil (Wohnrecht oder monatliche Rente) zustehen soll, ohne an der Verwaltung und Teilung des Nachlasses mitwirken zu müssen.

B. Typische Fälle letztwilliger Verfügungen

▶ Macht es trotz des Pflichtteilsanspruchs der Eltern Sinn, den überlebenden Ehegatten als Alleinerben einzusetzen?

Trotz der Gefahr einer Pflichtteilshaftung gegenüber den Eltern ist die Alleinerbeneinsetzung des überlebenden Ehegatten sinnvoll:

Zum Einen werden die Eltern nicht kraft Gesetz Erbe zu einem Viertel oder der Hälfte, sondern erhalten nur die um 50 % niedrigere Pflichtteilsquote.

Zum anderen ist der Pflichtteilsanspruch der Eltern lediglich eine Geldforderung, während die bei gesetzlicher Erbfolge entstehende Erbengemeinschaft zu Miteigentum der Schwiegereltern führt und damit eingeschränkte Verfügungsgewalt des überlebenden Ehegatten bewirkt.

Die testamentarische Erbeinsetzung des überlebenden Ehegatten hat weiter den Vorteil, dass Geschwister des Erblassers von der gesetzlichen Erbfolge ausgeschlossen werden. Anders als den Eltern steht ihnen kein Pflichtteilsanspruch zu.

▶ Wie kann der Ehepartner vor Pflichtteilsansprüchen der Eltern geschützt werden?

Noch zu Lebzeiten könnte mit den jeweiligen Eltern des Ehegatten ein sogenannter Pflichtteilsverzicht vereinbart werden, der allerdings der notariellen Beurkundung bedarf (§ 2348 BGB). Da die Eltern zu diesem Pflichtteilsverzicht nicht gezwungen werden können, sollte mit ihnen rechtzeitig die Notwendigkeit einer derartigen Regelung besprochen werden.

▶ In welcher Form können Ehepaare eine letztwillige Verfügung treffen?

Zunächst kann jeder Ehepartner für sich ein Einzeltestament errichten und den anderen Ehepartner als Alleinerben einsetzen. Diese Form der letztwilligen Verfügung kann aber vom Testierenden jederzeit widerrufen werden, ohne dass der andere Ehepartner hiervon erfahren muss.

Sehr häufig setzen sich Ehepaare im Rahmen eines gemeinschaftlichen Testamentes zu Alleinerben ein. Die mit dem Tod eines Ehegatten eintretende Bindungswirkung kann im Ehegattentestament vollständig oder auch für einzelne Anordnungen aufgehoben oder beschränkt werden.

▶ **Wer soll nach dem Tod des überlebenden Ehegatten das gemeinsame Vermögen erben?**

Diese Frage sollten die Eheleute in ihrem Testament festlegen, ansonsten würde nach dem Tod des längerlebenden Ehegatten die gesetzliche Erbfolge eingreifen. In diesem Fall würden – sofern die Eltern vorverstorben sind – die Geschwister des jeweiligen überlebenden Ehepartners Erbe werden.

Es empfiehlt sich deshalb eine „Schlusserbenregelung". Damit kann man Personen aus der Verwandtschaft oder Bekanntenkreis, eine kirchliche Stiftung, karitative Vereinigung, einen Verein oder Verband oder sonstige Organisationen als Erben einsetzen. Ratsam ist immer auch eine Ersatzerbenregelung für den Fall, dass der ursprünglich bedachte Erbe vor dem Ehepaar verstirbt.

▶ **Kann der Witwer bzw. die Witwe noch eine eigene – vom Ehegattentestament abweichende – Schlusserbenregelung treffen?**

Im Ehegattentestament sollte ausdrücklich festgelegt werden, ob der überlebende Ehegatte befugt ist, von einer ursprünglich getroffenen Schlusserbenregelung nach seinem Gutdünken abzuweichen. Dies kann erforderlich werden, wenn etwa eine Person aus der Verwandtschaft bedürftig wird und der Witwer bzw. die Witwe diesem Verwandten (beispielsweise für erbrachte Pflegeleistungen) etwas zukommen lassen möchte.

5. Der enterbte Ehegatte

Das Pflichtteilsrecht des enterbten Ehegatten wird ausführlich ab Seite 148 erläutert.

▶ **Wie hoch ist der Pflichtteil des enterbten Ehegatten?**

Der Pflichtteil des enterbten Ehegatten, der in Zugewinngemeinschaft lebte, entspricht dem halben gesetzlichen Erbteil (siehe dazu

Seite 7). Abhängig vom Grad der Verwandtschaft und des ehelichen Güterstandes ergeben sich folgende Pflichtteilsquoten:

Güterstand	Pflichtteil des Ehegatten (neben Abkömmlingen)		
Gesetzlicher Güterstand (= Zugewinngemeinschaft)	$1/8$ + Konkret berechneter Zugewinnausgleich		
Gütertrennung	bei 1 Kind: $1/4$	bei 2 Kindern: $1/6$	bei 3 und mehr Kindern: $1/8$
Gütergemeinschaft	$1/8$		

II. Das Testament Alleinstehender

1. Gesetzliche Erbfolge bei Alleinstehenden

▶ **Wer wird gesetzlicher Erbe eines ledigen Erblassers mit Kind?**

Die Erben 1. Ordnung (§ 1924 BGB): Hierzu zählen die Nachkommen des Erblassers und deren Abkömmlinge, also Kinder, Enkel und Urenkel des Erblassers, auch die nichtehelichen und adoptierten Kinder und ihre Nachkommen. Zu weiteren Einzelheiten siehe Seite 3.

▶ **Wer wird gesetzlicher Erbe eines ledigen, kinderlosen Erblassers?**

Hier kommen die Erben 2. Ordnung (§ 1925 BGB) zum Zuge, also die Eltern des Erblassers (siehe Seite 4).

Ist ein Elternteil des Erblassers vorverstorben, der keine weiteren Kinder hat, erbt der überlebende Elternteil allein. Für den Fall, dass der Verstorbene weitere Kinder hat, erben sie dessen Erbteil (§ 1925 Abs. 2 BGB).

Die Großeltern des Verstorbenen erben nach der gesetzlichen Erbfolge, wenn keine Erben der ersten (Kinder, Enkel, Urenkel des

Verstorbenen) und der zweiten Ordnung (Eltern, Geschwister des Verstorbenen) vorhanden sind (§§ 1926, 1930 BGB). Jeder der vier Großelternteile erbt dabei ein Viertel des Nachlasses (§ 1926 Abs. 2 BGB). Wenn von einem Großelternpaar der Großvater oder die Großmutter nicht mehr lebt, dann erben gemäß § 1926 Abs. 3 BGB die Abkömmlinge dieses Großelternteils nach der üblichen Erbfolge (Kinder, Enkel, Urenkel, Eltern, Geschwister usw.).

2. Das Testament nicht verheirateter Personen

▸ **Unterliegt der Alleinstehende bei der Testamentsgestaltung irgendwelchen Beschränkungen?**

Der ledige, kinderlose Testierende kann seinen „Wunscherben" grundsätzlich völlig frei bestimmen. Beachtet werden muss aber, dass die Eltern eines kinderlosen Erblassers vom Erben 50 % des Nachlasses als Pflichtteil verlangen können. Hier kann z.B. ein notarieller Pflichtteilsverzicht der Eltern – ggf. gegen Zahlung einer Abfindung – vorbeugen.

3. Das Testament Geschiedener

▸ **Haben geschiedene Ehegatten ein gesetzliches Erb- oder Pflichtteilsrecht?**

Nein, mit der Scheidung enden sämtliche erbrechtlichen Beziehungen zwischen den Ehegatten. Der rechtskräftig geschiedene Ehegatte hat kein Erbrecht. Er hat nicht einmal Anspruch auf einen Pflichtteil. Nach § 1933 BGB endet die Erbberechtigung des Ehegatten schon dann, wenn zur Zeit des Todes des Erblassers die Voraussetzungen für eine Scheidung der Ehe gegeben waren und der Verstorbene die Scheidung beantragt oder ihr zugestimmt hat.

▸ **Wie kann verhindert werden, dass der Ex-Partner mittelbar über das gemeinsame Kind am eigenen Nachlass beteiligt wird?**

Sind aus der geschiedenen Ehe gemeinsame Kinder hervorgegangen, kann sich aber unter Umständen ein Erbrecht des geschiedenen Ehegatten über diese gemeinsamen Kinder ergeben. Das ist etwa dann der Fall, wenn nach dem Tod des einen Ehegatten dessen Vermögen über die Erbfolge auf die gemeinsamen Kinder übergeht und eines der Kinder ohne eigene Nachkommen noch vor dem geschiedenen Ehegatten verstirbt. Nur in diesem eher seltenen Fall hat der überlebende Ehegatte als Elternteil einen Erbanspruch am Nachlass des vorverstorbenen Kindes und somit mittelbar auch am Vermögen des geschiedenen Ehegatten. Um dies zu vermeiden, kann ein geschiedener Ehepartner durch Testament nach der Scheidung das Kind als Vorerben und eine andere Person (beispielsweise seine Eltern oder Geschwister) als Nacherben einsetzen (siehe Seite 33).

Die Anordnung einer Vor- und Nacherbfolge verhindert beim Tod des gemeinsamen Kindes nicht nur, dass das Vermögen an den anderen leiblichen Elternteil fällt. Mit dieser Gestaltung wird auch erreicht, dass der Ex-Partner beim Tod des gemeinsamen Kindes keinen Pflichtteilsanspruch gegen die Erben des Kindes geltend machen kann: Zwar haben Eltern beim Ableben eines kinderlosen Kindes an sich einen Pflichtteilsanspruch (§ 2303 Abs. 2 BGB). Bei einer Vor- und Nacherbschaft bildet aber der Nachlass, der an das gemeinsame Kind fällt, ein Sondervermögen, das bei der Berechnung des Pflichtteilsanspruchs des leiblichen Elternteils nicht in Ansatz gebracht wird. Der leibliche Elternteil kann dann den Pflichtteilsanspruch lediglich aus dem Eigenvermögen des Kindes berechnen, das im Regelfall relativ gering oder gleich null sein wird.

▶ **Verlieren Ehegattentestamente mit der Scheidung ihre Gültigkeit?**

Die Wirksamkeit einer letztwilligen Verfügung zugunsten des Ehegatten ist davon abhängig, ob die Ehe, wenn der Erblasser stirbt, noch besteht (§ 2077 Abs. 1 BGB). Ein Ehegattentestament kann aber ausnahmsweise die Ehe überdauern, wenn sich entweder aus dem Wortlaut des Testamentes oder durch Auslegung ergibt, dass der Erblasser den Ehegatten auch im Falle der Scheidung bedenken wollte (§ 2077 Abs. 3 BGB).

> **Expertentipp:** Wer sich scheiden lässt und sich Klarheit über seine bisher verfassten letztwilligen Verfügungen verschaffen will, ist gut beraten, nach Abschluss des Scheidungsverfahrens überprüfen zu lassen, ob dem früheren Ehegatten ein testamentarisches Erbrecht zu-

> steht. Selbstverständlich kann ein Erblasser seinen geschiedenen Ehepartner durch ein neues Testament als Erbe oder Vermächtnisnehmer einsetzen. Zu beachten ist aber, dass der geschiedene Ehegatte in die schlechteste Steuerklasse III mit einem Freibetrag von lediglich 20.000 Euro fällt (siehe Seite 225).

▶ Haben Geschiedene einen Unterhaltsanspruch gegen die Erben des verstorbenen Ex-Ehepartners?

Die Unterhaltsansprüche von Verwandten erlöschen normalerweise mit dem Tod des Erblassers. Lediglich für bereits zu Lebzeiten des Erblassers fällige und rückständige Unterhaltsansprüche haftet der Nachlass.

Eine Ausnahme gilt für den nachehelichen Unterhaltsanspruch des geschiedenen Ehegatten: Dieser Anspruch geht als Nachlassverbindlichkeit auf die Erben über (§ 1586 b BGB). Der Höhe nach ist der Unterhaltsanspruch aber auf den „fiktiven Pflichtteilsanspruch" des ehemaligen Ehepartners begrenzt. Unterhaltsansprüche bestehen also nur bis zur Höhe des Pflichtteils, den der Ehegatte erhalten hätte, wenn das Ehepaar nicht geschieden worden wäre.

▶ Haben Kinder des geschiedenen Ehegatten Erbansprüche?

Ja; die Scheidung der Eltern ändert nichts am gesetzlichen Erb- und Pflichtteilsrecht der gemeinsamen Kinder. Dies gilt auch dann, wenn der geschiedene Vater oder die geschiedene Mutter erneut geheiratet, weitere Kinder bekommen und zu den ersten Kindern den Kontakt abgebrochen hat.

4. Das Testament von verwitweten Personen

▶ Warum muss eine Witwe oder Witwer der testieren möchte frühere Ehegattentestamente berücksichtigen?

Verwitwete Partner übersehen immer wieder, dass ihre Testierfreiheit durch die Bindungswirkung eines früheren Ehegattentestaments eingeschränkt sein kann (Einzelheiten dazu finden Sie auf

Seite 86). Das Testament einer Witwe oder eines **Witwers** (z. B. zugunsten des neuen Lebenspartners) hat dann keine rechtliche Wirkung.

▶ **Erlöschen Unterhaltsansprüche beim Tod des Ex-Ehemannes?**

• Die Unterhaltsansprüche von Verwandten erlöschen normalerweise mit dem Tod des Erblassers. Lediglich für bereits zu Lebzeiten des Erblassers fällige und rückständige Unterhaltsansprüche haftet der Nachlass.

• Eine **Ausnahme** gilt für den nachehelichen Unterhaltsanspruch des geschiedenen Ehegatten: Dieser Anspruch geht als Nachlassverbindlichkeit auf die Erben über (§ 1586 b BGB). Der Höhe nach ist der Unterhaltsanspruch aber auf den „fiktiven Pflichtteilsanspruch" des ehemaligen Ehepartners begrenzt. Unterhaltsansprüche bestehen also nur bis zur Höhe des Pflichtteils, den der Ehegatte erhalten hätte, wenn das Ehepaar nicht geschieden worden wäre.

5. Testamentarische Vorsorge für Kinder

▶ **Wie kann der Ledige Vorsorge für ein minderjähriges, behindertes oder überschuldetes Kind treffen?**

Siehe dazu Seite 203.

III. Das Testament von Paaren ohne Trauschein

1. Gesetzliche Erbfolge bei Partnern ohne Trauschein

▶ **Steht Paaren ohne Trauschein ein Erbrecht zu?**

In Deutschland gibt es zwischenzeitlich mehr als 2,5 Mio. nichteheliche Lebensgemeinschaften. Das Zusammenleben ohne Trauschein kann aber gerade im Pflege- oder Todesfall zu erheblichen Problemen und Versorgungslücken führen.

III. Das Testament von Paaren ohne Trauschein

> **Expertentipp:** Nichteheliche Lebensgefährten haben kein gesetzliches Erb- oder Pflichtteilsrecht beim Tod des Partners. Dies gilt selbst dann, wenn die Lebensgemeinschaft dauerhaft bestanden oder ein Partner den anderen jahrelang gepflegt hat. Von den Gerichten ist lediglich anerkannt, dass der Partner ohne Trauschein für einen Zeitraum von 30 Tagen nach Erbfall die mit dem Verstorbenen gemeinsam genutzte Wohnung und den Haushalt weiter nutzen darf. Nach dieser Schonfrist muss er damit rechnen, dass ihn die Erben buchstäblich „vor die Tür setzen".

▶ Was gilt im Pflegefall des Lebenspartners?

Vor besonderen Schwierigkeiten stehen Partner ohne Trauschein im Krankheits- und Pflegefall. Ärzte und Krankenhäuser dürfen Informationen über den Gesundheitszustand nur an Verwandte weitergeben. Bei Betreuungsbedürftigkeit des Partners setzt das Vormundschaftsgericht meist nur Familienangehörige als Betreuer ein. Der Lebenspartner ist in diesen Fällen nur dann befugt, die notwendigen Maßnahmen und Entscheidungen zu treffen, wenn er eine Patientenverfügung bzw. Vorsorgevollmacht vorweisen kann (siehe dazu Seiten 68, 73).

▶ Wer regelt die Bestattung des verstorbenen Lebenspartners?

Für die „Totenfürsorge" sind ausschließlich die nächsten Angehörigen zuständig. Sie regeln die Bestattung und berücksichtigen dabei die persönlichen Vorstellungen des Verstorbenen. Laut Gesetz gilt folgende Reihenfolge:
- der überlebende Ehepartner,
- falls der Verstorbene nicht (mehr) verheiratet war: die Kinder.
- falls weder Ehepartner noch Kinder vorhanden sind: die Eltern,
- schließlich die Geschwister.
- Der Lebenspartner zählt nicht zu den „Angehörigen".

Die nächsten Angehörigen entscheiden über
- Erd- oder Feuerbestattung,
- Friedhof,
- Grabstätte (Familien-, Wahl-, Reihen-, Gemeinschafts-, Wandgrabstätte).

Für die Kosten der Bestattung haben die Erben aufzukommen, das können, müssen aber nicht die nächsten Angehörigen sein. Für die laufenden Kosten der Unterhaltung und Pflege des Grabes sind jedoch wiederum die Angehörigen zuständig und nicht die Erben.

> **Expertentipp:** Der Lebenspartner hat bei der Bestattung kein Mitspracherecht, selbst wenn er mit dem Verstorbenen bis zum Erbfall jahrelang zusammengelebt hat. Jeder Partner sollte deshalb rechtzeitig für sich in schriftlicher Form festlegen, wie und wo er bestattet werden möchte. Er sollte auch dafür sorgen, dass die finanziellen Mittel für die Bestattung zur Verfügung stehen.

2. Das Testament für Partner ohne Trauschein

▶ Wie kann der Lebenspartner Vorsorge für den Erbfall treffen?

Zur wirtschaftlichen Absicherung im Todesfall ist zwingend eine letztwillige Verfügung zugunsten des Partners notwendig. Anders als Ehegatten können Paare ohne Trauschein aber kein gemeinschaftliches Testament (sog. „Berliner Testament") errichten. Vorsorge kann nur in Form von Einzeltestamenten oder durch einen Erbvertrag getroffen werden.

▶ Soll der Lebenspartner mittels Testament oder Erbvertrag abgesichert werden?

- Zwischen den beiden Formen einer „letztwilligen Verfügung" gibt es einen großen Unterschied:
- Ein einmal errichtetes **Testament** kann jederzeit ohne Begründung durch Widerruf aufgehoben oder durch Ergänzungen, Streichungen und sonstige Änderungen erneuert werden. Der Lebenspartner kann als „Erblasser" sein Einzeltestament insgesamt oder auch nur in Teilen jederzeit widerrufen, auch ohne Zustimmung seines Partners. Dies geschieht im Regelfall durch die Errichtung eines neuen Testamentes, kann aber auch durch Vernichtung oder bei öffentlichen Testamenten durch Rücknahme aus der amtlichen Verwahrung erfolgen. Es ist sogar der Widerruf

des Widerrufs möglich mit der Folge, dass das ursprüngliche Testament wieder gilt. Wenn also Lebenspartner vereinbaren, sich wechselseitig als Erben einzusetzen, dann können sie sich nicht sicher sein, dass sie tatsächlich im Erbfall noch als Erben eingesetzt sind, denn der Verstorbene kann sein Testament längst abgeändert haben.

- Demgegenüber führt der **Erbvertrag** regelmäßig dazu, dass eine Aufhebung oder Änderung der getroffenen Anordnungen nur möglich ist, wenn alle Vertragspartner zustimmen; der Erbvertrag ist also im Regelfall bindend. Eine spätere Korrektur bei veränderten Partnerschafts-, Familien- oder Vermögensverhältnissen ist nur selten möglich. Zudem erfordern Erbverträge zwingend eine notarielle Beurkundung. Wenn also Lebenspartner sich wechselseitig als Erben einsetzen wollen und auf die Sicherheit Wert legen, dass die gewünschten Regelungen Bestand haben, dann sollten sie einen gemeinsamen Erbvertrag schließen.

> **Expertentipp:** Es empfiehlt sich, in den Erbvertrag einen Widerrufsvorbehalt für den Fall des Scheiterns der nichtehelichen Lebensgemeinschaft aufzunehmen.

▸ **Welchen Inhalt sollte eine letztwillige Verfügung zugunsten des Lebenspartners haben?**

- Größtmögliche Absicherung des Lebenspartners bietet die Einsetzung als **Alleinerbe**. Hat der Testierende Kinder (z.B. aus 1. Ehe) oder ist er (noch) verheiratet, so können diese Personen ihren Pflichtteil einfordern, da sie enterbt sind. Pflichtteilsforderungen sind sofort mit dem Erbfall in bar fällig und führen nicht selten zu erheblichen finanziellen Engpässen beim Erben. Häufig wird auch übersehen, dass die Eltern eines kinderlosen Erblassers vom allein erbenden Lebenspartner 50 % des Nachlasses als Pflichtteil verlangen können. Schutz gegen die Pflichtteilshaftung bietet lediglich ein notarieller Pflichtteilsverzicht gegen Zahlung einer Abfindung. Zuwendungen mit einer Anrechnungsbestimmung oder Pflichtteilsstrafklauseln im Testament können die Pflichtteilslast reduzieren.

B. Typische Fälle letztwilliger Verfügungen

- Der Erblasser kann als Alternative zur Erbeinsetzung dem Lebenspartner durch ein **Vermächtnis** einen Vermögensvorteil einräumen. Während der Erbe unmittelbar am gesamten Vermögen des Verstorbenen beteiligt ist, hat der Vermächtnisnehmer nur einen schuldrechtlichen Anspruch auf Erfüllung der im Testament oder im Erbvertrag bezeichneten Zuwendung. Ein weiterer Unterschied zur Einsetzung als Erbe ist, dass der Vermächtnisnehmer keine Verpflichtungen zu tragen hat. Er muss deshalb nicht für die Schulden des Verstorbenen aufkommen. Gegenstand eines Vermächtnisses kann jeder Vermögensvorteil sein. So kann ein Lebenspartner als Erblasser festlegen, dass dem anderen Lebenspartner als Vermächtnisnehmer bestimmte bewegliche oder unbewegliche Sachen zu übereignen sind, eine bestimmte Geldsumme aus dem Nachlass zu zahlen ist, eine Forderung zu übertragen ist, Schulden erlassen werden oder ein bestimmtes Nutzungsrecht eingeräumt wird. Sollen nur die Kinder des testierenden Lebenspartners Erben werden, kann der überlebende Partner mittels Vermächtnis durch ein Wohnrecht, ein Nießbrauchsrecht oder eine Leibrente abgesichert werden.

▶ Soll der Lebenspartner neben Kindern als Erbe eingesetzt werden?

Wird der Partner gemeinsam mit Kindern als Miterbe eingesetzt, ist seine Handlungsfreiheit bei der Verwaltung oder Verwertung des Nachlasses stark eingeschränkt. Häufig entsteht innerhalb der Erbengemeinschaft Streit; dies kann bei Nachlassimmobilien zur Teilungsversteigerung führen. Der Lebenspartner sollte deshalb – soweit möglich – nicht neben Kindern erben, sondern anders abgesichert werden.

▶ Warum müssen Paare ohne Trauschein frühere Ehegattentestamente berücksichtigen?

- Verwitwete Partner übersehen immer wieder, dass ihre Testierfreiheit durch die Bindungswirkung eines früheren Ehegattentestaments eingeschränkt sein kann (Einzelheiten dazu finden Sie auf Seite 86). Das Testament einer Witwe oder eines Witwers zugunsten des neuen Lebenspartners hat dann keine rechtliche Wirkung.

- Aufgrund dieser Bindungswirkung kann es sein, dass ein Lebenspartner, der von seinem verwitweten Partner **Geschenke** erhalten hat, diese nach dem Erbfall an die Erben **herausgeben** muss. Der Gesetzgeber hat nämlich zum Schutz des Pflichtteilsberechtigten angeordnet, dass bestimmte Schenkungen vor dem Tod des Erblassers bei der Pflichtteilsberechnung zu berücksichtigen sind. Hierdurch soll verhindert werden, dass der Erblasser zu Lebzeiten kleinere oder größere Teile seines Vermögens verschenkt und dadurch den Pflichtteil entwertet. Gemäß § 2325 BGB sind im Rahmen des „Pflichtteilsergänzungsanspruches" alle Schenkungen innerhalb der letzten 10 Lebensjahre des Erblassers anzusetzen. Schuldner des Pflichtteilsergänzungsanspruches sind zunächst die Erben. Vom Beschenkten kann der Pflichtteilsberechtigte die Herausgabe des Geschenkes gemäß § 2329 BGB nur dann verlangen, wenn der Erbe selbst zur Ergänzung des Pflichtteiles nicht verpflichtet ist, etwa weil kein ausreichender oder nur ein verschuldeter Nachlass vorhanden ist.

Beispiel: Witwer Müller hatte durch Testament seine Tochter als Alleinerbin bestimmt und seinen Sohn auf den Pflichtteil gesetzt. Seiner langjährigen Lebensgefährtin L hat er acht Jahre vor seinem Ableben eine Ferienwohnung im Wert von 200 000 Euro geschenkt. Aufgrund riskanter Börsenspekulationen verstirbt Herr Müller völlig verarmt.

Die Schenkung der Ferienwohnung innerhalb der letzten zehn Lebensjahre des Erblassers führt zu einem Pflichtteilsergänzungsanspruch (§ 2325 BGB) des enterbten Sohnes in Höhe von 50 000 Euro (= $^1/_4$ Pflichtteilsquote aus einem Schenkungswert von 200 000 Euro). Dieser Anspruch richtet sich zunächst gegen die alleinerbende Tochter, die sich aber darauf berufen kann, dass der Nachlass für die Erfüllung dieses Pflichtteilsergänzungsanspruches nicht ausreichend ist. Damit der enterbte Sohn nicht leer ausgeht, ordnet § 2329 BGB für diesen Fall an, dass die Lebensgefährtin L die Zwangsvollstreckung in die Ferienwohnung in Höhe von 50 000 Euro dulden muss. Dies kann sie nur dann abwenden, wenn sie dem enterbten Sohn den Pflichtteilsergänzungsbetrag von 50 000 Euro ausbezahlt.

3. Letztwillige Vorsorge für Kinder bei Paaren ohne Trauschein

▶ **Wie kann der Erblasser seine eigenen Kinder sinnvoll absichern?**

Sollen nur die Kinder des Testierenden erben, kann der überlebende Partner mittels Vermächtnis durch ein Wohnrecht, ein Nießbrauchsrecht oder eine Leibrente abgesichert werden. Im Einzelfall kann es auch sinnvoll sein, den Lebenspartner als Vorerben und die Kinder oder Geschwister als Nacherben einzusetzen. Der Partner kann dann aus dem Nachlass nichts verschenken und darf Immobilien, die er geerbt hat, weder veräußern noch belasten (siehe Seite 34).

▶ **Wie können die Kinder des anderen Lebenspartners versorgt werden?**

Sollen die Kinder des anderen Lebenspartners als Erbe eingesetzt werden, ist besondere Vorsicht geboten:

Zum einen steht den Eltern eines Erblassers, der selbst keine Kinder hat, ein Pflichtteil in Höhe von 50 % des Nachlasses zu.

Zum anderen fallen die (mit dem Erblasser nicht verwandten oder verschwägerten) Kinder des Lebenspartners in die (schlechteste) Steuerklasse III mit einem persönlichen Freibetrag von lediglich 20.000 Euro. In dieser Steuerklasse III gelten auch deutlich höhere Steuersätze als z. B. in der für eigene Kinder geltenden Steuerklasse I (siehe Seite 225).

> **Expertentipp:** Abhilfe kann hier eine Adoption der Kinder des Lebenspartners schaffen.

▶ **Wie kann für ein minderjähriges, behindertes oder überschuldetes Kind vorgesorgt werden?**

Siehe dazu Seite 197.

4. Die Erbschaftsteuerlast bei Paaren ohne Trauschein

▶ **Welche Erbschaftsteuer trifft den erbenden Lebenspartner?**

Der Partner ohne Trauschein unterliegt im Schenkungs- und Erbfall einer extrem hohen Steuerlast. Während Eheleute und Kinder hohe Freibeträge in Anspruch nehmen können und zudem ein sehr niedriger Steuersatz gilt, fallen nichteheliche Lebenspartner in die schlechteste Steuerklasse III und können zudem nur einen Freibetrag von 20 000 Euro für einen Zeitraum von insgesamt 10 Jahren in Anspruch nehmen (siehe Seite 225).

> **Expertentipp:** Es bestehen relativ wenig Möglichkeiten diese extrem hohe Steuerbelastung im Schenkungs- und Erbfall bei Partnern ohne Trauschein zu reduzieren. Es sollte deshalb sehr gut überlegt werden, ob das Paar nicht doch heiratet und ungewünschte Folgen der Eheschließung durch einen klug gestalteten Ehevertrag geregelt werden.

IV. Das Testament des Immobilienbesitzers

1. Risiken der gesetzlichen Erbfolge bei Nachlassimmobilien

▶ **Welche Nachteile hat die gesetzliche Erbfolge, falls zum Nachlass Immobilien gehören?**

- Ohne testamentarische Regelung der Erbfolge entsteht zwischen dem überlebenden Ehepartner und den Kindern des Erblassers oder den Erben 2., 3. oder 4. Ordnung kraft Gesetz eine Erbengemeinschaft. Bei Nachlassimmobilien ist eine solche Zwangsgemeinschaft besonders gefährlich.
- Die wirtschaftlichen Folgen der gesetzlichen Erbfolge entsprechen oft nicht dem Willen des Erblassers. Eine besondere Fürsorge für schwächere Familienmitglieder (wie z. B. minderjährige oder behinderte Kinder) ist nicht möglich.
- Ein Verkauf oder eine Belastung der Immobilien ist nur durch alle Erben gemeinsam möglich (siehe dazu Seite 139).

B. Typische Fälle letztwilliger Verfügungen

- Über Verwaltungs- und Renovierungsmaßnahmen kann der überlebende Ehegatte nicht allein entscheiden, sondern muss die Zustimmung der Miterben einholen (siehe dazu Seite 139). Auch eine Vermietung der Nachlassimmobilie ist nur bei Einwilligung der Miterben möglich. Es besteht also für den überlebenden Ehegatten immer der Zwang zur Einigkeit mit den Kindern.

    Beispiel: Soll das Haus oder die Eigentumswohnung renoviert werden, müssen alle Erben einen Teil der Kosten übernehmen. Verfügt eines der Kinder nicht über die genügenden Barmittel, unterbleiben oftmals notwendige Renovierungsarbeiten. Kann oder will der überlebende Ehegatte nicht mit eigenen Mitteln in Vorleistung treten, besteht die Gefahr, dass die Substanz der Immobilie geschädigt wird. Auch die Frage, ob der überlebende Ehegatte die zum Nachlass gehörende Immobilie allein nutzen darf, ist nur mit Zustimmung aller anderen Miterben zu beantworten. Fordert ein Miterbe die Vermietung, um Einnahmen zu erzielen, ist Streit vorprogrammiert.

- Dem überlebenden Ehegatten steht aus dem Nachlass lediglich der sogenannte Voraus, also die Haushaltsgegenstände, allein zu (§ 1932 BGB; siehe dazu Seite 13). Das sonstige Vermögen, insbesondere Bargeld muss zwischen den Miterben und dem überlebenden Ehegatten entsprechend den Erbquoten aufgeteilt werden.
- Möchte der überlebende Ehegatte die Nachlassimmobilie nach dem Erbfall alleine nutzen, können die Miterben verlangen, dass er anteilig ortsübliche Miete bezahlt (siehe dazu Seite 141).
- Da bei einer Erbengemeinschaft jeder Miterbe jederzeit die Teilung des Nachlasses verlangen kann (siehe § 2042 BGB; siehe dazu Seite 143), können die Kinder als Miterben vom überlebenden Ehegatten fordern, dass ihnen ihr Anteil an den Nachlassgegenständen ausbezahlt wird.

    Beispiel: Verfügt der überlebende Ehegatte nicht über die ausreichenden Barmittel, muss er u.U. ein Darlehen aufnehmen. Neben den ohnehin anfallenden Hauskosten muss dann der Witwer bzw. die Witwe auch noch die Kreditkosten für Tilgung und Zinsen tragen. Die finanziellen Mittel für den persönlichen Unterhalt des überlebenden Ehegatten werden damit geschmälert. Gelingt es dem Witwer bzw. der Witwe nicht, die notwendigen Barmittel, gegebenenfalls durch eine Kreditaufnahme, zu beschaffen, droht die Teilungsversteigerung, bei der oft nur 50–70 % des Verkehrswertes erzielt werden.

- Gehört zum Nachlass ein Unternehmen, wird dessen Existenz durch die oftmals auftretende Handlungsunfähigkeit einer Erbengemeinschaft gefährdet. Wichtige unternehmerische Entscheidungen können deshalb nicht oder nur mit erheblicher Verzögerung getroffen werden. Hierdurch kann die Versorgung des überlebenden Ehegatten erheblich gefährdet werden.
- Die Möglichkeiten einer Erbschaftsteuerminimierung werden ohne Testament regelmäßig vernachlässigt.

▶ **Nach welchem Erbrecht wird Immobilienbesitz im Ausland vererbt?**

Einzelheiten dazu siehe Seite 208.

2. Das Testament des Immobilieneigentümers

▶ **Durch welche testamentarischen Anordnungen lassen sich die Nachteile der gesetzlichen Erbfolge vermeiden?**

Der Ehepartner kann durch eine Einsetzung als Alleinerbe wirtschaftlich bestmöglich abgesichert werden. Hierdurch erhält der überlebende Ehegatte die alleinige Entscheidungsfreiheit über die Verwaltung, Nutzung und die Veräußerung der Nachlassimmobilien (siehe dazu Seite 139).

Zu beachten ist aber, dass pflichtteilsberechtigte Kinder oder (bei kinderlosen Erblassern) pflichtteilsberechtigte Eltern den überlebenden Ehegatten in Liquiditätsprobleme stürzen können. Ein vorausschauender Erblasser kann darauf hinwirken, dass seine Kinder auf einen Pflichtteilsanspruch verzichten (siehe dazu Seite 151).

Um dem überlebenden Ehegatten die wirtschaftliche Nutzung der Nachlassimmobilie zu gewährleisten, kann der Erblasser ihn nur als Vorerben und seine Kinder als Nacherben einsetzen. Die Kinder können einen Pflichtteilsanspruch erst dann geltend machen, wenn sie die Nacherbschaft form- und fristgemäß ausgeschlagen haben. Allerdings hat die Anordnung einer Vorerbschaft für den überlebenden Ehegatten auch gewisse Nachteile (siehe dazu Seite 34).

B. Typische Fälle letztwilliger Verfügungen

Alternativ zur Einsetzung des Ehegatten als Allein- oder Vorerben kann der Erblasser auch die Kinder bereits für den Tod des ersten Elternteils als Erben einsetzen und dem überlebenden Ehegatten ein lebenslanges Nießbrauchsrecht an der Immobilie zusichern. Die Witwe oder der Witwer ist dann wirtschaftlich abgesichert, kann aber die Immobilie nicht veräußern oder belasten (siehe dazu Seite 83).

Besondere Vorsicht ist geboten, wenn ein Testierender in seiner letztwilligen Verfügung einigen Erben lediglich einzelne Nachlassgegenstände zuerkennt, ohne zuvor genau zu regeln, wer mit welcher Erbquote am Nachlass zu beteiligen ist. Das Gesetz verlangt nämlich, dass bei mehreren Erben der gesamte Nachlass als Einheit auf die Erbengemeinschaft übergeht und erst danach die Gegenstände entsprechend den Vorgaben des Erblassers verteilt werden.

Beispiel: Will der Testierende das Haus seiner Tochter und eine Eigentumswohnung dem Sohn zuwenden, so müssen im Testament folgende Fragen klar geregelt werden:
- Sollen beide Kinder Miterben sein oder soll ein Kind Alleinerbe und das andere Kind nur Vermächtnisnehmer sein?
- Sind beide Kinder Miterben muss weiter angeordnet werden, mit welcher Erbquote der Gesamtnachlass auf das einzelne Kind übergeht.
- Im Rahmen einer Teilungsanordnung (siehe dazu Seite 31) kann der Testierende anordnen, dass im Rahmen der Nachlassteilung die Tochter das Haus und der Sohn die Eigentumswohnung erhalten soll.
- Weiter muss der Erblasser regeln, ob Unterschiedsbeträge zwischen dem Wert des Erbanteils einerseits und dem Wert der Immobilie andererseits auszugleichen sind oder nicht.

Ohne präzise testamentarische Anordnungen ist Streit unter den Miterben vorprogrammiert. Häufig enden die Auseinandersetzungen mit der Teilungsversteigerung der Nachlassimmobilien, die oft nur zu einem geringen Erlös führt (siehe dazu Seite 143).

▶ **Wie kann bei der Immobilienübertragung Erbschaftsteuer gespart weden?**

Einzelheiten dazu siehe Seite 233.

C. Rechte und Pflichten nach dem Erbfall

I. Maßnahmen nach dem Todesfall

1. Erste Schritte nach dem Todesfall

▶ **Was müssen die Angehörigen nach einem Todesfall tun?**

Nach dem Tod eines Menschen stellt sich den Angehörigen eine Fülle von Rechtsfragen. Zudem müssen wichtige Maßnahmen getroffen werden, die keinen Aufschub dulden.

Checkliste Maßnahmen nach dem Todesfall
- Ausstellung eines Totenscheins (siehe Seite 117)
- Anzeige des Todesfalls (siehe Seite 117)
- Regelung der Beisetzung (siehe Seite 118)
- Zugang zur Wohnung des Erblassers (siehe Seite 118)
- Ablieferung von Testamenten (siehe Seite 119)
- Benachrichtigung der Versicherungen (siehe Seite 119)
- Mietverhältnisse überprüfen (siehe Seite 119)
- Annahme oder Ausschlagung der Erbschaft (siehe Seite 123)
- Ermittlung und Sicherung des Nachlasses (siehe Seite 126)
- Beantragung eines Erbscheins (siehe Seite 127)

▶ **Wer erteilt den Totenschein?**

Nach Eintritt des Todes muss unverzüglich ein Totenschein ausgestellt werden. Ereignet sich der Tod im Krankenhaus, so geschieht dies durch den Krankenhausarzt. In anderen Fällen muss ein **Arzt** gerufen werden, der die Todesursache feststellt und den Totenschein ausstellt.

▶ **Wo ist der Todesfall anzuzeigen?**

Der Todesfall muss dem zuständigen **Standesamt** spätestens am ersten auf den Todestag folgenden Werktag angezeigt werden. Zuständig ist das Standesamt, in dessen Bezirk der Tod eingetreten ist. Vorzulegen sind Personalausweis, Totenschein, Geburtsurkunde, Heiratsurkunde und, wenn der Erblasser verwitwet oder geschieden war, die Sterbeurkunde des Ehepartners bzw. das Scheidungsurteil.

▶ Wer regelt die Beisetzung?

Die nächsten **Angehörigen** bestimmen, auf welche Art und Weise der Tote bestattet wird. Sie tun das auch dann, wenn sie nicht die Erben sind. Sie haben also das Recht, aber auch die Pflicht der **Totenfürsorge**. Das Bestimmungsrecht hat zunächst der überlebende Ehegatte, danach haben es die Kinder des oder der Verstorbenen. Sind weder Ehepartner noch Kinder vorhanden, entscheiden die Eltern über die Bestattung, dann die Geschwister. Einige Bundesländer haben den Kreis des Totenfürsorgeberechtigten um den Lebensgefährten des Erblassers erweitert.

▶ Wer trägt die Kosten der Bestattung?

Die Bestattungskosten haben die **Erben** zu tragen (§ 1968 BGB), also nicht die nächsten Angehörigen, es sei denn, sie sind auch gleichzeitig die Erben. Für die laufenden Kosten der Unterhaltung und Pflege des Grabes müssen die Erben jedoch nicht aufkommen. Diese Kostenübernahme sieht der Gesetzgeber als sittliche Pflicht der Angehörigen an.

> **Expertentipp:** Jedem Erblasser oder jeder Erblasserin ist daher zu empfehlen, die Grabpflege dem oder den Erben durch Auflage zu übertragen.

▶ Darf der Erbe die Wohnung des Erblassers betreten?

Mit dem Erbfall geht die tatsächliche Sachherrschaft des Erblassers an beweglichen Gegenständen und Immobilien automatisch auf den oder die Erben über (§ 857 BGB). Der Erbe ist deshalb berechtigt, die Wohnung des Erblassers zu betreten und dort alle Unterlagen zu sichten. Probleme können dann entstehen, wenn ein **Mitbewohner des Erblassers** (z. B. dessen zweite Ehefrau oder die Lebensgefährtin), der nicht zur Erbfolge berufen ist, dem Erben den Zutritt zur Wohnung verweigert. Gegen diese sogenannte verbotene Eigenmacht (§ 854 BGB) kann sich der Erbe im Prinzip im Wege der Selbsthilfe wehren. Ein solches Vorgehen setzt allerdings voraus, dass der Erbe sofort nach der Beeinträchtigung des Besitzes handelt. Da nicht auszuschließen ist, dass es im Rahmen der Selbsthilfe zu einer tätlichen Auseinandersetzung kommen kann, ist dem Erben zu empfehlen, stattdessen beim Amtsgericht eine **einstweilige Verfügung** zu erwirken, mit der es ihm gestattet wird, die Wohnung zu betreten.

▶ **Wo müssen Testamente abgeliefert werden?**

Jeder, der ein Testament oder ein Schriftstück, das ein Testament sein könnte, verwahrt oder in den Unterlagen findet, ist verpflichtet, diese Dokumente unverzüglich, d. h. sofort, beim zuständigen Nachlassgericht abzuliefern, sobald er vom Tod erfährt. Amtlich verwahrte Testamente und Erbverträge kommen über den amtlichen Weg zum **Nachlassgericht.** Zu weiteren Einzelheiten siehe Seite 120.

▶ **Müssen Versicherungen vom Erbfall benachrichtigt werden?**

Hatte der Verstorbene eine Lebens- oder Unfallversicherung abgeschlossen und ist mit dem Tod der Versicherungsfall eingetreten, sind Fristen für die Benachrichtigung der Versicherungsgesellschaft zu beachten. Je nach Gestaltung der Versicherungsbedingungen ist es erforderlich, der Versicherungsgesellschaft den Tod **binnen 24 bis 72 Stunden** schriftlich anzuzeigen. Wer einen Todesfall zu beklagen hat, sollte diese Anzeigepflicht ernst nehmen, damit keine Leistungsverweigerung oder Auseinandersetzung darüber drohen. Informiert werden müssen auch die Haftpflicht-, Kranken-, Rechtsschutz- und Hausratversicherung des Erblassers.

▶ **Wer übernimmt die Mietwohnung des Erblassers?**

Der Ehegatte, Lebenspartner im Sinne des Partnerschaftsgesetzes, Kinder und Personen, die mit dem Mieter einen auf Dauer angelegten gemeinsamen Haushalt führen, treten gemäß § 563 BGB in das Mietverhältnis ein. Sie haben das Recht, innerhalb eines Monats nach Kenntnis vom Tod des Mieters dem Vermieter gegenüber zu erklären, dass sie das **Mietverhältnis nicht übernehmen** wollen. Der Eintritt gilt dann als nicht erfolgt. Sind mehrere Personen Mieter, wird das Mietverhältnis mit diesen Personen fortgesetzt. Die verbliebenen Mieter haben aber nach §563a BGB das Recht, das Mietverhältnis mit der gesetzlichen Kündigungsfrist zu kündigen, auch wenn es sich um einen langfristigen Mietvertrag handelt.

Will keiner der Angehörigen das Mietverhältnis fortsetzen oder lebte der Erblasser allein, geht das Mietverhältnis auf die **Erben** über (§564 Satz 1 BGB). Vermieter und Erben sind aber berechtigt, den Mietvertrag innerhalb eines Monats ab Kenntnis des Erbfalls mit einer Frist von drei Monaten zu kündigen.

▶ **Was müssen die Angehörigen im Erbfall sonst noch beachten?**

- Berufsverbände und Vereine sind vom Erbfall zu benachrichtigen.
- Zeitungs- und Zeitschriften-Abonnements des Erblassers müssen gekündigt werden.
- Der Arbeitgeber des Erblassers ist zu benachrichtigen.

2. Eröffnung letztwilliger Verfügungen

▶ **Was ist zu tun, wenn ein Testament aufgefunden wird?**

Jeder, der ein Testament auffindet, muss es **unverzüglich,** also ohne schuldhaftes Zögern, beim nächstgelegenen Nachlassgericht abliefern (§2259 Abs.1 BGB). Dabei spielt es keine Rolle, ob das Testament formwirksam errichtet, widerrufen, beschädigt, offen oder verschlossen worden ist, da es Sache des Nachlassgerichtes ist, zu entscheiden, ob es sich bei einem eingereichten Dokument um eine wirksame Verfügung von Todes wegen handelt oder nicht.

Aus diesem Grund sind auch Schriftstücke abzuliefern, deren Bestimmung als Testament fraglich ist, weil die Unterschrift fehlt oder es maschinenschriftlich verfasst wurde. Die **Ablieferungspflicht** gilt auch für Erbverträge oder im Ausland errichtete Testamente von Deutschen. Grundsätzlich ist immer das Original – nicht etwa nur eine Kopie – abzuliefern.

Eine Ablieferung des Testamentes beim Nachlassgericht durch Boten oder Zusendung per Post ist zwar zulässig; geht das Testament auf diesem Wege aber verloren, haftet der Einsender. Deshalb empfiehlt sich eine persönliche Abgabe beim Amtsgericht (Abteilung Nachlassgericht).

Die Ablieferung eines Testamentes kann vom Nachlassgericht durch Anordnung von **Zwangsgeld** und **Zwangshaft** durchgesetzt werden.

> **Expertentipp:** Verweigert ein Testamentsbesitzer die Ablieferung, droht ihm eine Strafanzeige wegen Urkundenunterdrückung (§ 274 Abs. 1 StGB); hierdurch wird die Möglichkeit einer **Erbunwürdigkeitsklage** eröffnet (§ 2340 BGB i.V.m. § 2339 Abs. 1 Nr. 4 BGB).

▶ Wo sollte ein Testament verwahrt werden?

In der Praxis kommt es immer wieder vor, dass Testamente entweder noch zu Lebzeiten des Testierenden verloren gehen oder nach dem Erbfall von nicht bedachten Angehörigen beseitigt werden. Manche Finder vernichten aufgefundene Testamente auch aus Absicht, etwa dann, wenn sie enterbt wurden und erreichen wollen, dass sie das Erbe nach der gesetzlichen Erbfolge antreten können. Es empfiehlt sich deshalb, Testamente in **amtliche Verwahrung** zu geben oder das Original und Kopien bei mehreren vertrauenswürdigen Personen zu verwahren.

Sofern sich die letztwillige Verfügung des Erblassers in amtlicher Verwahrung befindet, ist eine Bekanntgabe sichergestellt (§ 2260 BGB). In der amtlichen Verwahrung befinden sich in der Regel Testamente, die vor einem Notar errichtet und diejenigen privatschriftlichen Testamente, die vom Testierenden dem Gericht zur amtlichen Verwahrung übergeben wurden.

▶ Wie läuft eine Testamentseröffnung ab?

Die Eröffnung eines Testamentes ist **von Amts wegen** vorzunehmen, sobald das Nachlassgericht vom Todesfall Kenntnis erlangt hat. Ein Antrag eines Beteiligten ist daher nicht erforderlich. Zuständig ist das Nachlassgericht (in Baden-Württemberg das Notariat), in dessen Bezirk der Erbe seinen letzten Wohnsitz hatte (§ 2260 Abs. 1 BGB).

Obwohl nach § 2260 Abs. 1 BGB das Nachlassgericht die gesetzlichen Erben und die sonstigen Beteiligten (zum Beispiel die Vermächtnisnehmer) – soweit tunlich – laden soll, unterbleibt in der Praxis regelmäßig diese Ladung; die Beteiligten erhalten in der Regel ein **Eröffnungsprotokoll** und eine **Fotokopie des Testamentes**. Freunde und fernere Verwandte werden vom Nachlassgericht nicht informiert. Sollten ausnahmsweise Beteiligte zur Testamentseröffnung geladen werden, besteht keine Verpflichtung zur Teilnahme; rechtliche Nachteile entstehen hierdurch nicht.

Der Erblasser kann eine Eröffnung seines Testaments und die Benachrichtigung der Beteiligten nicht verbieten (§ 2263 BGB). Entsprechende Passagen in letztwilligen Verfügungen sind unwirksam und werden vom Richter nicht befolgt.

▶ **Welche Wirkung hat die Testamentseröffnung?**

Mit der Testamentseröffnung beginnt die Ausschlagungsfrist (i.d.R. sechs Wochen) zu laufen (§ 1944 Abs. 2 BGB), die laut Gesetz die Erben haben, um zu entscheiden, ob sie die Erbschaft ausschlagen oder annehmen. Im Übrigen entfaltet das Testament rechtliche Wirkungen bereits mit dem Erbfall, nicht also erst mit der Eröffnung der letztwilligen Verfügung.

Jeder, der ein rechtliches Interesse glaubhaft macht (also auch die nicht bedachten gesetzlichen Erben), ist berechtigt, ein eröffnetes Testament einzusehen und eine Kopie davon zu verlangen; ein bloß wirtschaftliches Interesse ist nicht ausreichend (§ 2264 BGB).

▶ **Welche Maßnahmen leitet das Nachlassgericht nach einer Testamentseröffnung noch ein?**

Die Wirksamkeit einer letztwilligen Verfügung wird vom Nachlassgericht erst dann geprüft, wenn einer der Beteiligten einen Erbschein beantragt hat. Nur in Baden-Württemberg und Bayern hat das Nachlassgericht von Amts wegen die Erben zu ermitteln. In den anderen Bundesländern wird also nur den gesetzlichen Erben und den sonstigen Beteiligten eine Abschrift des Testamentes übersandt.

> **Expertentipp:** Das Nachlassgericht informiert auch das Finanzamt über die Eröffnung des Testaments (§ 7 Erbschaftsteuerdurchführungsverordnung).

3. Annahme oder Ausschlagung der Erbschaft

▶ **Muss die Erbschaft ausdrücklich angenommen werden?**

Nein; die Erbschaft fällt zum Zeitpunkt des Erbfalls automatisch an die Erben. Der Erbe braucht also überhaupt nichts zu tun; er muss von der Erbschaft noch nicht einmal erfahren, um Rechtsnachfolger des Erblassers zu werden. Zunächst tritt nur ein **vorläufiger** Erbschaftserwerb ein, da der (gesetzliche oder testamentarische) Erbe die Möglichkeit hat, die Erbschaft (i.d.R. innerhalb von sechs Wochen) auszuschlagen (§ 1942 Abs. 1 BGB). Erst wenn diese Frist abgelaufen ist oder der Erbe ausdrücklich oder schlüssig die Annahme der Erbschaft erklärt hat, tritt ein **endgültiger** Erbschaftserwerb ein.

▶ **Wie kann die Erbschaft angenommen werden?**

Eine ausdrückliche Annahme der Erbschaft (z. B. durch Mitteilung gegenüber dem Nachlassgericht, einem Miterben oder einem Nachlassgläubiger) ist in der Praxis eher selten. Im Regelfall erfolgt die Annahme der Erbschaft durch **schlüssiges** Verhalten, wenn sich aus den Erklärungen oder Handlungen des (vorläufigen) Erben ergibt, dass er die Erbschaft behalten will. Dies gilt etwa dann, wenn der vorläufige Erbe über einen Nachlassgegenstand verfügt, einen Erbschein beantragt (siehe Seite 127) oder einen Erbschaftsanspruch geltend macht.

Gemäß § 1950 BGB muss sich die Annahme immer auf die gesamte Erbschaft und nicht nur auf Teile hiervon erstrecken. Eine Erbschaftsannahme unter einer Bedingung (beispielsweise dass der Nachlass nicht überschuldet ist) oder nur für eine bestimmte Zeit ist gemäß § 1947 BGB nicht möglich.

C. Rechte und Pflichten nach dem Erbfall

> **Expertentipp:** Eine besondere **Form** (Schriftform, notarielle Beurkundung) ist für die **Annahme** der Erbschaft nicht erforderlich. Die **Ausschlagung** der Erbschaft muss dagegen in **öffentlich beglaubigter Form fristgemäß** gegenüber dem Nachlassgericht erfolgen.

▶ Ist die Annahme der Erbschaft bindend?

Die Annahme einer Erbschaft kann später nicht mehr einseitig widerrufen werden. Mit Annahme der Erbschaft verliert der Erbe sein Recht, die Erbschaft auszuschlagen (§ 1943 BGB). In eng begrenzten Ausnahmefällen lässt das Gesetz aber eine **Anfechtung der Annahmeerklärung** zu:

- Erforderlich ist zunächst das Vorliegen eines Anfechtungsgrundes im Sinne der §§ 119 ff. BGB (Inhalts- oder Eigenschaftsirrtum, Täuschung oder Drohung).
- Zu beachten ist weiter die **Anfechtungsfrist** von nur sechs Wochen (§ 1954 Abs. 1 BGB).
- Gemäß § 1955 BGB muss die Anfechtungserklärung dem **Nachlassgericht** gegenüber zur Niederschrift oder in öffentlich beglaubigter Form abgegeben werden.
- Eine wirksame Anfechtung der Erbschaftsannahme wird gemäß § 1957 Abs. 1 BGB als Ausschlagung der Erbschaft behandelt.

▶ Wie kann der Erbe die Erbschaft ausschlagen?

- Der Erbe hat das Recht (§ 1942 Abs. 1 BGB), die ihm angefallene Erbschaft auszuschlagen, es sei denn, er hat die Erbschaft bereits vorher wirksam angenommen (§ 1943 BGB) oder die Ausschlagungsfrist (§ 1944 Abs. 1 BGB) ist bereits abgelaufen.
- Diese **Frist** beginnt mit dem Zeitpunkt zu laufen, zu welchem der Erbe weiß, dass ihm die Erbschaft als gesetzlichem oder testamentarischem Erben angefallen ist (§ 1944 Abs. 2 BGB). Bei einem durch Testament oder Erbvertrag berufenen Erben beginnt also die Ausschlagungsfrist mit dem Zeitpunkt zu laufen, zu dem das Nachlassgericht ihn über die letztwillige Verfügung informiert hat (§ 1944 Abs. 2 S. 2 BGB). Hatte der Erblasser seinen letzten Wohnsitz im Ausland oder hielt sich der Erbe bei Fristbeginn im

Ausland auf, verlängert sich die Ausschlagungsfrist von sechs Wochen auf sechs Monate (§ 1944 Abs. 3 BGB).
- Die Ausschlagung der Erbschaft muss (anders als die Annahme der Erbschaft) entweder zur Niederschrift des Nachlassgerichtes oder vor einem Notar in öffentlich beglaubigter **Form** gegenüber dem Nachlassgericht erfolgen (§ 1945 Abs. 1 BGB).
- Eine Erbschaft, die einem **minderjährigen** Erben angefallen ist, kann gemäß § 1629 Abs. 1 BGB nur von beiden Elternteilen in Vertretung des Kindes ausgeschlagen werden. Zusätzlich muss die Genehmigung des Vormundschaftsgerichtes vorliegen, es sei denn, dass das minderjährige Kind allein deswegen Erbe geworden ist, weil ein Elternteil die Erbschaft ausgeschlagen hat (§ 1643 Abs. 2 BGB).

Ob die Ausschlagung form- und fristgerecht erklärt wurde, wird vom Nachlassgericht nicht bei Zugang der Ausschlagungserklärung, sondern erst in einem späteren Erbscheinsverfahren geprüft.

Die **Kosten** für die Ausschlagung der Erbschaft betragen gemäß § 45 KostO eine Viertelgebühr, berechnet vom Wert des Nachlasses (siehe Seite 243).

> **Expertentipp:** Vor einer **unüberlegten Ausschlagung** und dem damit einhergehenden Verlust des Erb- und in der Regel auch Pflichtteilsrechts ist zu warnen, da der Gesetzgeber verschiedene Möglichkeiten zur Haftungsbegrenzung zur Verfügung stellt (siehe dazu Seite 216).

▶ Kann die Erbschaftsausschlagung widerrufen werden?

Mit Zugang der Ausschlagungserklärung beim Nachlassgericht ist ein späterer Widerruf nicht mehr möglich. Die Erbschaft fällt dann automatisch an denjenigen, der berufen sein würde, wenn der Ausschlagende zur Zeit des Erbfalls nicht gelebt hätte (§ 1953 Abs. 2 BGB). Zu beachten ist, dass der Ausschlagende in der Regel auch seinen **Pflichtteilsanspruch verliert** (zu den Ausnahmen siehe Seite 151).

Die Ausschlagung kann gemäß § 1947 BGB weder unter einer Bedingung noch für eine bestimmte Zeitdauer erklärt werden; ebenso wenig kann sich die Ausschlagung nur auf bestimmte Teile der Erbschaft beschränken.

C. Rechte und Pflichten nach dem Erbfall

▶ Wie wird ein Vermächtnis ausgeschlagen?

Die Vermächtnisausschlagung wird ausführlich auf Seite 176 erklärt.

4. Ermittlung und Sicherung des Nachlasses

▶ Wann besteht ein Bedürfnis, den Nachlass zu sichern?

Das Nachlassgericht muss von Amts wegen in folgenden Fällen Maßnahmen zur Sicherung des Nachlasses ergreifen (§ 1960 BGB):
- Ein **Sicherungsbedürfnis** liegt vor, wenn der Bestand des Nachlasses gefährdet ist. Dies ist etwa dann der Fall, wenn weder der vorläufige Erbe noch ein Testamentsvollstrecker oder ein Nachlassverwalter selbst Fürsorgemaßnahmen ergreift. Existiert dagegen ein vertrauenswürdiger vorläufiger Erbe oder Testamentsvollstrecker, liegt in aller Regel kein Sicherungsbedürfnis vor.
- **Sicherungsmaßnahmen** sind auch geboten, wenn der Erbe als unbekannt gilt, weil er aus rechtlichen oder tatsächlichen Gründen nicht bekannt ist oder noch ungewiss ist, ob der bekannte Erbe die Erbschaft annehmen wird

▶ Welche Maßnahmen kommen zur Sicherung des Nachlasses in Betracht?

Um den Nachlass zu sichern und zu erhalten, kommen alle Maßnahmen in Betracht, die dafür geeignet sind. In § 1960 Abs. 2 BGB werden einige mögliche **Sicherungsmaßnahmen** aufgezählt:
- die Siegelung, also das Kennzeichnen von Nachlassgegenständen,
- das Hinterlegen von Geld, Wertpapieren und „Kostbarkeiten" (wertvolle Gegenstände, z. B. Schmuck oder Kunstsammlungen),
- die Aufnahme eines Nachlassverzeichnisses und
- die Anordnung einer Nachlasspflegschaft (§ 1961 BGB).
- Daneben sind aber noch andere Sicherungsmaßnahmen möglich: die Sperrung von Konten, die Anordnung des Verkaufs verderblicher Sachen oder die Anstellung eines Hausmeisters.

I. Maßnahmen nach dem Todesfall

▶ Welchen Zweck hat eine Nachlasspflegschaft?

Das wirksamste Mittel um einen Nachlass zu sichern, ist die Anordnung einer Nachlasspflegschaft (§ 1961 BGB). Sie dient dazu, den Nachlass bis zur Annahme der Erbschaft zu sichern und zu erhalten. Die (noch) unbekannten Erben werden durch den Nachlasspfleger gesetzlich vertreten. Vorrangiges Ziel der Nachlasspflegschaft ist daher die Ermittlung der unbekannten Erben, während die sogenannte Nachlassverwaltung (§ 1975 BGB) im Wesentlichen dazu dient, die Erbenhaftung zu beschränken (siehe dazu Seite 216). Der Nachlasspfleger wird durch das zuständige Nachlassgericht bestellt und untersteht auch dessen Aufsicht (§§ 1962, 1837 BGB).

▶ Welche Pflichten hat der Nachlasspfleger?

Der Nachlasspfleger muss neben der Ermittlung der unbekannten Erben den Nachlass erhalten und verwalten, in Besitz nehmen und ein Nachlassverzeichnis beim Nachlassgericht einreichen. Für folgende Rechtsgeschäfte des Nachlasspflegers ist eine Genehmigung des Nachlassgerichtes erforderlich:
- für Verfügungen über Forderungen und Wertpapiere
- für Verfügungen über Grundstücke
- zur Ausschlagung einer Erbschaft
- für Abhebungen von Bankkonten
- die Übernahme einer Bürgschaft
- Erteilung einer Prokura

5. Der Erbschein

▶ Wie kann eine Person ihr Erbrecht gerichtlich feststellen lassen?

Hierzu bestehen zwei Möglichkeiten:

Wer glaubt, rechtmäßiger Erbe eines Verstorbenen zu sein, kann beim Nachlassgericht einen **Erbschein** beantragen. Beim Erbschein handelt es sich um ein amtliches Zeugnis, in dem bekundet wird, wer Erbe ist. Mit dem Erbschein wird es dem Erben ermöglicht, über die Erbschaft zu verfügen.

C. Rechte und Pflichten nach dem Erbfall

> **Beispiel:** Der Erbschein ist erforderlich, falls Immobilien oder ein Nachlasskonto auf den Erben umzuschreiben sind. Hat der Erblasser dem Erben keine Vollmacht über den Tod hinaus erteilt, ist der Erbschein auch erforderlich, um vom Konto des Erblassers Geld abheben zu können. Teilweise begnügen sich Banken und Versicherungen auch mit einer beglaubigten Ablichtung des Testamentes und dem Eröffnungsprotokoll (siehe dazu Seite 120).

In rechtlich schwierig gelagerten Fällen kann es erforderlich sein, beim Zivilgericht eine sogenannte **Erbenfeststellungsklage** zu erheben, die bei einem Gegenstandswert von mehr als 5 000 Euro beim Landgericht einzureichen ist. Anders als beim nachlassgerichtlichen Erbscheinsverfahren ergehen aufgrund einer Erbenfeststellungsklage **rechtskräftige** und damit später nicht mehr angreifbare Entscheidungen.

▶ Welchen Zweck hat der Erbschein?

Der Erbschein schützt den Rechtsverkehr: Gemäß § 2365 BGB wird nämlich vermutet, dass den Personen, die im Erbschein als Erbe bezeichnet sind, wirklich das Erbrecht zusteht und dass andere als dort angegebene Beschränkungen nicht bestehen. Dritte Personen dürfen also darauf vertrauen, dass der Inhalt des Erbscheins richtig ist.

> **Beispiel:** Herr S hat einen Erbschein erhalten, da er im Testament als Alleinerbe bezeichnet ist. Später wird ein weiteres Testament aufgefunden, nach dessen Inhalt Frau K Erbe ist. Der ursprüngliche Erbschein war also falsch und muss eingezogen werden. Hat nun aber eine Bank an den im ursprünglichen Erbschein genannten Herrn S einen Betrag vom Erblasserkonto ausgezahlt, leistet sie eigentlich an den falschen Empfänger. Der tatsächliche Erbe könnte dann nochmals eine Auszahlung von der Bank verlangen. Um die Bank davor zu schützen, fingiert das Gesetz aufgrund des Erbscheins, dass die Bank an den wirklich Berechtigten gezahlt hat.

▶ Wer kann einen Erbschein beantragen?

Zunächst ist der (gesetzliche oder testamentarische) Erbe antragsberechtigt, also der Alleinerbe, jeder Miterbe und der Vorerbe (§ 2353 BGB).

Darüber hinaus können auch ein Testamentsvollstrecker, ein Nachlass- oder Nachlassinsolvenzverwalter und sogar ein Nachlassgläubiger einen Erbscheinsantrag stellen.

Der Nacherbe ist erst mit Eintritt des Nacherbfalls antragsberechtigt.

Vermächtnisnehmer und enterbte Pflichtteilsberechtigte erhalten keinen Erbschein.

Auch ein einzelner Miterbe kann einen sogenannten gemeinschaftlichen Erbschein beantragen, der sämtliche zur Erbfolge berufenen Erben ausweist (§ 2357 Abs. 1 BGB). Dieser Miterbe hat dann aber zu erklären, dass die anderen Miterben die Erbschaft angenommen haben.

▶ Wo wird der Erbschein beantragt?

Der Antrag ist an das Nachlassgericht (Amtsgericht), in Baden-Württemberg an das Notariat zu richten. Zuständig ist das Nachlassgericht, in dessen Bezirk der Erblasser seinen letzten Wohnsitz hatte (§ 2353 BGB). Das Nachlassgericht entscheidet im Verfahren der Freiwilligen Gerichtsbarkeit (FGG-Verfahren).

> **Expertentipp:** Das **Gesetz zur Reform des Verfahrens in Familiensachen und in den Angelegenheiten der freiwilligen Gerichtsbarkeit** tritt zum 1. 9. 2009 in Kraft. Die neue Verfahrensordnung definiert erstmals umfassend die Verfahrensrechte und Mitwirkungspflichten der Beteiligten und sichert ihren Anspruch auf rechtliches Gehör. Das zersplitterte Rechtsmittelsystem der freiwilligen Gerichtsbarkeit wird neu strukturiert und insgesamt effizienter gestaltet. Zu diesem Zweck wird die Beschwerde gegen gerichtliche Entscheidungen generell befristet. Die bisherige weitere Beschwerde zum OLG wird durch die Rechtsbeschwerde zum BGH ersetzt. Inhaltlich ergeben sich keine wesentlichen Auswirkungen, da die Reform nur die von der Rechtsprechung bisher entwickelten Grundsätze umsetzt.

▶ Welche Angaben muss man in einem Antrag machen?

Gibt es keine letztwillige Verfügung, ist gemäß § 2354 BGB das Verwandtschaftsverhältnis, aus dem sich das gesetzliche Erbrecht ergibt, darzulegen (die Ehegattenstellung einschließlich Güterstand oder der Verwandtschaftsgrad zum Erblasser).

C. Rechte und Pflichten nach dem Erbfall

Bei einer testamentarischen Erbfolge muss angegeben werden, aufgrund welcher letztwilligen Verfügung der Erbe sein Erbrecht ableitet. Außerdem sind diejenigen Verwandten zu benennen, die als gesetzliche Erben von der Erbfolge durch Testament ausgeschlossen oder bereits vorverstorben sind (§ 2355 BGB).

Weiter ist anzugeben, ob bei Gericht ein Rechtsstreit über das Erbrecht anhängig ist.

▶ Welche Unterlagen sind für den Erbscheinsantrag vorzulegen?

Eine eidesstattliche Versicherung, dass die Angaben im Erbscheinsantrag der Wahrheit entsprechen (kann vor einem Notar oder dem Nachlassgericht in der notwendigen öffentlichen Form abgegeben werden),

- Sterbeurkunde des Erblassers,
- sämtliche Geburts- und Abstammungsurkunden, die die Verwandtschaft des Erben mit dem Erblasser nachweisen,
- Heiratsurkunde bei Ehegatten,
- die Sterbeurkunden von Personen, die als (Mit-)Erben in Betracht gekommen wären, wenn sie den Erbfall erlebt hätten, und
- für den Fall, dass der Erblasser rechtskräftig geschieden wurde das Scheidungsurteil, der Scheidungsantrag (falls der Erblasser vor seinem Tod bei Gericht die Scheidung eingereicht hat).

Diese Urkunden erhält man gegen geringe Gebühren bei den Standesämtern.

▶ Was kostet ein Erbschein?

In der Regel entsteht eine Gebühr für die Protokollierung der eidesstattlichen Versicherung und eine weitere Gebühr für die Erteilung des Erbscheins selbst. Für die Höhe der Gebühren ist der Wert des Erblasservermögens abzüglich der Nachlassverbindlichkeiten maßgeblich. Ist der Nachlasswert zunächst noch nicht bekannt, kann eine entsprechende Erklärung später beim Nachlassgericht nachgereicht werden. Weitere Einzelheiten zum Thema „Kosten und Gebühren" siehe Seite 243.

▶ Was ist zu tun, wenn nach Erteilung des Erbscheins ein neues Testament gefunden wird?

Der Erbschein ist ein jederzeit widerlegbares Zeugnis für das Erbrecht der darin ausgewiesenen Personen. Stellt sich nachträglich heraus, dass die im Erbschein bezeichnete Person tatsächlich nicht Erbe geworden ist, wird der Erbschein durch das Nachlassgericht eingezogen (§ 2361 Abs. 1 BGB).

> **Beispiel:** Dies ist der Fall, wenn der Erblasser in einem erst nach Erbscheinserteilung aufgefundenen Testament eine andere Person als Erben eingesetzt hat.

Kann das Nachlassgericht den Erbschein nicht sofort einziehen (z.B. weil ihn der Inhaber nicht herausgibt), kann das Nachlassgericht den Erbschein durch Beschluss für kraftlos erklären (§ 2361 Abs. 2 BGB). Mit der Veröffentlichung des Beschlusses entfällt die Vermutung der Richtigkeit des Erbscheins.

> **Expertentipp:** Wer mit einem ungültigen Erbschein über den Nachlass verfügt (beispielsweise Geld abhebt), macht sich strafbar und muss mit Strafverfolgung und Regressforderungen rechnen. Der Missbrauch eines für ungültig erklärten Erbscheins ist aus diesen Gründen auf jeden Fall zu unterlassen.

6. Grundbuchberichtigung im Erbfall

▶ Warum muss im Erbfall das Grundbuch berichtigt werden?

Gehört zum Nachlass ein bebautes oder unbebautes Grundstück oder eine Eigentumswohnung, geht das Eigentum hieran mit dem Tod automatisch auf die Erben über. Das Grundbuch ist damit unrichtig geworden, weil dort ja immer noch der Erblasser verzeichnet ist, das Eigentum nunmehr aber den Erben zusteht. Diese können eine Grundbuchberichtigung beantragen.

▶ Was muss im Erbfall im Grundbuch eingetragen werden?

Die durch den Erbfall eingetretene Unrichtigkeit des Grundbuchs wird dem Grundbuchamt beim Amtsgericht durch den Erbschein nachgewiesen (§ 35 Abs. 1 GBO). Im Grundbuch wird neben dem Erben auch die Vor- und Nacherbschaft sowie die Testamentsvollstreckung von Amts wegen eingetragen (§§ 51 GBO). Bei einer Erbengemeinschaft werden die Miterben mit dem Zusatz „in Erbengemeinschaft" – allerdings ohne Erbquoten – eingetragen (§ 47 GBO). Zuständig ist das Grundbuchamt als eine Abteilung des Amtsgerichts, in dessen Bereich das Grundstück liegt.

▶ **Welche Unterlagen müssen dem Grundbuchamt vorgelegt werden?**

Der Erbe muss im Regelfall unter Vorlage des Erbscheins Grundbuchberichtigung beantragen; ein entsprechender Antrag wird meist schon in der Erbscheinsverhandlung ins Protokoll aufgenommen. Beruht die Erbfolge auf einem notariellen Testament oder einem Erbvertrag, ist in der Regel der Erbschein entbehrlich. Dann genügen gegenüber dem Grundbuchamt als Nachweis die Vorlage dieser Verfügung sowie die Niederschrift des Nachlassgerichtes über die Eröffnung dieser Verfügung. Die Eröffnung kostet wesentlich weniger als ein Erbschein. Dieses vereinfachte Verfahren funktioniert allerdings nur, wenn die notariell beurkundete letztwillige Verfügung so eindeutig abgefasst ist, dass keine Zweifel an der Erbfolge bestehen. Ist der Wortlaut nicht ganz klar oder widersprüchlich, verlangt das Grundbuchamt auch bei einem notariellen Testament einen Erbschein. Liegt ein privatschriftliches Testament vor, ist ein Erbschein unabdingbar.

▶ **Welche Kosten entstehen nach dem Erbfall für die Grundbuchberichtigung?**

Wird der Eintragungsantrag innerhalb von zwei Jahren nach dem Erbfall beim Grundbuchamt eingereicht, entfallen die sonst üblichen Gebühren für die Grundbuchberichtigung (§ 60 Abs. 4 KostO). Sofern der Erbschein ausschließlich für Zwecke der Grundbuchberichtigung benötigt wird, ist dies im Erbscheinsantrag anzugeben; nach § 107 Abs. 3 KostO werden dann die Gebühren nicht aus dem gesamten Nachlasswert, sondern nur nach dem Wert des Grundbesitzes berechnet, wobei dingliche Rechte bei der Bewertung abgezogen werden.

II. Der Alleinerbe

1. Rechte und Pflichten des Alleinerben

▶ **Welche Rechten und Pflichten hat der Erbe zu beachten?**

Der Erbe tritt mit dem Tod des Verstorbenen in dessen Rechtsstellung ein und muss sich deshalb mit seinen Rechten und Pflichten als Erbe bald möglichst vertraut machen. Der Erbe übernimmt das Vermögen, die bestehenden Verträge und Schulden des Erblassers; er hat für die Beerdigung und die Grabpflege aufzukommen. Er muss etwaige Pflichtteils- und Vermächtnisansprüche erfüllen und ist auch dem Finanzamt gegenüber verantwortlich.

▶ **Welche Maßnahmen sind nach dem Todesfall einzuleiten?**

Siehe dazu Seite 117.

▶ **Was muss der Erbe für eine Annahme oder Ausschlagung der Erbschaft tun?**

Siehe dazu Seite 123.

▶ **Wann muss der Erbe Maßnahmen zur Ermittlung und Sicherung des Nachlasses ergreifen?**

Siehe dazu Seite 126.

▶ **Wie kann der Erbe sein Erbrecht gerichtlich feststellen lassen?**

Siehe dazu Seite 127.

2. Auskunftsansprüche des Alleinerben

▶ **Welche Möglichkeiten hat der Erbe Informationen über den Bestand und den Verbleib der Erbschaft zu bekommen?**

Dem Erben stehen zur Ermittlung des Nachlassbestandes folgende Auskunftsansprüche zur Verfügung:

C. Rechte und Pflichten nach dem Erbfall

- Mit dem Tod ist der Erbe Inhaber aller Giro- und Sparkonten des Erblassers geworden; ihm stehen die Rechte aus einem Wertpapierdepot ebenso zu wie die aus einem Schrankfach. Gemäß §§ 675, 666 BGB kann der Erbe von der Bank verlangen, dass sie ihm Auskunft über die Kontostände zum Todeszeitpunkt erteilt. Der Erbe ist weiter berechtigt, Kontoauszüge, Rechnungsabschlüsse, Kopien von Vollmachten und Verträgen zugunsten Dritter von der Bank zu verlangen, wobei er die entstehenden Kosten erstatten muss.

> **Expertentipp:** Der Vermächtnisnehmer und der Pflichtteilsberechtigte haben dagegen keinen Auskunftsanspruch gegenüber der Bank.

- Der Erbe kann bei Lebensversicherungsgesellschaften anfragen, wie hoch die Summe eines bestehenden Vertrages ist, wer als Bezugsberechtigter in der Versicherungspolice eingesetzt wurde und an wen die Lebensversicherungssumme ausgezahlt wird oder worden ist.
- Der Erbe hat einen Auskunftsanspruch gegen eine Person, die den Nachlass in Besitz genommen hat, weil sie glaubte, selbst Erbe geworden zu sein (sogenannter Erbschaftsbesitzer, § 2018 BGB).
- Dem Erben steht auch gegen den Hausgenossen des Erblassers ein Auskunftsanspruch zu (§ 2028 Abs. 1 BGB).
- Der Erbe kann weiter vom Testamentsvollstrecker ein Nachlassverzeichnis und Rechnungslegung verlangen (§§ 2215, 2218 BGB).
- In Ausnahmefällen kann der Erbe auch von demjenigen Auskunft verlangen, der vom Erblasser zu Lebzeiten Zuwendungen erhalten hat.

> **Expertentipp:** Jeder, der ein rechtliches Interesse glaubhaft macht (z. B. auch die nicht bedachten gesetzlichen Erben), ist berechtigt, beim Nachlassgericht ein eröffnetes Testament einzusehen und eine Kopie davon zu verlangen; ein bloß wirtschaftliches Interesse reicht nicht (§ 2264 BGB).

3. Pflichten gegenüber dem Pflichtteilsberechtigten

▶ **Welche Verpflichtungen hat der Erbe gegenüber einem Pflichtteilsberechtigten?**

Der Erbe muss dem Pflichtteilsberechtigten gegenüber gemäß § 2314 BGB auf Verlangen Auskunft über den Stand des Nachlasses erteilen. Hierzu muss er ein privatschriftliches (auf Verlangen auch ein notarielles) Bestandsverzeichnis vorlegen. Den Wert einzelner Nachlassgegenstände muss der Erbe auf Wunsch des Pflichtteilsberechtigten durch Vorlage eines Sachverständigengutachtens ermitteln; die Kosten hierfür fallen dem Nachlass zur Last (§ 2314 Abs. 2 BGB). Nach Ermittlung des pflichtteilsrelevanten Nachlasses muss der Erbe den geschuldeten Pflichtteil auszahlen (§§ 2303, 2317 BGB). Zu weiteren Einzelheiten siehe Seite 170.

4. Pflichten gegenüber dem Vermächtnisnehmer

▶ **Welche Verpflichtungen hat der Erbe gegenüber einem Vermächtnisnehmer?**

Wer vom Erblasser durch ein Vermächtnis begünstigt wurde, kann gemäß § 2174 BGB vom Erben die Übereignung und Herausgabe der vermachten Gegenstände oder Geldsumme verlangen (siehe Seite 38). Dieser Anspruch ist im Zweifel sofort fällig, wenn der Erblasser nichts anderes bestimmt hat (§ 2181 BGB).

Bewegliche Gegenstände müssen zur Erfüllung des Vermächtnisses an den Vermächtnisnehmer durch Einigung und Übergabe übereignet werden. Bei Grundstücken müssen Erbe und Vermächtnisnehmer einen notariellen Übertragungsvertrag abschließen, so dass der neue Eigentümer ins Grundbuch eingetragen werden kann. Forderungen und Rechte müssen an den Vermächtnisnehmer abgetreten werden.

Während der Pflichtteilsanspruch einer dreijährigen Verjährung unterliegt, beträgt die Verjährungsfrist für den Vermächtnisanspruch 30 Jahre (§ 197 Abs. 1 Nr. 2 BGB).

5. Rechte gegenüber dem Testamentsvollstrecker

▶ **Welche Rechte hat der Erbe gegenüber dem Testamentsvollstrecker?**

Zu den Pflichten des Testamentsvollstreckers siehe Seite 50.

6. Haftung des Alleinerben

▶ **In welchem Umfang haftet der Erbe für Nachlassverbindlichkeiten?**

Gemäß § 1967 BGB hat der Erbe auch für Verpflichtungen einzustehen, die der Verstorbene noch zu Lebzeiten eingegangen ist, aber nicht mehr erfüllt hat. Des Weiteren haftet der Erbe auch für die durch den Erbfall entstandenen Nachlassverbindlichkeiten.

Unter bestimmten Voraussetzungen kann der Erbe die Haftung für Nachlassverbindlichkeiten auf den Nachlassbestand beschränken und so sein Privatvermögen vor einer Inanspruchnahme schützen (zu Einzelheiten siehe Seite 216).

7. Steuerlichen Pflichten des Erben

▶ **Welche steuerlichen Pflichten treffen den Erben?**

Das Erbschaftsteuergesetz macht die Verpflichtung zur Abgabe einer Steuererklärung durch den Erben von einer entsprechenden Aufforderung durch das Finanzamt abhängig (§ 31 Abs. 1 ErbStG). Um das Finanzamt in die Lage zu versetzen, die Erforderlichkeit einer Steuererklärung prüfen zu können, sieht das Gesetz verschiedene Informationspflichten vor.

▶ **Wie erfährt das Finanzamt vom Erbfall?**

Das Finanzamt erfährt vom Todesfall durch die Sterbeanzeige der Standesämter.

Die Nachlassgerichte haben den Finanzämtern beglaubigte Abschriften der eröffneten Verfügungen von Todes wegen und der

Erbscheine zu erteilen. Banken und Versicherungsunternehmen müssen ebenfalls dem Finanzamt Mitteilung machen.

> **Expertentipp:** Die Anzeige eines erbschaftsteuerpflichtigen Erwerbs ist nicht erforderlich, wenn das Finanzamt bereits aus einer der eben genannten Quellen die Informationen erhält, die es für die Prüfung benötigt, ob der Erwerber zur Abgabe einer Steuererklärung aufzufordern ist.

▶ **Wie hoch ist die erbschaftsteuerliche Belastung des Erben?**

Siehe hierzu Seite 223.

III. Der Miterbe

1. Rechte und Pflichten des Miterben

▶ **Welche Rechte und Pflichten hat ein Miterbe?**

Von „Miterben" wird immer dann gesprochen, wenn der Nachlass an mehrere Personen geht, also kein Alleinerbe alles erhält. Ein Miterbe hat zunächst die gleichen Rechte und Pflichten wie ein Alleinerbe (siehe dazu Seite 133).

Er muss sich allerdings mit den anderen Miterben über die Verwaltung und Verteilung des Nachlasses einig werden, da er allein zu eigenmächtigen Verfügungen über den Nachlass oder einzelner hinterlassener Gegenstände nicht berechtigt ist.

2. Auskunftsansprüche des Miterben

▶ **Welche Auskunftsansprüche haben die Miterben?**

Einzelne Miterben verfügen häufig wegen besonderer Sachnähe zum Nachlassvermögen über ein „Monopolwissen", während andere als Folge eines Informationsdefizits den Nachlass weder effektiv verwalten noch zügig zur Teilung bringen können. Sie sind deshalb auf klare Auskünfte angewiesen. Nach einer Grundsatzentscheidung des Bundesgerichtshofs (NJW-RR 1989, 450) begründet die Miterbenstellung als solche aber keine generelle Auskunftspflicht der anderen Miterben. Der Miterbe muss vielmehr aufgrund verschiedener Einzelvorschriften oder aufgrund Richterrechts Auskunftsansprüche durchsetzen.

- Zunächst kann der Miterbe dieselben Auskunftsansprüche geltend machen, die auch einem Alleinerben zustehen (siehe dazu Seite 133).
- Zu beachten ist, dass diese Auskunftsansprüche im Regelfall der Erbengemeinschaft insgesamt zustehen, gemäß § 2039 BGB aber auch von jedem einzelnen Miterben durchgesetzt werden können. Die Auskunft selbst muss dann aber gegenüber allen Miterben erteilt werden.
- Ein Miterbe, der noch vom Erblasser mit der Verwaltung beauftragt und bevollmächtigt wurde, ist gegenüber der Erbengemeinschaft zur Auskunft und Rechenschaft verpflichtet (§ 666 BGB). Gleiches gilt für diejenigen Miterben, die nach dem Erbfall „Notverwaltungsmaßnahmen" (§ 2038 Abs. 1 BGB) getroffen haben. Bei einer dauerhaften Verwaltung gemeinsamer Grundstücke durch einen Miterben (§ 745 BGB) kann durch schlüssige Vereinbarung unter den Miterben Auftragsrecht zur Anwendung kommen und sich damit eine Auskunftspflicht aus § 666 BGB ergeben.
- Nach § 2057 BGB sind Miterben untereinander zur Auskunft über alle Zuwendungen verpflichtet, die nach den Vorschriften der §§ 2050–2053 BGB ausgleichungspflichtig sein könnten. Geschuldet ist dabei eine zeitlich und gegenständlich unbeschränkte „Totalaufklärung", wobei aber nicht jede „Kleinigkeit" anzugeben ist.
- Miterben sind im Regelfall nicht verpflichtet, bei der Errichtung eines Inventars (§ 2003 BGB) mitzuwirken. In besonders gelagerten Einzelfällen kann sich aber eine derartige Verpflichtung ergeben. Die Auskunftspflicht eines Miterben bei einer amtlichen Inventaraufnahme ist zwar nicht erzwingbar, der Erbe verwirkt jedoch unter Umständen sein Recht zur Haftungsbeschränkung (§ 2005 Abs. 1 S. 2 BGB).
- Der Bundesgerichtshof hat aus § 242 BGB (Treu und Glauben) einen Auskunfts- und Wertermittlungsanspruch des pflichtteilsbe-

rechtigten Erben gegen den vom Erblasser beschenkten Miterben abgeleitet.

3. Verwaltung des Nachlasses unter Miterben

▶ **Wer ist zur Verwaltung des Nachlasses verpflichtet?**

Die Miterben haben den Nachlass bis zu dessen Teilung gemeinschaftlich zu verwalten. Die Erbengemeinschaft kann aber einem oder mehreren Miterben die Verwaltung des Nachlasses (widerruflich) übertragen (§ 2038 Abs. 1 S. 1 BGB). Hat der Erblasser Testamentsvollstreckung angeordnet oder wurde ein Nachlassverwalter oder ein Nachlassinsolvenzverwalter eingesetzt, so sind die Miterben von der Verwaltung des Nachlasses ausgeschlossen.

▶ **Können die Miterben Verwaltungsmaßnahmen mit einfacher Stimmenmehrheit beschließen?**

Die Antwort auf diese Frage hängt davon ab, welche **Art** von Verwaltungsmaßnahme vorliegt:

- „**Außerordentliche**" Verwaltungsmaßnahmen, die für den Nachlass eine erhebliche wirtschaftliche Bedeutung haben (z.B. die Veräußerung eines Grundstücks), bedürfen der Einstimmigkeit der Miterben (§ 2038 Abs. 1 S. 1 BGB).

> **Beispiel:** Außerordentliche Maßnahmen sind etwa die Klage auf Aufhebung des Mietverhältnisses, Räumung und Herausgabe einer Wohnung, die Erteilung der Löschungsbewilligung für eine Grundbucheintragung und die Zustimmung zur Berichtigung des Grundbuchs.

- Anders verhält sich das bei „**Maßnahmen der ordnungsgemäßen Verwaltung**". Hier genügt Stimmenmehrheit. Maßnahmen, die aus der Sicht eines vernünftigen und wirtschaftlich denkenden Betrachters dem Nachlassgegenstand gerecht werden und im Interesse aller Miterben „nach billigem Ermessen" liegen; alles was die Nachlassgegenstände nicht stark verändert und das Vermögen, das einem Miterben zusteht, nicht gefährdet und nicht mindert – all das kann mit Stimmenmehrheit beschlossen werden (§§ 2039 Abs. 2, 745 BGB). Bei der Berechnung der Stimmenmehrheit wird die Größe der den einzelnen Miterben zustehenden Erbteile berücksichtigt. Es wird nicht nach Köpfen abgestimmt.

> **Beispiel:** Maßnahmen, die mit **einfacher Mehrheit** beschlossen werden können, sind etwa Baumaßnahmen auf einem Grundstück, Einziehung von Forderungen, Kapitalanlage bis zur Teilung des Nachlasses, Begleichung von Nachlassschulden, Auszahlung von Pflichtteilsansprüchen, Reparaturen und Instandhaltungsmaßnahmen, soweit sie aus Nachlassmitteln beglichen werden können, Vermietung und Verpachtung von Nachlassgegenständen. Der Beschluss, eine Nachlassimmobilie z. B. unter Einschaltung eines Maklers freihändig zu verkaufen, bedarf dagegen der Einstimmigkeit, da es sich hierbei um eine Verfügung handelt, mit der das Eigentum aus dem Nachlass ausgeschieden wird (§ 2040 BGB).

Bei der Verwaltung des Erbes können sich dabei erhebliche Schwierigkeiten ergeben: Ein Witwer, dem nach der gesetzlichen Erbfolge die Hälfte des Nachlasses zusteht, und seine beiden Kinder, die zusammen die andere Hälfte erhalten, sind schnell handlungsunfähig, wenn der Vater auf seiner Meinung beharrt und die Kinder seinen Maßnahmen widersprechen.

- **Notwendige Verwaltungsmaßnahmen.** All das, was notwendig ist, um den Nachlass insgesamt oder einzelne Teile zu erhalten (etwa dringende Reparaturarbeiten an einem Haus, die nicht aufgeschoben werden können, bis die anderen Miterben zustimmen, Abwehrmaßnahmen gegen Eingriff in den Nachlass) kann von jedem einzelnen Miterben ohne Mitwirkung der anderen vorgenommen werden (§ 2038 Abs. 1 S. 2, 2. Halbs. BGB).

▶ **Welche Folgen hat es, wenn ein Miterbe bei einer Verwaltungsmaßnahme nicht mitwirkt?**

Jeder Miterbe ist den anderen gegenüber verpflichtet, bei „ordnungsgemäßen Verwaltungsmaßnahmen" der Erbengemeinschaft **mitzuwirken** (§ 2038 Abs. 1 S. 2 BGB). Weigert sich ein Miterbe, seine Zustimmung zu erteilen, kann jeder andere Miterbe mit Aussicht auf Erfolg beim Gericht Klage einreichen. Entsteht den anderen Miterben durch die Weigerung ein Schaden, so können diese Ersatz verlangen.

III. Der Miterbe

▶ Darf ein Miterbe einen Nachlassgegenstand allein nutzen?

Zwar steht das Recht, die zum Nachlass gehörenden Gegenstände zu nutzen, jedem Miterben zu; der Miterbe darf dabei aber nicht das Nutzungsrecht der anderen Miterben beeinträchtigen (§§ 2038 Abs. 2, 743 Abs. 2 BGB).

Beispiel: So ist ein Miterbe, der einen Nachlassgegenstand eigenmächtig in Besitz nimmt und nutzt (z. B. die zum Nachlass gehörende Wohnung allein nutzt) unverzüglich von den anderen Miterben aufzufordern, den Mitbesitz einzuräumen oder aber eine Nutzungsentschädigung zu zahlen.

▶ Kann ein Miterbe für die Verwaltung des Nachlasses eine Vergütung verlangen?

Miterben können – obwohl es häufig von juristischen Laien anders gesehen wird – im Regelfall kein Entgelt für den Zeitaufwand und die Arbeit verlangen, die sie für die Verwaltung des Nachlasses aufwenden.

> **Expertentipp:** Es empfiehlt sich dringend, eine (schriftliche) Vergütungsregelung für den Fall zu treffen, dass einer der Miterben für die Erbengemeinschaft tätig wird, aufwändige Arbeiten zu erledigen hat und sicherstellen möchte, dass seine Tätigkeit angemessen entlohnt wird.

▶ Kann ein Miterbe Nachlassforderungen ohne Mitwirkung der anderen Erben durchsetzen?

Ja; jeder Miterbe ist berechtigt, allein und unabhängig von den anderen eine zum Nachlass gehörende Forderung gegenüber Dritten durchzusetzen, notfalls gerichtlich geltend zu machen und die Zwangsvollstreckung zu betreiben (§ 2039 Abs. 1 S. 1 BGB). Der Nachlassschuldner kann sich von seiner Schuld jedoch nur dadurch befreien, wenn er die (von einem oder mehreren Miterben) geforderte Leistung gegenüber allen Miterben gemeinschaftlich erbringt.

4. Teilung des Nachlasses unter Miterben

▶ **Kann ein Miterbe seinen Anteil am Nachlass verkaufen?**

Jeder Miterbe ist berechtigt, über seinen Anteil am **Nachlass** insgesamt zu verfügen (§ 2033 Abs. 1 BGB). Den anderen Miterben steht dann allerdings ein **Vorkaufsrecht** zu (§§ 2034, 2035 BGB). Dagegen ist es nicht zulässig, dass ein Miterbe über seinen Anteil an einzelnen **Nachlassgegenständen** (etwa seinem Anteil an einem Nachlassgrundstück) verfügt (§ 2033 Abs. 2 BGB). Der einzelne Miterbe hat deshalb nur die Möglichkeit, die Teilung des Nachlasses (sogenannte Auseinandersetzung) zu verlangen (§ 2042 BGB).

▶ **Kann ein Miterbe verlangen, dass ihm sein Anteil an Nachlasseinnahmen ausgezahlt wird?**

Einnahmen, die aus dem Nachlass erzielt werden (wie Miet- oder Zinserträge), sind gemäß § 2038 Abs. 2 S. 2 BGB erst bei der endgültigen Teilung des Nachlasses zu verteilen. Einen **Anspruch auf (Vorschuss-)Zahlung** haben Miterben nur dann, wenn sie dies einstimmig (nicht nur mit Stimmenmehrheit) beschlossen haben. Hat der Erblasser die Teilung des Nachlasses auf längere Zeit als ein Jahr ausgeschlossen, so kann jeder Miterbe zum Jahresende die Teilung des Reinertrages verlangen (§ 2038 Abs. 2 S. 3 BGB). Dies gilt aber nicht, wenn sich die Teilung des Nachlasses lediglich über ein Jahr hinaus verzögert hat – auch wenn diese Verzögerung durch einen Miterben verschuldet wurde.

▶ **Wie wird der Nachlass geteilt?**

Jeder Miterbe kann jederzeit die Auseinandersetzung des Nachlasses verlangen (§ 2042 Abs. 1 BGB). Nicht selten entsteht hierbei Streit unter den Miterben, mit der Folge, dass Familienvermögen sinnlos zerschlagen wird. Der Gesetzgeber sieht eine **reale Teilung** des Nachlasses entsprechend den Erbquoten vor. Einigen sich die Miterben nicht gütlich über die Art und Weise der Auseinandersetzung, so werden die Nachlassgegenstände öffentlich **versteigert.** Der Erlös wird dann zunächst zur Befriedigung von

Nachlassgläubigern verwendet und der Rest an die Miterben entsprechend ihrer Anteile ausgezahlt.

> **Expertentipp:** Falls sich die Miterben nicht darüber einigen können, wie eine Nachlassimmobilie aufgeteilt wird, kann jeder der Erben die sogenannte **Teilungsversteigerung** beantragen. Die Praxis zeigt, dass bei einer Versteigerung im Regelfall ein deutlich niedrigerer Erlös als bei einem freien Verkauf erzielt wird. Da bei einer Versteigerung jeder Erbe selbst oder über eine dritte Person mitbieten kann, ist der Antrag auf Teilungsversteigerung gerade für solvente Miterben ein beliebtes Mittel, an das Grundstück zu kommen. Bei Gericht kann zwar beantragt werden, dass das Zwangsversteigerungsverfahren für die Dauer von sechs Monaten einzustellen ist. Dieser Antrag wird aber nur dann erfolgreich sein, wenn konkrete Pläne für eine bessere Verwertung des Grundstücks vorgelegt werden.

▶ Werden lebzeitige Vorempfänge bei der Nachlassteilung berücksichtigt?

Werden mehrere Abkömmlinge des Erblassers gesetzliche Erben, können sich aus den §§ 2050–2057a BGB bei der Aufteilung des Nachlasses **Ausgleichungspflichten** ergeben. Gleiches gilt für den Fall der gewillkürten Erbfolge, sofern der Erblasser seine Abkömmlinge auf das eingesetzt hat, was sie als gesetzliche Erben erhalten würden (§ 2052 BGB).

▶ Welche Vorempfänge sind auszugleichen?

Das Gesetz unterscheidet vier Arten von Vorempfängen:
- Ausstattungen (§§ 2050 Abs. 1, 1624 Abs. 1 BGB,
- Übermaß an Zuschüssen (§ 2050 Abs. 2 Alt.1 BGB),
- Übermaß an Aufwendungen für die Vorbildung zum Beruf (§ 2050 Abs. 2 Alt. 2 BGB), und
- sonstige Zuwendungen, für die eine Ausgleichungspflicht angeordnet wurde (§ 2050 Abs. 3 BGB).

> **Beispiel: Ausstattungen** sind etwa Zuwendungen anlässlich der Heirat oder die Schenkung eines Bauplatzes zur Errichtung eines Eigenheims. **Zuschüsse** sind solche Leistungen, die zur Unterstützung des Einkommens oder der Berufsausbildung gegeben wurden. Zu-

schüsse sind allerdings nur dann ausgleichungspflichtig, wenn sie das für die Familienverhältnisse übliche Maß überschritten haben. Es muss sich also um eine außerordentliche Leistung des Verstorbenen handeln.

▶ Wann müssen lebzeitige Zuwendungen ausgeglichen werden?

Die Ausgleichungspflicht in Bezug auf **„sonstige Zuwendungen"** im Sinne von § 2050 Abs. 3 BGB setzt voraus, dass der Erblasser dies bei der Zuwendung – zumindest stillschweigend – angeordnet hat.

> **Expertentipp:** Die Ausgleichungsanordnung muss dem Abkömmling spätestens im Zeitpunkt der Zuwendung zur Kenntnis gebracht werden. Er soll dadurch in die Lage versetzt werden, selbst zu entscheiden, ob er die Zuwendung annimmt oder ablehnt. Im Rahmen der Pflichtteilsreform wurde diskutiert, ob es möglich sein soll, dass der Erblasser auch nachträglich im Rahmen einer letztwilligen Verfügung eine Ausgleichung früherer Zuwendungen anordnen kann. Der Gesetzgeber hat aber diese Überlegungen im **Gesetz zur Änderung des Erb- und Verjährungsrechts**, das zum 1.10.2010 in Kraft tritt, nicht umgesetzt. Das Vertrauen des Zuwendungsempfängers darauf, dass nicht nachträglich noch Auswirkungen der Zuwendung auf den späteren Erbteil entstehen, ist nach dem Willen des Gesetzgebers zu schützen.

▶ Wie wird die Ausgleichung durchgeführt?

Die Ausgleichung verschafft keinen Zahlungsanspruch, sondern **verschiebt nur die Teilungsquote** nach § 2047 Abs. 1 BGB. Dazu werden die anrechnungspflichtigen Vorempfänge dem Nachlass hinzugerechnet. Dieser Ausgleichungsnachlass wird dann auf die Abkömmlinge entsprechend der Erbquoten verteilt. Vom Anteil des einzelnen Miterben werden dann die Vorempfänge, die er erhalten hat, abgezogen (§ 2055 BGB).

> **Beispiel:** Der Nachlass des verwitweten Erblassers beläuft sich auf 300 000 Euro. Sohn Alfred hat zur Gründung eines Handwerksbetriebes vom Erblasser 100 000 Euro erhalten; Tochter Beate bekam zur

Hochzeit 50 000 Euro; Sohn Claus ist bisher leer ausgegangen. Da der Erblasser kein Testament hinterlassen hat, werden seine drei Kinder Miterben zu je 1/3. Im Rahmen der Nachlassteilung sind die Vorempfänge wie folgt zu berücksichtigen:

Die beiden Zuwendungen an Alfred und Beate von zusammen 150 000 Euro werden zunächst dem Nachlass von 300 000 Euro hinzugerechnet. Dies ergibt einen Ausgangsnachlass von 450 000 Euro. Hiervon steht rechnerisch jedem Miterben 1/3, also 150 000 Euro zu. Alfred muss sich hiervon seinen Vorempfang von 100 000 Euro abziehen lassen; er kann also nur noch die restlichen 50 000 Euro aus dem Nachlass beanspruchen. Beate stehen nach Abzug des Vorempfangs von 50 000 Euro noch 100 000 Euro aus dem Nachlass zu. Claus, der zu Lebzeiten nichts erhalten hat, muss sich keinen Abzug gefallen lassen und erhält seinen vollen Erbanteil von 150 000 Euro.

> **Expertentipp:** Hat ein Abkömmling durch Vorempfänge mehr erhalten, als ihm nach vorstehender Berechnung zustehen würde, braucht er gemäß § 2056 Satz 1 BGB den **Mehrempfang** nicht in den Nachlass zurückzuzahlen.

▶ Wie wirken sich Pflegeleistungen eines Abkömmlings auf seinen Erbteil aus?

Gem. § 2057a BGB können Abkömmlinge verlangen, dass ihre Leistungen, die sie über einen längeren Zeitraum hinweg im Haushalt des Erblassers erbracht haben, beim Erbfall im Rahmen der Nachlassteilung unter Miterben ausgeglichen werden.

Im Gesetzgebungsverfahren zur **Änderung des Erb- und Verjährungsrechts** wurde diskutiert, ob künftig bei allen gesetzlichen Erben eine Ausgleichung möglich sein soll. Der Gesetzgeber hat diese Überlegung aber nicht umgesetzt, da die Erweiterung des Kreises der Ausgleichsberechtigten zu einer Vielzahl von Folgeproblemen und Abgrenzungsfragen führe. Allerdings benachteiligt das bisherige Tatbestandsmerkmal „unter Verzicht auf berufliches Einkommen" gerade diejenigen Abkömmlinge, die zusätzlich zu ihrer beruflichen Tätigkeit noch die Pflege eines Eltern- oder Großelternteils übernehmen und dadurch doppelt belastet sind. Deshalb ist es nach der Reform, die zum 1.1.2010 in Kraft tritt, nicht mehr erforderlich, dass mit der Pflege ein Verzicht auf berufliches Einkommen verbunden ist.

Nicht umgesetzt hat der Gesetzgeber den Vorschlag, die praktischen Probleme des geltenden Rechts bei der Berechnung der Ausgleichung von Pflegeleistungen durch einen Verweis auf die Pflegesätze des § 36 III SGB XI zu lösen.

> **Expertentipp:** Bei **gewillkürter** Erbfolge, die nicht den gesetzlichen Erbquoten entspricht, besteht keine gesetzliche Ausgleichungspflicht gem. § 2057b BGB. Der Erblasser sollte deshalb in seiner letztwilligen Verfügung anordnen, dass der Pflegende ein Geldvermächtnis abhängig vom Umfang der erbrachten Pflegeleistungen erhält. Durch ein derartiges Vermächtnis können Personen, die nicht zum Kreis der gesetzlichen Erben gehören (z.B. Schwiegerkinder, nichteheliche Lebensgefährten) für erbrachte Pflegeleistungen honoriert werden.

▶ **Kann ein Miterbe verlangen, dass nur einzelne Gegenstände des Nachlasses unter den Miterben aufgeteilt werden?**

Eine derartige Teilauseinandersetzung ist nur dann möglich, wenn alle Miterben damit einverstanden sind.

▶ **Kann eine Erbengemeinschaft eine von den gesetzlichen Teilungsregeln abweichende Lösung durchsetzen?**

Ja; vorausgesetzt, die Miterben beschließen das **einstimmig.** Sind sich alle Miterben einig, so besteht etwa die Möglichkeit, dass einer oder mehrere Erben gegen Abfindungszahlung aus der Erbengemeinschaft ausscheiden. Die Erben können auch vereinbaren, dass eine Person aus ihrem Kreis bestimmte Nachlassgegenstände unter Anrechnung auf ihren Erbteil zu einem bestimmten Wert übernimmt. Häufig sind noch **Ausgleichszahlungen** an die übrigen Erben zu leisten. Wenn der übernommene Nachlassgegenstand mehr wert ist, als dem Miterben nach seiner Erbquote zusteht, ist ein finanzieller Ausgleich dafür recht und billig.

III. Der Miterbe

▶ **Ist das Nachlassgericht für die Teilung des Nachlasses zuständig?**

Die Auseinandersetzung des Nachlasses obliegt ausschließlich der Erbengemeinschaft. Die Miterben können aber gemäß § 86 des Gesetzes über die Angelegenheiten der Freiwilligen Gerichtsbarkeit (FGG) beim Nachlassgericht beantragen, bei der Teilung des geerbten Vermögens zwischen den Beteiligten zu vermitteln. Dieses Verfahren hat keine große praktische Bedeutung.

▶ **Wie kann der Erblasser Streit unter Miterben vermeiden?**

Dem Testierenden stehen verschiedene Gestaltungsmittel zur Verfügung, mit denen das Konfliktpotenzial einer Erbengemeinschaft anlässlich der Nachlassteilung entschärft werden kann.

• **Ausschluss der Auseinandersetzung.** Der Erblasser kann die Auseinandersetzung für den Nachlass insgesamt oder über einzelne Nachlassgegenstände ausschließen (§ 2044 Abs. 1 BGB). Diese Anordnung des Erblassers wird aber spätestens 30 Jahre nach Eintritt des Erbfalls unwirksam (§ 2044 Abs. 2 BGB). Sind sich die Miterben einig, können sie sich gemeinschaftlich über einen Teilungsausschluss des Erblassers hinwegsetzen. Will der Erblasser dies verhindern, muss er eine Testamentsvollstreckung anordnen.

Mustertext „Auseinandersetzungsausschluss"
Die Auseinandersetzung bzgl. des Anwesens Hauptstr. Nr. . . . . in München schließe ich aus, solange einer der beiden Miterben dort Miteigentümer des Anwesens ist und solange einer von ihnen der Auseinandersetzung dieses Anwesens widerspricht.

• **Teilungsanordnungen.** Ein Miterbe kann nicht verlangen, dass nur einzelne Gegenstände des Nachlasses unter den Miterben aufgeteilt werden. Eine derartige Teilauseinandersetzung ist nur dann möglich, wenn alle Miterben damit einverstanden sind. Der Erblasser kann aber im Testament Teilungsanordnungen treffen, d.h. er nimmt – nachdem er zunächst die Erben und deren Erbquoten festgelegt hat – eine gegenständliche Verteilung von Nachlasswerten vor (§ 2048 BGB). Dies führt aber nicht dazu, dass der einzelne Erbe automatisch Alleineigentümer dieser bestimmten Gegenstände wird; die einer Person zuerkannten Gegenstände bleiben vielmehr zunächst beim gemeinschaftlichen Eigentum. Die Teilungsanordnung des Erblassers ist somit erst bei der Auseinandersetzung des Nachlasses von den Miterben beziehungsweise vom Testamentsvollstrecker zu beachten. **Mustertexte** für eine Teilungsanordnung finden sich auf Seite 33.

- **Anordnung einer Testamentsvollstreckung.** Eine Testamentsvollstreckung kann sich für die Verwaltung und Teilung des Nachlasses streitschlichtend auswirken. Als Testamentsvollstrecker sollte der Erblasser nur eine vertrauenswürdige, fachlich kompetente Person auswählen und deren Rechte und Pflichten eindeutig festlegen. **Mustertexte** für eine Testamentsvollstreckung finden sich auf Seite 48.

- **Anordnung eines Schiedsverfahren.** Um Streitigkeiten über die Nachlassauseinandersetzung schon im Ansatz zu ersticken, kann der Erblasser auch ein Schiedsverfahren anordnen. Ein solches Verfahren ist im Vergleich zu Prozessen vor staatlichen Gerichten meist deutlich schneller beendet. Oft haben Schiedssprüche auch eine höhere Akzeptanz als gerichtliche Urteile.

Mustertext „Schiedsklausel Nachlassteilung"
Können sich die Miterben bis vier Monate nach meinem Tod nicht einvernehmlich über die Nachlassauseinandersetzung einigen, ist das Schiedsgericht des Netzwerks Deutscher Erbrechtsexperten e.V., Berlin (www.NDEEX.de) anzurufen. Dem Schiedsspruch des Schiedsrichters haben sich alle Miterben zu unterwerfen. Sollte ein Miterbe dies – egal zu welchem Zeitpunkt – ablehnen, verliert er seine Miterbenstellung. Sein Miterbenanteil fällt dann – entgegen einer eventuellen anders lautenden gesetzlichen Auslegungsregel oder Bestimmung – dem anderen Miterben zu.

IV. Der Pflichtteilsberechtigte

1. Der Pflichtteilsanspruch

▶ **Was ist der Pflichtteil?**

- Der Pflichtteil sichert den nahen Angehörigen des Verstorbenen eine finanzielle Mindestbeteiligung am Nachlass für den Fall, dass

der Erblasser sie durch Verfügung von Todes wegen von der gesetzlichen Erbfolge ausgeschlossen hat.
- Der Pflichtteil besteht in der **Hälfte des Wertes des gesetzlichen Erbteils** (§ 2303 Abs. 1 S. 2 BGB). Im Gegensatz zum (gesetzlichen oder testamentarischen) Erbteil wird der Pflichtteil aber nur in Form von Geld beglichen. Der Pflichtteilsberechtigte kann also nicht verlangen, dass er bestimmte Nachlassgegenstände erhält. Umgekehrt können auch die Erben nicht fordern, dass ein Pflichtteilsberechtigter anstelle von Geld einen Gegenstand aus dem Nachlass übernimmt.
- Das Gesetz unterscheidet zwei Arten des Pflichtteilsanspruchs: Zum einen den sog. ordentlichen **Pflichtteilsanspruch** (§§ 2303, 2305 BGB), der aus dem Wert des zum Zeitpunkt des Erbfalls vorhandenen Nachlass berechnet wird. Zum anderen den sog. **Pflichtteilsergänzungsanspruch,** der aus bestimmten Schenkungen des Erblassers (§ 2025 BGB) ermittelt wird.
- Der Pflichtteilsanspruch richtet sich vorrangig gegen den **Erben** (nicht also gegen einen Vermächtnisnehmer); bei Schenkungen kann ausnahmsweise auch der Beschenkte haftbar sein.

▶ **Welche Änderungen bringt die Pflichtteilsreform?**

Das vom Bundestag beschlossene Gesetz zur Änderung des Erb- und Verjährungsrechts tritt zum 1.1.2010 in Kraft. Die Reform modernisiert das Pflichtteilsrecht und vereinheitlicht die Verjährung erbrechtlicher Ansprüche. Die Auswirkungen werden nachfolgend jeweils erörtert.

a) Das Pflichtteilsrecht

▶ **Unter welcher Voraussetzung entsteht der Anspruch auf einen Pflichtteil?**

- Ein Pflichtteilsanspruch setzt voraus, dass einer oder mehrere in § 2303 BGB genannte Angehörige durch Testament oder Erbvertrag von der gesetzlichen Erbfolge ausgeschlossen worden sind.
- In Ausnahmefällen besteht ein Pflichtteilsanspruch auch dann, wenn der Erbteil ausgeschlagen wird oder der Pflichtteilsberech-

tigte weniger bekommt als das gesetzlich vorgesehene Minimum (siehe dazu Seite 151).
- Der Pflichtteilsanspruch entsteht nicht schon mit der Errichtung einer letztwilligen Verfügung, sondern erst mit dem Tod des Erblassers (siehe § 2317 Abs. 1 BGB).

▶ Wer ist pflichtteilsberechtigt?

Pflichtteilsberechtigt sind gemäß § 2303 BGB nur
- die Nachkommen des Erblassers (Kinder, Enkel, Urenkel),
- seine Eltern und
- sein Ehegatte.
- Die Eltern sind nur dann pflichtteilsberechtigt, wenn der Erblasser kinderlos verstirbt. Enkelkinder des Erblassers sind ausnahmsweise dann pflichtteilsberechtigt, wenn der Elternteil, der vom Erblasser abstammt, vorverstorben ist.

> **Expertentipp:** Geschiedene Ehegatten, Partner ohne Trauschein und Geschwister des Erblassers haben kein Pflichtteilsrecht.

▶ Sind auch nichteheliche Kinder des Verstorbenen pflichtteilsberechtigt?

- Ja; nichteheliche Kinder, die nach dem 1. 7. 1949 geboren sind, sind im gleichen Umfang pflichtteilsberechtigt wie die ehelichen Kinder. Voraussetzung ist aber, dass die Vaterschaft des Verstorbenen feststeht.
- Nichteheliche Kinder, die vor dem 1. 7. 1949 geboren sind, sind grundsätzlich nur am Nachlass ihrer Mutter pflichtteilsberechtigt. Etwas anderes gilt dann, wenn der Vater des Kindes am 3. 10. 1990 seinen gewöhnlichen Aufenthalt in der DDR hatte; dann ist das vor dem 1. 7. 1949 geborene nichteheliche Kind auch am Nachlass des Vaters berechtigt.

▶ Wann kann der Pflichtteil entzogen werden?

Der Erblasser kann bisher nur unter den sehr engen Voraussetzungen der §§ 2333 bis 2335 BGB durch letztwillige Verfügung eine Pflichtteilsentziehung anordnen (z. B. bei einem Verbrechen oder einem schweren vorsätzlichen Vergehen gegen den Erblasser oder dessen Ehegatten). Die Regelung der Pflichtteilsentziehungsgründe in den §§ 2333 ff. BGB ist unsystematisch und nicht mehr zeitgemäß. Die **Pflichtteilsreform,** die zum 1.1.2010 in Kraft tritt, sieht deshalb zunächst eine einheitliche Regelung für alle Pflichtteilsberechtigten vor. Der Entziehungsgrund des ehrlosen und unsittlichen Lebenswandels wird gestrichen. Eine vorsätzlich begangene Straftat des Pflichtteilsberechtigten, die zu einer Freiheitsstrafe von mindestens einem Jahr ohne Bewährung geführt hat, stellt zukünftig einen Entziehungsgrund dar, wenn eine Teilhabe am Nachlass dem Erblasser gegenüber unzumutbar wäre.

▶ **Wie kann es zum Verlust des Pflichtteilsanspruches kommen?**

Der Pflichtteilsanspruch geht insbesondere verloren,
- falls der Berechtigte auf seinen Pflicht- oder Erbteil notariell verzichtet hat (§ 2348 BGB),
- falls der Pflichtteilsberechtigte nach dem Erbfall im Rahmen einer Anfechtungsklage für erbunwürdig erklärt wurde (§ 2339 BGB),
- falls der Erblasser in einer letztwilligen Verfügung den Pflichtteil entzogen hat (§ 2333 – § 2337 BGB),
- und im Regelfall bei Ausschlagung der Erbschaft.

▶ **Kann zwischen Erbteil und Pflichtteil frei gewählt werden?**

Die **Ausschlagung der Erbschaft** führt in der Regel zum Verlust des Pflichtteilsrechts. Hiervon gibt es aber zwei Ausnahmen:
- Ein in einem Testament oder Erbvertrag bedachter Erbe kann unter Umständen den Pflichtteilsanspruch auch dadurch herstellen, dass er die Erbschaft ausschlägt und den Pflichtteil verlangt (§ 2306 BGB). Dies kann für ihn von Vorteil sein, wenn er bestimmte Anordnungen und Einschränkungen, die der Erblasser verfügt hat – etwa eine Testamentsvollstreckung nicht gegen sich gelten lassen möchte.

Die bisherige Fassung des § 2306 Abs. 1 BGB stellte eine für den pflichtteilsberechtigten Erben sehr komplizierte und in der Praxis oft schwer handhabbare Regelung dar: War der dem

Pflichtteilsberechtigten hinterlassene Erbteil mit Beschränkungen oder Beschwerungen belastet, musste er innerhalb der kurzen Ausschlagungsfrist von sechs Wochen ermitteln, ob der ihm hinterlassene Erbteil kleiner bzw. gleich groß (oder größer) als sein Pflichtteil ist. Nur in letzterem Fall konnte er ausschlagen und seinen vollen Pflichtteil fordern.

Die **Pflichtteilsreform,** die zum 1.1.2010 in Kraft tritt, sieht vor, dass der beschränkte oder belastete Erbe – unabhängig von der Höhe seines Erbteils – ein Wahlrecht hat: Er kann entweder den Erbteil mit allen Belastungen und Beschwerungen annehmen oder den Erbteil ausschlagen und dennoch den Pflichtteil verlangen.

• Eine Besonderheit besteht für den überlebenden Ehegatten, wenn die Eheleute in Zugewinngemeinschaft gelebt haben: Der überlebende Ehegatte kann das, was ihm der verstorbene Ehepartner durch Testament oder Erbvertrag zugewendet hat, gemäß **§ 1371 Abs. 3 BGB** ausschlagen und dann ehelichen Zugewinnausgleich und den Pflichtteil verlangen.

▶ **Kann zwischen Pflichtteil und Vermächtnis gewählt werden?**

• Gehört der Vermächtnisnehmer zum Kreis der Pflichtteilsberechtigten (§ 2303 BGB), so kann er das Vermächtnis ausschlagen und seinen Pflichtteil gemäß § 2307 Abs. 1 S. 1 BGB verlangen. Schlägt er nicht aus, muss er sich den Wert des Vermächtnisses auf seinen Pflichtteilsanspruch anrechnen lassen (§ 2307 Abs. 1 S. 2 BGB).

• Möchte nun der Erbe Klarheit darüber schaffen, ob er den Vermächtnisgegenstand aus dem Nachlass heraus an den Vermächtnisnehmer zu leisten hat oder ihn endgültig behalten darf, kann gemäß § 2307 Abs. 2 S. 1 BGB dem Bedachten eine Frist zur Erklärung über die Annahme des Vermächtnisses setzen. Mit Ablauf der Frist gilt dann das Vermächtnis als ausgeschlagen. Diese Möglichkeit der Fristsetzung hat der Beschwerte nur, wenn es sich beim Vermächtnisnehmer um eine pflichtteilsberechtigte Person im Sinne des § 2303 BGB handelt.

b) Der Pflichtteilsschuldner

▶ Wer schuldet den Pflichtteilsanspruch?

Der Pflichtteilsanspruch (§ 2303 Abs. 1 BGB) richtet sich gegen den Erben. Miterben schulden den Pflichtteil als Gesamtschuldner (§§ 421 ff. BGB). Es steht damit im Belieben des Pflichtteilsberechtigten, von jedem Miterben den Pflichtteil zu 100 % oder nur zum Teil zu verlangen. Unter den Miterben regelt sich dann der Ausgleich nach dem Verhältnis ihrer Erbteile. Gegen den Vermächtnisnehmer oder den Testamentsvollstrecker kann der Pflichtteilsanspruch nicht geltend gemacht werden.

▶ Wer schuldet den Pflichtteilsergänzungsanspruch?

Schuldner des Pflichtteilsergänzungsanspruches (§ 2325 BGB; ausführlich dazu Seite 162) sind zunächst die Erben. Vom Beschenkten kann der Pflichtteilsberechtigte die Herausgabe des Geschenkes nach § 2329 BGB nur dann verlangen, wenn der Erbe selbst zur Ergänzung des Pflichtteiles nicht verpflichtet ist, etwa weil kein ausreichender oder nur ein verschuldeter Nachlass vorhanden ist.

▶ Können Pflichtteilsansprüche gegen einen Testamentsvollstrecker geltend gemacht werden?

Ist ein Testamentsvollstrecker zur Nachlassabwicklung bzw. -verwaltung berufen, besteht bei Pflichtteilsberechtigten oft die Fehlvorstellung, dass dieser auch für die „Regulierung" von Pflichtteilsansprüchen zuständig ist. Dem steht § 2213 Abs. 1 S. 3 BGB entgegen. Nach dieser Norm ist ein Pflichtteilsanspruch nur gegenüber den Erben geltend zu machen, auch wenn dem Testamentsvollstrecker die Verwaltung des ganzen Nachlasses zusteht. Der Gesetzgeber wollte nicht, dass über Pflichtteilsansprüche entschieden wird, ohne dass der betroffene Erbe mitwirkt. Der Pflichtteilsberechtigte muss zur gerichtlichen Durchsetzung seines Zahlungsanspruchs gemäß §§ 2303, 2317 Abs. 1 BGB sowohl den Erben als auch den Testamentsvollstrecker verklagen, da er neben einem Leistungsurteil gegen den Erben auch einen Duldungstitel gegen den Testamentsvollstrecker benötigt (§ 748 Abs. 3 ZPO). Beide Verfahren können, müssen aber nicht zwingend miteinander verbunden werden. Eine Rechtskrafterstreckung findet zwischen den Verfahren nicht statt.

c) Die Pflichtteilsquote

▶ **Wie hoch ist die Pflichtteilsquote enterbter Kinder?**

Enterbte Abkömmlinge können bei einem zum Zeitpunkt des Erbfalls nicht verheirateten (also ledigen, verwitweten oder geschiedenen) Erblasser als Pflichtteilsquote die Hälfte des gesetzlichen Erbteils aus dem Nachlass beanspruchen (siehe Seite 198).

> **Beispiel:** Bei einem ledigen Erblasser mit drei Kindern steht jedem enterbten Kind eine Pflichtteilsquote von ¹/₆ zu.

Zu beachten ist dabei, dass entferntere Abkömmlinge (z. B. Enkelkinder) so lange nicht pflichtteilsberechtigt sind, wie nähere Abkömmlinge (z. B. Kinder) vorhanden sind.

▶ **Wie hoch ist die Pflichtteilsquote eines enterbten Ehegatten?**

Die Pflichtteilsquote eines enterbten Ehegatten ist abhängig vom ehelichen Güterstand (Zugewinngemeinschaft, Gütertrennung oder Gütergemeinschaft) und den beim Erbfall vorhandenen Verwandten (Kinder, Eltern, Geschwister) des Erblassers.

▶ **Wie hoch ist die Pflichtteilsquote bei Zugewinngemeinschaft?**

● Die Pflichtteilsquote des **völlig enterbten** Ehegatten, also desjenigen, der weder einen (kleineren) Erbteil noch ein Vermächtnis erhält, bestimmt sich im gesetzlichen Güterstand, also bei der Zugewinngemeinschaft gemäß § 1371 III BGB nach dem nicht erhöhten gesetzlichen Erbteil (zum gesetzlichen Erbteil siehe Seite 7). Dieser sogenannte „kleine" Pflichtteil beträgt

neben Erben der 1. Ordnung	$1/8$,
neben Erben der 2. Ordnung	$1/4$,
neben sonstigen Verwandten	$1/2$.

Daneben kann der enterbte Ehegatte gemäß § 1371 II BGB den nach §§ 1372 bis 1390 BGB berechneten Zugewinnausgleich geltend machen, falls der Erblasser einen höheren Zugewinn erzielt hat als der überlebende Ehegatte. Dieser Zugewinnausgleichsanspruch (§ 1378 BGB) ist eine Nachlassverbindlichkeit und deshalb vor Berechnung des Pflichtteilsanspruchs vom Nachlasswert in Abzug zu bringen.

• Ist der überlebende Ehegatte **nicht völlig enterbt,** sondern hat er einen Erbteil und/oder ein Vermächtnis erhalten, steht ihm der sogenannte „große" Pflichtteil zu, der gemäß § 1371 I BGB aus dem um $1/4$ erhöhten gesetzlichen Erbteil ermittelt wird (§ 2303 II 2 BGB). Diese „große" Pflichtteilsquote beträgt

neben Erben der 1. Ordnung	$1/4$,
neben Erben der 2. Ordnung	$3/8$,
neben sonstigen Verwandten	$1/2$.

▶ **Kann der enterbte Ehegatte zwischen „kleinem" und „großem" Pflichtteil wählen?**

Nein. Der überlebende Ehegatte hat weder ein Wahlrecht zwischen großem und kleinem Pflichtteil noch kann er einen Zugewinnausgleich fordern. Gemäß § 1371 Abs. 3 BGB stehen ihm nur folgende Handlungsalternativen zu:

• Er kann den ihm zugewandten Erbteil und das ihm zugedachte Vermächtnis annehmen (siehe dazu Seite 156).

• Er schlägt den Erbteil und das Vermächtnis aus (siehe dazu Seite 156).

• Er schlägt den Erbteil aus und nimmt das Vermächtnis an (siehe dazu Seite 156).

C. Rechte und Pflichten nach dem Erbfall

▶ **Wie hoch ist die Pflichtteilsquote, wenn er den Erbteil und das Vermächtnis annimmt?**

Der überlebende Ehegatte kann sowohl den testamentarischen Erbteil als auch ein etwaiges daneben angeordnetes Vermächtnis annehmen. Sollte der Erbteil geringer als die „große" Pflichtteilsquote sein, kann er gemäß § 2305 BGB als **Pflichtteilsrestanspruch** die Aufstockung bis zum Wert des Pflichtteils verlangen. Den Wert eines etwaigen Vermächtnisses muss er sich gemäß § 2307 I 2 BGB auf seinen Pflichtteil anrechnen lassen.

▶ **Wie hoch ist die Pflichtteilsquote, wenn er den Erbteil und das Vermächtnis ausschlägt?**

Schlägt der überlebende Ehegatte sowohl den testamentarischen Erbteil als auch ein etwaiges daneben angeordnetes Vermächtnis aus, kann er gemäß § 1371 III BGB – wie im Falle einer Enterbung – neben dem „kleinen" Pflichtteil einen Zugewinnausgleichsanspruch geltend machen. Dieses Ausschlagungsrecht steht dem überlebenden Ehegatten auch bei gesetzlicher Erbfolge zu.

> **Expertentipp:** Die Ausschlagung eines Erbteils muss vom überlebenden Ehegatten binnen einer Ausschlagungsfrist von nur sechs Wochen gegenüber dem Nachlassgericht erklärt werden (§§ 1944, 1945 BGB). Der überlebende Ehegatte hat also nach Eintritt des Erbfalls nur sehr wenig Zeit, zu prüfen, welche Handlungsalternative (Ausschlagung oder Annahme des Erbteils) er wählt. Er kann hierzu auf die Beratung durch einen Fachanwalt für Erbrecht keinesfalls verzichten, da nicht nur die Berechnung der Pflichtteilsquoten, sondern auch die Ermittlung des Zugewinnausgleichsanspruchs rechtlich äußerst kompliziert ist und einen gewissen Zeitaufwand erfordert.

▶ **Wie hoch ist die Pflichtteilsquote, wenn er den Erbteil ausschlägt und das Vermächtnis annimmt?**

Schlägt der überlebende Ehegatte zwar den testamentarischen Erbteil aus, nimmt aber ein daneben angeordnetes Vermächtnis an, kann er – wenn der Wert des Vermächtnisses den Wert des Pflichtteils nicht erreicht – neben dem Vermächtnis einen **Pflicht-**

teilsrestanspruch gemäß § 2307 I 2 BGB geltend machen, für dessen Berechnung die „große" Pflichtteilsquote maßgeblich ist.

Beispiel: Der verwitwete Herr Meier hinterlässt einen Sohn und eine Tochter. Sein Nachlass besteht im Wesentlichen aus einem Einfamilienhaus im Wert von 750 000 Euro und einer Eigentumswohnung im Wert von 250 000 Euro. In seinem Testament hat Herr Meier das Haus seiner Tochter und die Eigentumswohnung seinem Sohn vermacht.

Bei einem Gesamtnachlass von 1 Mio. Euro würde der gesetzliche Erbteil (also wenn Herr Maier nicht testiert hätte) für jedes der beiden Kinder 500 000 Euro betragen. Der Pflichtteil für jedes Kind beträgt die Hälfte hiervon, also 250 000 Euro. Obwohl der Sohn gegenüber der Tochter im Testament deutlich zurückgesetzt ist, kann er keine weiteren Ansprüche geltend machen, da der Wert der Eigentumswohnung genau dem Wert seines Pflichtteils entspricht.

Alternative: Hätte das Einfamilienhaus einen Wert von 800 000 Euro und die Eigentumswohnung einen Wert von 200 000 Euro, so könnte der Sohn neben der Eigentumswohnung als „Aufstockung" einen Pflichtteilsrestanspruch von 50 000 Euro fordern (§ 2305 BGB).

▶ **Wie hoch ist die Pflichtteilsquote des enterbten Ehegatten bei Gütergemeinschaft?**

Bei der Gütergemeinschaft beträgt die Pflichtteilsquote des enterbten Ehegatten (wie beim „kleinen" Pflichtteil in der Zugewinngemeinschaft)

neben Erben der 1. Ordnung	$1/8$,
neben Erben der 2. Ordnung	$1/4$,
neben sonstigen Verwandten	$1/2$.

Zu beachten ist dabei, dass dem längerlebenden Ehegatten neben seinem Erbteil der ihm bereits vor dem Erbfall zustehende Anteil am Gesamtgut (§ 1416 BGB) verbleibt.

▶ **Wie hoch ist die Pflichtteilsquote des enterbten Ehegatten bei Gütertrennung?**

Im Güterstand der Gütertrennung ist nach § 1931 IV BGB der überlebende Ehegatte neben einem oder zwei Kindern zu gleichen

Teilen gesetzlicher Erbe, ansonsten zu ¹/₄. Sein Pflichtteilsanspruch beträgt somit

bei einem Kind	¹/₄,
bei zwei Kindern	¹/₆,
bei drei oder mehr Kindern	¹/₈.

Eine etwaige Ausschlagung des Erbteils führt bei beiden Güterständen – anders als bei der Zugewinngemeinschaft – zum völligen Verlust des Pflichtteilsrechts, es sei denn, sie erfolgt im Rahmen des § 2306 BGB (siehe dazu Seite 151).

▶ **Wie hoch ist die Pflichtteilsquote von enterbten Eltern des Erblassers?**

- Zu beachten ist, dass Eltern des Erblassers nur dann pflichtteilsberechtigt sind, wenn keine Abkömmlinge des Erblassers vorhanden sind.
- Verstirbt der kinderlose Erblasser ledig und leben seine beiden Eltern noch, würde die gesetzliche Erbquote des Vaters und der Mutter je ¹/₂ und damit die Pflichtteilsquote im Falle der Enterbung je ¹/₄ betragen.
- Lebte der kinderlose Erblasser im Erbfall im Güterstand der Zugewinngemeinschaft, würde die gesetzliche Erbquote der Witwe gem. § 1931 Abs. 1, Abs. 3 betragen. Das vierte Viertel entfällt hälftig auf die beiden Eltern, beträgt also jeweils ¹/₈. Die Pflichtteilsquote hieraus ist damit ¹/₁₆ für jeden Elternteil.
- Lebte der kinderlose Erblasser dagegen im Güterstand der Gütertrennung oder der Gütergemeinschaft, erhalten seine beiden längerlebenden Eltern einen Pflichtteil von je ¹/₈.
- Ist ein Elternteil vorverstorben, verdoppelt sich dadurch die Pflichtteilsquote des längerlebenden Elternteils.

d) Der pflichtteilsrelevante Nachlass

▶ **Zu welchem Stichtag ist der Nachlass zu bewerten?**

Die Höhe des Pflichtteilsanspruchs richtet sich nach dem Bestand und dem Wert des Nachlasses zum Zeitpunkt des Erbfalles.

IV. Der Pflichtteilsberechtigte

Nachträgliche Wertsteigerungen oder -minderungen bleiben gemäß § 2311 Abs. 1 BGB außer Betracht.

▶ **Was zählt bei der Pflichtteilsberechnung zum Aktivnachlass?**

Die Höhe des Pflichtteilsanspruchs ist abhängig davon, wie hoch der Nachlass ist. Für diese Berechnung müssen zunächst alle Vermögenswerte, die zum Nachlass gehören, bewertet werden (§ 2311 Abs. 2 S. 2 BGB).

- **Immobilien:** Grundstücke werden mit dem **Verkehrswert** angesetzt (also mit dem auf dem freien Markt erzielbaren Geldwert). Der steuerliche Wert ist ohne Bedeutung für die Pflichtteilsberechnung.

– Für das selbst genutzte Einfamilienhaus oder die selbst genutzte Eigentumswohnung wird für die Wertermittlung nach dem **Sachwertverfahren** vorgegangen, das sich an den Herstellungskosten orientiert. Es muss also gefragt werden, was es heute kosten würde, dieses Haus oder diese Wohnung zu bauen. Danach ist dann das Alter des Hauses oder der Eigentumswohnung wertmindernd zu berücksichtigen.

– Ein Mietshaus, das als Vermögensanlage zum Nachlass gehört, wird nach dem **Ertragswertverfahren** bewertet, das auf die erzielte Rendite (die eingehenden Mieten) abstellt.

– Bei unbebauten Grundstücken wird der Wert durch Vergleich der Kaufpreise für benachbarte Grundstücke ermittelt **(Bodenrichtwert).**

> **Expertentipp:** Häufig wird es notwendig sein, den Wert der Nachlassimmobilien durch Schätzung zu ermitteln. Dafür werden in aller Regel Sachverständigengutachten eingeholt, die in ihren Ergebnissen durchaus unterschiedlich ausfallen können. Die Kosten hierfür fallen zwar dem Nachlass zur Last (§ 2314 Abs. 2 BGB), mindern aber als Nachlassverbindlichkeiten den Nachlasswert. So trägt der Pflichtteilsberechtigte die Sachverständigenkosten letztlich entsprechend seiner Erbquote mit.

- **Wertpapiere:** Diese werden mit dem Kurswert am Todestag des Erblassers angesetzt.

C. Rechte und Pflichten nach dem Erbfall

- **Gesellschaftsanteile:** Diese sind grundsätzlich, soweit der Gesellschaftsvertrag nichts anderes vorsieht, mit ihrem vollen tatsächlichen Wert zu berücksichtigen, also mit dem Wert, den ein Außenstehender normalerweise als Kaufpreis zahlen würde.
- **Handelsgeschäft oder Praxis:** Gehört ein Handelsgeschäft oder eine Praxis zum Nachlass, so ist der innere Wert, der sogenannte „good-will" maßgebend.
- **Lebensversicherungen:** Diese sind nur dann dem Nachlass zuzurechnen, wenn der oder die Verstorbene selbst bezugsberechtigt war. Sie gehören dann nicht in den Nachlass, wenn der Versicherte einen Dritten als Bezugsberechtigten benannt hat. Dann steht die Versicherungssumme demjenigen zu, der im Versicherungsvertrag eingetragen ist. Möglicherweise können aber Pflichtteilsergänzungsansprüche bestehen (vgl. dazu Seite 162).

▶ **Welche Verbindlichkeiten sind bei der Berechnung des Pflichtteils vom Nachlasswert abzuziehen?**

Vom Aktivnachlass sind für die Berechnung des Pflichtteils sämtliche Schulden des Verstorbenen sowie die Kosten, die anlässlich des Erbfalls entstehen, in Abzug zu bringen. Nicht abzugsfähig sind dagegen Pflichtteils- und Vermächtnisansprüche, Kosten der Testamentseröffnung, Kosten des Erbscheins, Grabpflegekosten, die Kosten der Erbschaftsteuererklärung sowie die Erbschaftsteuer.

▶ **Kann der Erbe ein Vermächtnis vom pflichtteilsrelevanten Nachlass in Abzug bringen?**

Ein Vermächtnis muss der Erbe grundsätzlich bis zur völligen Ausschöpfung des Nachlasses erfüllen. Hierbei ist zu beachten, dass bei der Berechnung des pflichtteilsrelevanten Nachlasses das Vermächtnis nicht vom Nachlasswert abgezogen werden darf. Über § 2318 Abs. 1 BGB kann es zu einer Kürzung des Vermächtnisses kommen.

Beispiel: Witwer W hat sein einziges Kind K enterbt und seine Lebensgefährtin L als Alleinerbin eingesetzt. Freund F soll ein Geldvermächtnis von 10 000 Euro erhalten. Erblasser W hinterlässt einen Nachlass im Wert von 30 000 Euro.

IV. Der Pflichtteilsberechtigte

Das enterbte Kind K kann gemäß § 2303 BGB von der Alleinerbin L einen Pflichtteil von 15 000 Euro (= Pflichtteilsquote $1/2$ aus 30 000 Euro) fordern. § 2318 Abs. 1 BGB schafft hierfür einen gewissen Ausgleich: Die Pflichtteilsforderung von K (= 15 000 Euro) muss im Innenverhältnis zwischen der Alleinerbin L (der nach Vermächtniserfüllung vom Nachlass noch 20 000 Euro verbleiben) und dem Vermächtnisnehmer F (der 10 000 Euro erhält) im Verhältnis von 20 000 zu 10 000 (= zwei zu eins) getragen werden. Vermächtnisnehmer F muss somit ein Drittel der Pflichtteilsforderung von K, also 5000 Euro, im Innenverhältnis übernehmen. Alleinerbin L kann deshalb den Vermächtnisanspruch von F um diesen Betrag kürzen, so dass dieser statt 10 000 Euro nur 5000 Euro erhält.

Im Ergebnis wird der Nachlass unter den dreien also wie folgt aufgeteilt: Das enterbte Kind K erhält einen ungekürzten Pflichtteil von 15 000 Euro. Der Vermächtnisnehmer F erhält ein gemäß § 2318 Abs. 1 BGB gekürztes Vermächtnis von 5000 Euro. Der Alleinerbin L verbleibt nach Erfüllung dieser Ansprüche ein Restnachlass von 10 000 Euro.

> **Werden Rechte und Verbindlichkeiten, die ungewiss oder unsicher sind, bei der Pflichtteilsberechnung berücksichtigt?**

Bei der Feststellung des Wertes des Nachlasses werden aufschiebend bedingte oder ungewisse, unsichere Rechte und Verbindlichkeiten zunächst nicht in Ansatz gebracht (§ 2313 BGB). Tritt die Bedingung später doch ein, hat eine Nachberechnung des Pflichtteilsergänzungsanspruches zu erfolgen (§ 2313 Abs. 1 S. 2 BGB).

Beispiel: Der Erblasser hinterlässt ein Vermögen von Euro 500 000 und hat für seinen Sohn eine Bürgschaft von Euro 100 000 übernommen. Ob und in welcher Höhe die kreditgebende Bank diese Bürgschaft in Anspruch nehmen wird ist zum Zeitpunkt des Erbfalls noch völlig offen. Diese Bürgschaft ist deshalb eine zweifelhafte Verbindlichkeit gem. § 2313 BGB. Im Rahmen einer Pflichtteilsberechnung würde diese Verbindlichkeit deshalb nicht in Abzug gebracht werden. Wird der Erbe des verstorbenen Erblassers später doch ganz oder teilweise aus der Bürgschaft in Anspruch genommen, muss der Pflichtteil gem. § 2313 Abs. 1 S. 3 BGB nachberechnet und vom Pflichtteilsberechtigten ausgeglichen werden.

2. Der Pflichtteilsergänzungsanspruch

a) Pflichtteil bei Schenkungen des Erblassers

▶ **Kann der Erblasser den Pflichtteilsanspruch durch Schenkungen reduzieren?**

In der Regel nein: Der Gesetzgeber hat zum Schutz des Pflichtteilsberechtigten angeordnet, dass bestimmte Schenkungen vor dem Tod des Erblassers bei der Pflichtteilsberechnung im Rahmen eines sogenannten Pflichtteilsergänzungsanspruchs (§ 2325 BGB) zu berücksichtigen sind. Hierdurch soll verhindert werden, dass der Erblasser zu Lebzeiten kleinere oder größere Teile seines Vermögens verschenkt, dadurch den pflichtteilsrelevanten Nachlass reduziert und so den Pflichtteil entwertet.

▶ **Können auch gesetzliche Erben einen Pflichtteilsergänzungsanspruch geltend machen?**

Grundsätzlich ja: Der Pflichtteilsergänzungsanspruch steht nicht nur demjenigen zu, der durch Verfügung von Todes wegen enterbt ist; vielmehr sind auch die gesetzlichen Erben pflichtteilsergänzungsberechtigt (vgl. § 2326 BGB).

▶ **Unterliegen gemischte Schenkungen der Pflichtteilsergänzung?**

Gemischte Schenkungen, also Zuwendungen des Erblassers, für die er vom Beschenkten Gegenleistungen erhält, sind nur in Höhe des unentgeltlichen Anteils der Pflichtteilsergänzung unterworfen.

> **Expertentipp:** Wer verhindern möchte, dass eine Schenkung nach seinem Tod zu Pflichtteilsergänzungsansprüchen führt, ist gut beraten, nichts zu schenken, sondern ein Rechtsgeschäft mit Leistung und Gegenleistung abzuschließen.

IV. Der Pflichtteilsberechtigte

▶ **Bei welchen Zuwendungen besteht kein Pflichtteilsergänzungsanspruch?**

Pflicht- und Anstandsschenkungen i.S.d. § 2330 BGB begründen keinen Pflichtteilsergänzungsanspruch. Zu den Anstandsschenkungen zählen kleinere Zuwendungen zu bestimmten Anlässen (Geburtstag, Weihnachten, Hochzeit). Pflichtschenkungen können dagegen auch einen erheblichen Wert haben, müssen aber sittlich geboten sein.

> **Beispiel:** So können Zuwendungen zur Versorgung eines nichtehelichen Lebenspartners oder für unbezahlte langjährige Dienste im Haushalt oder für Pflege und Versorgung eine Pflichtschenkung sein. Zuwendungen an den Ehegatten können der Pflichtteilsergänzung dann nicht unterliegen, wenn sie der Unterhalts- oder Alterssicherung dienten oder eine Vergütung für langjährige Dienste des Ehepartners darstellen sollten.

b) Zeitliche Begrenzung der ergänzungspflichtigen Schenkungen

▶ **Welche Schenkungen sind für den Pflichtteilsergänzungsanspruch relevant?**

Für die Berechnung des Pflichtteils ist grundsätzlich der Bestand des Nachlasses zum Zeitpunkt des Erbfalls maßgeblich (§ 2311 Abs. 1 S. 1 BGB). Hat der Erblasser durch lebzeitige Schenkungen diesen Nachlassbestand reduziert, kann dem Pflichtteilsberechtigten ein sogenannter Pflichtteilsergänzungsanspruch (§ 2325 BGB) zustehen.

Gem. § 2325 Abs. 3 BGB bleiben Schenkungen beim Pflichtteilsergänzungsanspruch unberücksichtigt, wenn zur Zeit des Erbfalls zehn Jahre seit der Leistung des verschenkten Gegenstandes verstrichen sind. Dieses „Alles-oder-Nichts"-Prinzip führt allerdings zu willkürlichen Ergebnissen: Erfolgt die Schenkung z. B. zehn Jahre und ein Monat vor dem Erbfall, ist sie pflichtteilsergänzungsfest, d. h. dem Pflichtteilsberechtigten steht hieraus kein Anspruch zu. Erfolgt die Schenkung stattdessen neun Jahre und 11 Monate vor dem Erbfall, ist der volle Betrag der Schenkung entsprechend der Quote des Pflichtteilsberechtigten in Ansatz zu bringen.

C. Rechte und Pflichten nach dem Erbfall

> **Expertentipp:** Die **Pflichtteilsreform**, die zum 1.1.2010 in Kraft tritt, sieht eine gleitende „Pro-Rata"-Lösung vor: Die Schenkung soll nur noch im ersten Jahr vor dem Erbfall mit 100 % berücksichtigt werden. Für jedes weitere Jahr vor dem Erbfall wird der Wertansatz um $1/10$ reduziert.
>
> **Abschmelzung der Pflichtteilsergänzung nach der Pflichtteilsreform**
>
> | Leistung des Schenkungsgegenstandes erfolgt ... | Berücksichtigung des Schenkungswertes mit ... |
> |---|---|
> | im 1. Jahr vor dem Erbfall | 100 % |
> | im 2. Jahr vor dem Erbfall | 90 % |
> | im 3. Jahr vor dem Erbfall | 80 % |
> | im 4. Jahr vor dem Erbfall | 70 % |
> | im 5. Jahr vor dem Erbfall | 60 % |
> | im 6. Jahr vor dem Erbfall | 50 % |
> | im 7. Jahr vor dem Erbfall | 40 % |
> | im 8. Jahr vor dem Erbfall | 30 % |
> | im 9. Jahr vor dem Erbfall | 20 % |
> | im 10. Jahr vor dem Erbfall | 10 % |
> | im 11. Jahr vor dem Erbfall oder früher | 0 % |

▶ **Welche pflichtteilsrechtlichen Besonderheiten gelten bei Schenkungen an den Ehegatten des Erblassers?**

Zu beachten ist, dass es bei Schenkungen des Erblassers an seinen Ehegatten auf die Begrenzung durch die Zehnjahresfrist des § 2325 Abs. 3 BGB gar nicht ankommt: Der Gesetzgeber ordnet nämlich an, dass sämtliche Schenkungen während der Ehezeit, mögen diese auch Jahrzehnte zurückliegen, im Rahmen des Pflichtteilsrechts ergänzungspflichtig sind.

> **Beispiel:** Herr Müller hat nach seiner Scheidung wieder geheiratet (ohne Ehevertrag). Aus der ersten Ehe stammen zwei Kinder; seine zweite Ehe blieb kinderlos. 12 Jahre vor seinem Ableben schenkte er seiner zweiten Ehefrau ein Einfamilienhaus im Wert von 800 000 Euro

und setzt sie in seinem Testament zur Alleinerbin ein. Sein Vermögen beträgt zum Zeitpunkt des Erbfalls noch 200 000 Euro.

Die enterbten Kinder aus erster Ehe hätten bei gesetzlicher Erbfolge (also wenn Herr Müller ohne Testament verstorben wäre) je ein Viertel des Nachlasses erhalten. Bei einer Pflichtteilsquote von jeweils einem Achtel können die beiden Kinder von der alleinerbenden Witwe zunächst einen Pflichtteilsanspruch (§ 2303 BGB) in Höhe von 25 000 Euro (= $1/8$ aus 200 000 Euro) fordern. Daneben können die beiden Kinder einen Pflichtteilsergänzungsanspruch (§ 2325 BGB) in Höhe von jeweils 100 000 Euro (= $1/8$ aus 800 000 Euro Schenkungswert) geltend machen. Die Zehnjahresfrist steht dem nicht entgegen, da die Schenkung an die Ehefrau des Erblassers erfolgte.

> **Expertentipp:** Durch die **Pflichtteilsreform, die zum 1.1.2010 in Kraft tritt,** ändert sich an dieser Rechtslage nichts.

▸ Welche Frist gilt für Schenkungen unter Nutzungsvorbehalt?

Der Bundesgerichtshof (NJW 1987, 122) hat in der Vergangenheit die Zehnjahresfrist des § 2325 Abs. 3 BGB bei Schenkungen des Erblassers dahingehend erweitert, dass auch Zuwendungen, die nicht endgültig aus dem wirtschaftlichen Verfügungsbereich des Erblassers ausgegliedert wurden und bei denen kein sogenannter „Genussverzicht" vorliegt, dem Pflichtteilsergänzungsanspruch unterliegen.

Dies ist nach der Rechtsprechung z.B. bei einem Vorbehaltsnießbrauch der Fall, da der Erblasser den verschenkten Gegenstand aufgrund des Nießbrauchsrechts weiter nutzen kann. Demnach führt z.B. die Schenkung einer Immobilie unter Nießbrauchsvorbehalt 25 Jahre vor Eintritt des Erbfalls noch zur Pflichtteilsergänzungshaftung.

Die Einräumung eines Wohnungsrechts ist dem Nießbrauch gleichzustellen. Die zehnjahresfrist beginnt also erst zu laufen, wenn das Wohnungsrecht erlischt oder der Berechtigte davon keinen Gebrauch mehr macht. Die Frage, ob Rückfall- oder Widerrufsklauseln (siehe dazu Seite 67) in einem Übergabevertrag den Fristbeginn hemmen, ist höchstrichterlich noch nicht abschließend geklärt.

C. Rechte und Pflichten nach dem Erbfall

> **Expertentipp:** Nutzungs- und Mitspracherechte des Schenkers können die Zehnjahresfrist des § 2325 Abs. 3 BGB erheblich verlängern. Deshalb gilt: „Wer zu viel beschwert, schenkt verkehrt". Durch die **Pflichtteilsreform** ändert sich an dieser Rechtslage nichts.

▶ Zu welchem Stichtag sind Schenkungen im Rahmen der Pflichtteilsergänzung zu bewerten?

- Verbrauchbare Gegenstände (darunter auch Geld und Wertpapiere) sind mit dem Wert zum Zeitpunkt der Schenkung anzusetzen.
- Nicht verbrauchbare Sachen (z. B. Grundstücke, Mobiliar, Schmuckgegenstände) werden gemäß § 2325 Abs. 2 S. 2 BGB mit dem Wert zum Zeitpunkt des Erbfalls angesetzt. Wenn aber der Wert zum Zeitpunkt der Schenkung niedriger war, gilt diese Bewertung.

c) Schuldner des Pflichtteilsergänzungsanspruchs

▶ Von wem kann der Pflichtteilsberechtigte die Ergänzung des Pflichtteils verlangen?

Schuldner des Pflichtteilsergänzungsanspruches sind zunächst die Erben. Vom Beschenkten kann der Pflichtteilsberechtigte die Herausgabe des Geschenkes nach § 2329 BGB nur dann verlangen, wenn der Erbe selbst zur Ergänzung des Pflichtteiles nicht verpflichtet ist, etwa weil kein ausreichender oder nur ein verschuldeter Nachlass vorhanden ist.

> **Beispiel:** Herr Müller hatte durch Testament seine Ehefrau als Alleinerbin bestimmt und seinen einzigen Sohn auf den Pflichtteil gesetzt. Seinem Freund F hat er acht Jahre vor seinem Ableben eine Ferienwohnung im Wert von 200 000 Euro geschenkt. Aufgrund riskanter Börsenspekulationen verstirbt Herr Müller völlig verarmt.
>
> Die Schenkung der Ferienwohnung innerhalb der letzten zehn Lebensjahre des Erblassers führt zu einem Pflichtteilsergänzungsanspruch (§ 2325 BGB) des enterbten Sohnes i. H. v. 50 000 Euro (= 1/4 Pflichtteilsquote aus einem Schenkungswert von 200 000 Euro). Dieser Anspruch richtet sich zunächst gegen die alleinerbende Witwe, die sich

aber darauf berufen kann, dass der Nachlass für die Erfüllung dieses Pflichtteilsergänzungsanspruches nicht ausreichend ist. Damit der enterbte Sohn nicht leer ausgeht, ordnet § 2329 BGB für diesen Fall an, dass der Freund F die Zwangsvollstreckung in die Ferienwohnung i.H.v. 25 000 Euro dulden muss. Die Herausgabe der Ferienwohnung kann F abwenden, wenn er dem enterbten Sohn den Pflichtteilsergänzungsbetrag von 50 000 Euro ausbezahlt.

3. Anrechnung lebzeitiger Zuwendungen auf den Pflichtteil

▶ **Muss sich ein Pflichtteilsberechtigter lebzeitige Zuwendungen auf seinen Pflichtteil anrechnen lassen?**

Hat der Erblasser bei der Zuwendung eine Anrechnung auf den Pflichtteil (§ 2303 BGB) angeordnet, so ergibt sich aus § 2315 BGB eine Reduzierung des Pflichtteilsanspruchs. So genannte Ausstattungen i.S.d. § 1624 BGB (z.B. Aussteuer) können den Pflichtteilsanspruch gemäß § 2316 BGB kürzen. Eine zeitliche Begrenzung (beispielsweise 10 Jahre) gibt es bei anrechnungspflichtigen Zuwendungen nicht.

Beispiel: Herr Müller, verwitwet, hat einen Sohn und eine Tochter und hinterlässt bei seinem Tod ein Vermögen von 600 000 Euro. Dem Sohn hat er bereits zu Lebzeiten eine Eigentumswohnung im Wert von 200 000 Euro mit der Bestimmung geschenkt, dass er sich diese Zuwendung auf seinen Pflichtteil anrechnen lassen muss. Seine Tochter setzt er testamentarisch zur Alleinerbin ein.

Bei der Berechnung des Pflichtteils des benachteiligten Sohnes muss gemäß § 2315 Abs. 2 BGB wie folgt vorgegangen werden: Dem Nachlasswert von 600 000 Euro muss zunächst der Wert der lebzeitigen Zuwendung von 200 000 Euro hinzugerechnet werden, ergibt also einen erhöhten Nachlass von 800 000 Euro. Ohne Testament hätte der gesetzliche Erbteil der beiden Kinder jeweils 400 000 Euro betragen; der Pflichtteil des Sohnes beträgt die Hälfte hiervon, also 200 000 Euro. Hierauf muss sich der Sohn die lebzeitige Zuwendung von 200 000 Euro anrechnen lassen. Er erhält also im Ergebnis keinen Pflichtteil mehr.

C. Rechte und Pflichten nach dem Erbfall

> **Expertentipp:** Die Anrechnungsanordnung muss dem Pflichtteilsberechtigten spätestens im Zeitpunkt der Zuwendung zur Kenntnis gebracht werden. Er soll dadurch in die Lage versetzt werden, selbst zu entscheiden, ob er die Zuwendung annimmt oder ablehnt. Im Rahmen der Pflichtteilsreform wurde diskutiert, ob es möglich sein soll, dass der Erblasser auch nachträglich im Rahmen einer letztwilligen Verfügung eine Anrechung früherer Zuwendungen anordnen kann. Der Gesetzgeber hat aber diese Überlegungen im **Gesetz zur Änderung des Erb- und Verjährungsrechts**, das zum 1.1.2010 in Kraft tritt, nicht umgesetzt. Das Vertrauen des Zuwendungsempfängers darauf, dass nicht nachträglich noch Auswirkungen der Zuwendung auf den späteren Pflichtteil entstehen, sei zu schützen.

▶ **Welche Besonderheiten gelten bei der Anrechenbarkeit von Zuwendungen an Minderjährige?**

Nach der bisherigen Rechtslage war die überwiegende Meinung in Literatur und Rechtsprechung der Auffassung, dass bei Zuwendungen an einen Minderjährigen die Anrechnungsbestimmung auf dessen Pflichtteil einen rechtlichen Nachteil darstellt und deshalb die zuwendenden Eltern von der Vertretung ausgeschlossen sind (§ 1629 Abs. 2 S. 1, § 1795 Abs. 2, § 181 Fall 1 BGB) und deshalb die Bestellung eines Ergänzungspflegers (§ 1909 BGB) sowie eine vormundschaftsgerichtliche Genehmigung notwendig war.

▶ **Wie wirken sich Pflegeleistungen eines Abkömmlings auf den Pflichtteil aus?**

Gem. § 2057a BGB, der über § 2316 BGB auch Auswirkungen im Pflichtteilsrecht hat, können Abkömmlinge verlangen, dass ihre Leistungen, die sie über einen längeren Zeitraum hinweg im Haushalt des Erblassers erbracht haben, beim Erbfall im Rahmen der Nachlassteilung unter Miterben ausgeglichen werden. Im Gesetzgebungsverfahren **zur Änderung des Erb- und Verjährungsrechts** wurde diskutiert, ob künftig bei allen gesetzlichen Erben eine Ausgleichung möglich sein soll. Der Gesetzgeber hat diese Überlegung aber nicht umgesetzt, da die Erweiterung des Kreises der Ausgleichsberechtigten zu einer Vielzahl von Folgeproblemen und Abgrenzungsfragen führe.

▸ **Reduzieren Eigengeschenke zugunsten des Pflichtteilsberechtigten dessen Pflichtteilsergänzungsanspruch?**

Anders als beim Pflichtteilsanspruch (§ 2303 BGB; siehe dazu Seite 153) sind beim Pflichtteilsergänzungsanspruch (§ 2325 BGB) Eigengeschenke, die der Ergänzungsberechtigte erhalten hat, immer anzurechnen, auch wenn dies vom Erblasser nicht angeordnet wurde. Eine zeitliche Begrenzung (beispielsweise 10 Jahre) gibt es bei anrechnungspflichtigen Zuwendungen nicht.

4. Die Durchsetzung der Pflichtteilsrechte

a) Fälligkeit und Verjährung der Pflichtteilsrechte

▸ **Wann ist der Pflichtteilsanspruch fällig?**

Der Pflichtteilsanspruch ist sofort mit dem Tod des Erblassers fällig (§ 2317 Abs. 1 BGB).

▸ **Wann verjährt der Pflichtteilsanspruch?**

Der Pflichtteilsanspruch verjährt gemäß § 2332 Abs. 1 BGB in drei Jahren, spätestens aber 30 Jahre nach dem Erbfall. Fristbeginn war nach der bisherigen Regelung der Zeitpunkt, zu dem der Pflichtteilsberechtigte vom Eintritt des Erbfalls und seiner Enterbung erfahren hat. Mit Inkrafttreten des **Gesetzes zur Änderung des Erb- und Verjährungsrechts** am 1.1.2010 beginnt die Verjährung von Pflichtteilsansprüchen erst mit dem Schluss des Kalenderjahres, in welchem der Pflichtteilsanspruch entstanden ist und der Pflichtteilsberechtigte davon Kenntnis erlangt hat (§ 199 Abs. 1 BGB).

> **Expertentipp:** Der Pflichtteilsberechtigte muss rechtzeitig vor Ablauf der Verjährungsfrist entweder bei Gericht Klage einreichen oder eine rechtsverbindliche Erklärung des Erben verlangen, in der dieser den Bestand des Pflichtteilsanspruches anerkennt. Die bloße Aufforderung zur Zahlung oder zur Anerkennung des Pflichtteilsanspruches reicht also nicht aus.

C. Rechte und Pflichten nach dem Erbfall

▶ **Wann kann der Pflichtteilsanspruch gestundet werden?**

Besteht das Vermögen des Erblassers im Wesentlichen aus einer Immobilie oder einem Unternehmen, so kann der Erbe gezwungen sein, diese Nachlasswerte zu zerschlagen, um den Pflichtteil auszahlen zu können.

Die **Pflichtteilsreform,** die zum 1.1.2010 in Kraft tritt, erweitert die Voraussetzungen der Stundung: Danach kann jeder Erbe nicht nur der selbst Pflichtteilsberechtigte Stundung verlangen. Während bisher die Pflichtteilserfüllung den Erben „ungewöhnlich hart" treffen muss, reicht nach der Reform schon eine „unbillige Härte" aus.

b) Auskunfts- und Wertermittlungsanspruch des Pflichtteilsberechtigten

▶ **Welche Möglichkeiten hat der Pflichtteilsberechtigte, den Bestand und den Wert des pflichtteilsrelevanten Nachlasses zu ermitteln?**

Pflichtteilsberechtigte Personen haben selten einen genauen Überblick über die Vermögensverhältnisse des Erblassers. Der Gesetzgeber stellt deshalb dem Pflichtteilsberechtigten folgende Informationsmöglichkeiten zur Verfügung:

• Der Erbe hat auf Verlangen des Pflichtteilsberechtigten ein **Nachlassverzeichnis** zu erteilen (§ 2314 Abs. 1 S. 1 BGB).

• Auf Wunsch des Pflichtteilsberechtigten muss der Erbe dieses Nachlassverzeichnis durch einen **Notar** aufnehmen lassen (§ 2314 Abs. 1 S. 3 BGB). Der Pflichtteilsberechtigte kann weiter verlangen, dass er bei der Aufnahme des Nachlassverzeichnisses **hinzugezogen** wird (§ 2314 Abs. 1 S. 2 BGB).

• Der Erbe muss auf Wunsch des Pflichtteilsberechtigten den Wert einzelner Nachlassgegenständige durch ein **Sachverständigengutachten** ermitteln (§ 2314 Abs. 1 S. 2 BGB).

Die **Kosten** dieser Informationsmöglichkeiten fallen jeweils dem Nachlass zur Last (§ 2314 Abs. 2 BGB).

▶ **Welche Auskünfte muss ein Nachlassverzeichnis enthalten?**

• Der Auskunftsanspruch des Pflichtteilsberechtigten (§ 2314 Abs. 1 S. 1 BGB) erstreckt sich auf die beim Erbfall tatsächlich vor-

IV. Der Pflichtteilsberechtigte

handenen **Nachlassgegenstände** und **Nachlassverbindlichkeiten.** Hierbei sind die Nachlassgegenstände nach Anzahl, Art und wertbildenden Faktoren zu bezeichnen. Den Wert selbst hat der Erbe hingegen nicht anzugeben, da hierfür der selbstständige Wertermittlungsanspruch gem. § 2314 Abs. 1 S. 2 BGB zur Verfügung steht.

- Nach der Rechtsprechung (BGH, NJW 1975, 258) kann der Pflichtteilsberechtigte in der Regel nicht die Vorlage von **Belegen** (wie z.B. Konto- oder Depotauszüge, Quittungen, Geschäftsbücher) verlangen. Nur wenn ein Unternehmen (oder eine Beteiligung daran) zum Nachlass gehört, muss der Erbe Bilanzen bzw. eine Gewinn- und Verlustrechnung samt den zugrundeliegenden Geschäftsbüchern und Belegen für einen Zeitraum von 3–5 Jahren vorlegen. Bei Grundstücksschenkungen kann die Vorlage der Notarverträge verlangt werden, damit der Pflichtteilsberechtigte feststellen kann, ob sich der Erblasser Gegenleistungen (z.B. Nießbrauchsrechte) vorbehalten hat.
- Auf Verlangen muss der Erbe dem Pflichtteilsberechtigten gemäß § 2314 BGB Auskunft über die **Schenkungen des Erblassers** erteilen.
- Der **Beschenkte** ist neben dem Erben dann gemäß § 242 BGB auskunftspflichtig, wenn der Erbe trotz aller Bemühungen keine umfassende Auskunft zu den Schenkungen des Erblassers geben kann.

▶ Welchen Anforderungen muss ein notarielles Nachlassverzeichnis genügen?

- Der Notar hat bei der Erstellung des Nachlassverzeichnisses den Nachlassbestand **selbst** zu ermitteln. Es liegt deshalb kein ordnungsgemäßes notarielles Nachlassverzeichnis vor, wenn er lediglich Erklärungen des Erben oder ein schon vorhandenes privates Verzeichnis beurkundet, ohne eigene Nachforschungen anzustellen (OLG Celle, DNotZ 2003, 62).
- Der Erbe ist zur Vorlage eines notariellen Nachlassverzeichnisses gem. § 2314 Abs. 1 S. 3 BGB auch dann noch verpflichtet, wenn er auf Verlangen des Pflichtteilsberechtigten bereits ein privatschriftliches Verzeichnis erstellt hat (OLG Karlsruhe, NJW-RR 2007, 881).

▶ Darf der Pflichtteilsberechtigte bei der Aufnahme des Nachlassverzeichnisses persönlich anwesend sein?

- Der Pflichtteilsberechtigte ist gem. § 2314 Abs. 1 S. 2 BGB berechtigt, bei der Aufnahme des Verzeichnisses hinzugezogen zu werden. Ihm sind hierzu mehrere Terminsvorschläge zu unterbreiten (OLG Brandenburg, ZErb 2004, 104), und zwar so rechtzeitig, dass er sich hierauf einstellen kann (OLG Aurich, NJW-RR 2005, 1464).

- Der Pflichtteilsberechtigte sollte sein Recht zur persönlichen Anwesenheit wahrnehmen, da er dadurch die Möglichkeit hat, bei der Aufnahme der Informationen Einsicht in Belege zu nehmen und sich unmittelbaren Eindruck von der Vollständigkeit der Auskunft zu verschaffen.

> **Expertentipp:** Besteht die begründete Vermutung, dass der Erbe den pflichtteilsrelevanten Nachlass möglicherweise nicht vollständig mitteilt, sollte der Pflichtteilsberechtigte die Aufnahme eines notariellen Nachlassverzeichnisses bei persönlicher Anwesenheit verlangen. Hierzu kann er seinen anwaltlichen Berater hinzuziehen.

▶ Wann kann der Pflichtteilsberechtigte vom Erben verlangen, dass dieser die Vollständigkeit und Richtigkeit des Nachlassverzeichnisses an Eides statt versichert?

- Soweit begründete Zweifel an der Vollständigkeit der erteilten Auskunft bestehen, gewährt § 259 Abs. 2 BGB einen Anspruch auf Abgabe einer eidesstattlichen Versicherung (§ 261 BGB). Begründete Zweifel liegen dann vor, wenn der Erbe versucht hat, die Auskunftserteilung nachhaltig zu verhindern oder das Nachlassverzeichnis mehrfach berichtigt hat.

- In der Praxis hat sich allerdings gezeigt, dass der Anspruch auf Abgabe einer eidesstattlichen Versicherung ein „stumpfes Schwert" darstellt. Allzu große Erwartungen sollte deshalb der Pflichtteilsberechtigte in die Abgabe der eidesstattlichen Versicherung nicht setzen.

▶ **Wie kann der Pflichtteilsberechtigte ergänzende Informationen zum pflichtteilsrelevanten Nachlass beschaffen?**

- Der Pflichtteilsberechtigte kann gem. §§ 12, 12a GBO Einsicht in das **Grundbuch** nehmen und gem. § 12 Abs. 2 GBO daraus beglaubigte oder unbeglaubigte Abschriften verlangen.
- Er erhält weiter gem. § 9 HGB Einsicht in das **Handels- und Unternehmerregister** zu den Eintragungsunterlagen hinsichtlich des Unternehmens.
- Sinnvoll ist auch eine Einsicht in die **Nachlassakten** zu nehmen, da der Erbe beim Nachlassgericht ein eigenes Nachlassverzeichnis einreichen muss.
- Stand der Erblasser unter Betreuung, sollte der Pflichtteilsberechtigte auch Einsicht in die **Betreuungsakten** beim Vormundschaftsgericht nehmen, da der Betreuer jährliche Vermögensverzeichnisse zu erstellen hat.

c) Gerichtliche Durchsetzung der Pflichtteilsrechte

▶ **Wie kann der Pflichtteilsberechtigte seine Ansprüche gerichtlich gegen den Erben durchsetzen?**

Sollte sich der Erbe weigern, die vom Pflichtteilsberechtigten begehrten Auskünfte zu erteilen, kann vor den Zivilgerichten (nicht also beim Nachlassgericht) sog. **Stufenklage** (§ 254 ZPO) gegen den Erben eingereicht werden. Wird diese Klage nicht innerhalb der kurzen Verjährungsfrist von drei Jahren (§ 2332 BGB) erhoben, verjähren sämtliche Ansprüche des Pflichtteilsberechtigten.

▶ **Was kann der Pflichtteilsberechtigte tun, wenn noch nicht abschließend feststeht, wer Erbe des Erblassers geworden ist?**

- Nicht selten besteht unter den Beteiligten oft Streit darüber, wer Erbe des Erblassers geworden ist. Grund hierfür kann sein, dass die letztwilligen Verfügungen auslegungsbedürftig sind, die Testierfähigkeit des Erblassers angezweifelt wird oder Testamente angefochten werden. Bis zur gerichtlichen Klärung dieser Fragen ist dann unklar, wer Erbe des Erblassers geworden ist.

- Der Pflichtteilsberechtigte kann aber zur gerichtlichen Durchsetzung seiner Ansprüche beim Nachlassgericht die Bestellung eines Nachlasspflegers gem. § 1961 BGB beantragen. Der vom Gericht bestellte Nachlasspfleger hat dann die Aufgabe, den Pflichtteilsprozess in Vertretung für den derzeit noch unbekannten Erben zu führen.

▶ **Wie können mittels Stufenklage die Auskunfts- und Pflichtteilsrechte geltend gemacht werden?**

Der Pflichtteilsberechtigte kann mittels einer **Stufenklage** (§ 254 ZPO) alle ihm zustehenden Rechte in einem Prozess geltend machen:

- In der **ersten Stufe** des Prozesses klagt er auf Auskunftserteilung durch Vorlage eines Bestandsverzeichnisses in privater oder notarieller Form. Auf dieser Stufe kann er auch die Einholung eines Wertgutachtens zu einzelnen Nachlassgegenständen einklagen.
- Für die **zweite Stufe** des Prozesses kann der Pflichtteilsberechtigte vorsorglich einen Klageantrag dahingehend stellen, dass der Erbe die erteilten Auskünfte an Eides statt zu versichern hat, sofern diese unvollständig oder unrichtig sein sollten.
- Hat der Erbe dann im Laufe des Prozesses (ggf. unter Androhung von Zwangsmitteln) die begehrte Auskunft und Wertermittlung erteilt, wird in der **dritten Stufe** des Prozesses die konkrete Höhe des Pflichtteilsanspruches beziffert.

> **Expertentipp:** Zwischen der Einreichung einer Stufenklage und der Bezifferung des Zahlungsanspruches in der dritten Stufe können oft Jahre vergehen, wenn der Erbe sich weigert, seinen Verpflichtungen nachzukommen und erst durch Teilurteil hierzu verurteilt werden muss. Diese „Verzögerungstaktik" des Erben hat für den Pflichtteilsberechtigten aber deshalb keine wirtschaftlichen Nachteile, weil bereits ab Einreichung der Stufenklage der spätere Zahlungsanspruch zu verzinsen ist und die Verjährung für alle Ansprüche unterbrochen ist.

V. Der Vermächtnisnehmer

1. Vermächtnis, Erbe oder Pflichtteil?

▶ **Was ist ein Vermächtnis?**

Gemäß § 1939 BGB kann der Erblasser in Form eines Vermächtnisses einer anderen Person einen Vermögensvorteil einräumen, ohne ihn als Erben einzusetzen.

▶ **Wie unterscheiden sich Vermächtnis und Erbeinsetzung?**

Während der Erbe unmittelbar am gesamten Vermögen des Verstorbenen beteiligt ist, hat der Vermächtnisnehmer nur einen schuldrechtlichen Anspruch (§ 2174 BGB) auf Erfüllung der im Testament oder im Erbvertrag bezeichneten Zuwendung.

Beispiel: Wird etwa dem Vermächtnisnehmer eine Eigentumswohnung zugewendet, muss für die Erfüllung des Vermächtnisses zwischen ihm und dem Erben eine notariell beurkundungspflichtige – Übereignung vorgenommen werden. Soll der Vermächtnisnehmer Girokonten des Erblassers erhalten, muss der Erbe beim Kreditinstitut die Umschreibung dieser Girokonten veranlassen.

Ein weiterer Unterschied zur Einsetzung als Erbe ist, dass der Vermächtnisnehmer keine Verpflichtungen zu tragen hat. Er muss deshalb – anders als der Erbe – nicht für die Schulden des Verstorbenen aufkommen.

Der Vermögensgegenstand fällt dem Vermächtnisnehmer also nicht automatisch zu. Die in besonderer Weise bedachte Person muss vielmehr ihren Vermächtniserfüllungsanspruch gegen den Beschwerten geltend machen und – notfalls gerichtlich – durchsetzen.

2. Der Vermächtnisanspruch

a) Vermächtnisnehmer und Beschwerter

▶ **Wer ist Vermächtnisnehmer?**

Der Erblasser muss die Person des Vermächtnisnehmers in seiner letztwilligen Verfügung noch nicht abschließend festlegen (vgl. Seite 36). Es reicht gem. § 2151 BGB aus, wenn der Erblasser den Personenkreis bestimmt und die endgültige Auswahl einer anderen Person überlässt, die dann entscheidet, wer das Vermächtnis (nach bestimmten Kriterien oder billigem Ermessen) bekommt.

▶ **Soll ein Ersatzvermächtnisnehmer bestimmt werden?**

Es sollte immer geregelt werden, ob ein Ersatzvermächtnisnehmer für den Fall, dass der zunächst Bedachte das Vermächtnis (beispielsweise wegen Vorversterbens oder durch Ausschlagung) nicht erwirbt (§ 2190 BGB), eingesetzt wird oder nicht. Ohne Bestimmung eines Ersatzvermächtnisnehmers (vgl. Seite 37) wird das Vermächtnis unwirksam, wenn es niemanden gibt, der es entgegennehmen kann (§ 2160 BGB).

▶ **Wer schuldet die Erfüllung des Vermächtnisses?**

Die Erfüllung des Vermächtnisses ist regelmäßig mit dem Tod des Erblassers sofort fällig (vgl. Seite 38). Das Vermächtnis muss vom „Beschwerten", also im Regelfall vom Erben erfüllt werden. Der Erblasser kann aber auch ein **„Untervermächtnis"** anordnen, das vom Vermächtnisnehmer erfüllt werden muss.

b) Annahme und Ausschlagung des Vermächtnisses

▶ **Ist die Annahme oder Ausschlagung eines Vermächtnisses form- oder fristgebunden?**

- Der Anspruch auf das Vermächtnis entsteht in der Regel mit dem Erbfall (§ 2176 BGB) und ist grundsätzlich sofort **fällig** (§ 2181 BGB). Bei Bedingungen oder Befristungen (§ 2177 BGB)

erfolgt der Anfall des Vermächtnisses unter Umständen zu einem späteren Zeitpunkt.
- Der Bedachte kann das Vermächtnis durch formlose Erklärung (also ausdrücklich oder auch durch schlüssiges Verhalten) gegenüber dem Beschwerten (also in der Regel gegenüber dem Erben) **annehmen**. Das Nachlassgericht ist also für eine Annahmeerklärung nicht zuständig. Es würde jedoch genügen, wenn das Gericht die Annahmeerklärung an den Beschwerten weiterleitet.
- Der Bedachte kann das Vermächtnis **ausschlagen** und so verhindern, dass ihm etwas vom Erblasser aufgedrängt wird. Anders als bei der Erbschaftsausschlagung (dort gilt die kurze Frist des § 1944 BGB) gibt es für die Ausschlagung eines Vermächtnisses keine Frist. Hat der Bedachte allerdings das Vermächtnis vorher schon angenommen, ist eine spätere Ausschlagung nicht mehr möglich (§ 2180 Abs. 1 BGB). Die Ausschlagungserklärung ist (anders als die Erbschaftsausschlagung, § 1945 BGB) nicht formgebunden, kann also auch durch mündliche Erklärung gegenüber dem Beschwerten erfolgen.
- Da der Vermächtnisanspruch gemäß § 197 Abs. 1 Nr. 2 BGB der langen **Verjährungsfrist von 30 Jahren** unterliegt, kann sich der mit dem Vermächtnis Bedachte innerhalb dieser Zeit überlegen, ob er das Vermächtnis annehmen oder ausschlagen will. Möchte nun der Erbe Klarheit darüber schaffen, ob er den Vermächtnisgegenstand aus dem Nachlass heraus an den Vermächtnisnehmer zu leisten hat oder ihn endgültig behalten darf, kann gemäß § 2307 Abs. 2 S. 1 BGB dem Bedachten eine **Frist zur Erklärung über die Annahme** des Vermächtnisses gesetzt werden. Mit Ablauf der Frist gilt dann das Vermächtnis als ausgeschlagen. Diese Möglichkeit der Fristsetzung hat der Beschwerte nur, wenn es sich beim Vermächtnisnehmer um eine pflichtteilsberechtigte Person im Sinne des § 2303 BGB handelt.

▶ **Kann zwischen Vermächtnis und Pflichtteil gewählt werden?**

Gehört der Vermächtnisnehmer zum Kreis der Pflichtteilsberechtigten (§ 2303 BGB), so kann er das Vermächtnis ausschlagen und seinen Pflichtteil gemäß § 2307 Abs. 1 S. 1 BGB verlangen.

Schlägt er nicht aus, muss er sich den Wert des Vermächtnisses auf seinen Pflichtteilsanspruch anrechnen lassen (§ 2307 Abs. 1 S. 2 BGB).

c) Inhalt eines Vermächtnisses

▶ **Was kann vermächtnisweise zugewendet werden?**

• Gegenstand eines Vermächtnisses kann jeder Vermögensvorteil sein. So kann der Erblasser festlegen, dass dem Vermächtnisnehmer bestimmte bewegliche oder unbewegliche Sachen zu übereignen sind, eine bestimmte Geldsumme aus dem Nachlass zu zahlen ist, eine Forderung zu übertragen ist, Schulden erlassen werden oder ein bestimmtes Nutzungsrecht eingeräumt wird.

▶ **Was sind praktische Anwendungsfälle für die Anordnung von Vermächtnissen?**

Vermächtnisweise können z. B. folgende Vermögenswerte zugeordnet werden:
• Grundstücke
• Immobilien
• Eigentumswohnungen
• Geldbeträge
• Hausrat
• Steuerfreibetragsvermächtnis

Formulierungsbeispiele für Vermächtnisanordnungen finden sich auf Seite 39.

▶ **Was ist ein sogenanntes Verschaffungsvermächtnis?**

Siehe dazu Seite 41.

▶ **Was ist ein sogenanntes Wahlvermächtnis?**

Siehe dazu Seite 40.

▶ **Was ist ein sogenanntes Gattungsvermächtnis?**

Siehe dazu Seite 40.

V. Der Vermächtnisnehmer

▶ **Was ist ein sogenanntes Zweckvermächtnis?**

Siehe dazu Seite 41.

▶ **Was ist ein sogenanntes Vor- und Nachvermächtnis?**

Siehe dazu Seite 41.

▶ **Was ist ein sogenanntes Vorausvermächtnis?**

Der Erblasser kann auch einem von mehreren Miterben ein Vermächtnis zuwenden. Ein derartiges **Vorausvermächtnis** muss sich der Erbe dann nicht auf seinen Erbteil anrechnen lassen. Ist keine Anrechnung gewollt, empfiehlt sich eine sogenannte **Teilungsanordnung** (siehe dazu Seite 41).

d) Erfüllung des Vermächtnisses

▶ **Wer muss das Vermächtnis erfüllen?**

Nach § 2147 BGB muss das Vermächtnis vom „Beschwerten", also im Regelfall vom Erben erfüllt werden. Der Erblasser kann aber auch ein „Untervermächtnis" (§ 2186 BGB) anordnen, das den Vermächtnisnehmer beschwert.

▶ **Wie kann der Vermächtnisnehmer das ihm zugewandte Vermächtnis durchsetzen?**

Die Erfüllung des Vermächtnisses ist regelmäßig mit dem Tod des Erblassers sofort fällig. Der Vermögensgegenstand fällt dem Vermächtnisnehmer nicht automatisch zu. Die in besonderer Weise bedachte Person muss vielmehr ihren Vermächtniserfüllungsanspruch gegen den Beschwerten geltend machen und – notfalls gerichtlich – durchsetzen.

▶ **Was gilt, wenn der Vermächtnisgegenstand nicht mehr im Nachlass ist?**

• Gehört der mittels Vermächtnis zugewandte Gegenstand zum Zeitpunkt des Erbfalls nicht mehr zum Nachlass (etwa weil ihn der Erblasser noch zu Lebzeiten veräußert, verschenkt oder aufgebraucht hat), so **erlischt** im Regelfall das Vermächtnis (§ 2169 Abs. 1 BGB).

- Etwas anderes gilt dann, wenn der Gegenstand dem Bedachten auch für den Fall zugewendet sein soll, dass er nicht (mehr) zur Erbschaft gehört. In diesem Fall hat der Beschwerte dem Bedachten den Gegenstand zu verschaffen (sogenanntes **Verschaffungsvermächtnis** gemäß § 2170 BGB, vergleiche dazu Seite 41). Hierzu ist es unter Umständen erforderlich, dass der Beschwerte die fremde Sache vom Eigentümer kaufen muss. Ist der Beschwerte zur Beschaffung außer Stande, so hat er den Wert zu bezahlen.
- Ist der Vermächtnisgegenstand vor dem Erbfall beschädigt und dadurch im Wert gemindert worden, erstreckt sich das Vermächtnis auf etwaige Ersatzansprüche des Erblassers (§ 2164 Abs. 2 BGB).

▶ **Was gilt, wenn der Vermächtnisgegenstand bereits zu Lebzeiten des Erblassers dem Vermächtnisnehmer zugewendet wurde?**

Hat der Erblasser den Vermächtnisgegenstand nach Errichtung des Testamentes bereits zu Lebzeiten an den Bedachten übereignet, wird das Vermächtnis gegenstandslos. Nach dem Erbfall besteht also kein nochmaliger Erfüllungsanspruch.

▶ **Wem fallen Erträge und Kosten des Vermächtnisgegenstandes zu?**

In der Regel liegt zwischen dem Anfall des Vermächtnisses (im Regelfall also dem Erbfall, § 2176 BGB) und seiner Erfüllung eine gewisse Zeitspanne. Während dieser Zeit kann der Vermächtnisgegenstand zum einen Erträge (zum Beispiel Miet- oder Zinseinnahmen) und zum anderen Kosten verursachen. Nicht selten streiten der Vermächtnisnehmer und der Erbe nach dem Erbfall darüber, ob diese Erträge herauszugeben sind und wer die angefallenen Kosten des Vermächtnisgegenstandes zu tragen hat. Hat der Erblasser hierzu im Testament keine Regelung getroffen, gilt Folgendes:
- Gemäß § 2184 BGB muss der Erbe nur die **tatsächlich erzielten Erträge** an den Vermächtnisnehmer herausgeben. Hat er keine Erträge erzielt (zum Beispiel weil seit dem Erbfall die Nachlass-

immobilie nicht vermietet wurde), schuldet er gegenüber dem Vermächtnisnehmer keine Entschädigung.
- Gemäß § 2185 BGB kann der Erbe **notwendige Verwendungen,** die er nach Eintritt des Erbfalls zugunsten des Vermächtnisgegenstandes getätigt hat, vom Vermächtnisnehmer ersetzt verlangen. Gleiches gilt für (öffentliche, private, gewöhnliche oder außerordentliche) **Lasten** (wie zum Beispiel die bezahlte Grundsteuer, Müllabfuhr und Straßenreinigung für eine Nachlassimmobilie).

▶ **Wer muss Belastungen tragen, die mit einem Vermächtnisgegenstand verbunden sind?**

Der Vermächtnisnehmer hat – sofern der Erblasser keine anders lautende Anordnung getroffen hat – die auf dem vermachten Gegenstand ruhenden Belastungen (Pfandrechte, Nießbrauch, Hypotheken) zu übernehmen (siehe § 2165 BGB).

▶ **Wann kann der Erbe das Vermächtnis kürzen?**

Ein Vermächtnis muss der Erbe grundsätzlich bis zur völligen Ausschöpfung des Nachlasses erfüllen. Über § 2318 Abs. 1 BGB kann es aber ausnahmsweise zu einer Kürzung des Vermächtnisses kommen.

> **Beispiel:** Witwer W hat sein einziges Kind K enterbt und seine Lebensgefährtin L als Alleinerbin eingesetzt. Freund F soll ein Geldvermächtnis von 10 000 Euro erhalten. Erblasser W hinterlässt einen Nachlass im Wert von 30 000 Euro.
>
> Das enterbte Kind K kann gemäß § 2303 BGB von der Alleinerbin L einen Pflichtteil von 15 000 Euro (= Pflichtteilsquote $1/2$ aus 30 000 Euro) fordern. Hierbei ist zu beachten, dass bei der Berechnung des pflichtteilrelevanten Nachlasses das Vermächtnis nicht vom Nachlasswert abgezogen werden darf und der Pflichtteil nur gegen die Alleinerbin L, nicht aber gegen den Vermächtnisnehmer F im Außenverhältnis geltend gemacht werden kann.
>
> § 2318 Abs. 1 BGB schafft hierfür einen gewissen Ausgleich: Die Pflichtteilsforderung von K (= 15 000 Euro) muss im Innenverhältnis zwischen der Alleinerbin L (der nach Vermächtniserfüllung vom Nachlass noch 20 000 Euro verbleiben) und dem Vermächtnisnehmer F (der 10 000 Euro erhält) im Verhältnis von 20 000 zu 10 000 (= zwei zu

eins) getragen werden. Vermächtnisnehmer F muss somit ein Drittel der Pflichtteilsforderung von K, also 5000 Euro, im Innenverhältnis übernehmen. Alleinerbin L kann deshalb den Vermächtnisanspruch von F um diesen Betrag kürzen, so dass dieser statt 10000 Euro nur 5000 Euro erhält.

Im Ergebnis wird der Nachlass unter den dreien also wie folgt aufgeteilt: Das enterbte Kind K erhält einen ungekürzten Pflichtteil von 15000 Euro. Der Vermächtnisnehmer F erhält ein gemäß §2318 Abs. 1 BGB gekürztes Vermächtnis von 5000 Euro. Der Alleinerbin L verbleibt nach Erfüllung dieser Ansprüche ein Restnachlass von 10000 Euro.

Expertentipp: Der Erblasser kann in seiner letztwilligen Verfügung das Kürzungsrecht aus §2318 BGB gegenüber dem Vermächtnisnehmer ausschließen. Dies hätte zur Folge, dass der Erbe die Pflichtteilsbelastung allein zu tragen hätte (vgl. auch Seite 33).

VI. Der Vor- und Nacherbe

1. Rechte des Vorerben

▶ **Welche Rechte hat der Vorerbe?**

Bei der Anordnung einer Vor- und Nacherbschaft ist besondere Vorsicht geboten, da der Vorerbe in seiner Verfügungsmöglichkeit über das ererbte Vermögen stark eingeschränkt ist, da der Nachlass in seiner Substanz für die Nacherben zu erhalten ist.

Beispiel: So darf der Vorerbe Grundstücke, Häuser und Eigentumswohnungen, die sich im Nachlass befinden, nur mit Zustimmung des Nacherben veräußern (§ 2113 Abs. 1 BGB). Zum Schutz des Nacherben wird im Grundbuch ein „Nacherbenvermerk" eingetragen mit der Folge, dass jeder Kaufinteressent von vornherein abgeschreckt wird.

Expertentipp: Sofern der Vorerbe zum Kreis der pflichtteilsberechtigten Personen gehört (siehe § 2303 BGB) sollte er deshalb überlegen, ob es für ihn nicht wirtschaftlich sinnvoll ist, die Vorerbschaft auszuschlagen (§ 2306 BGB) und stattdessen seinen Pflichtteil zu verlangen (Einzelheiten dazu Seite 151).

▶ Kann der Vorerbe von seinen gesetzlichen Verfügungsbeschränkungen befreit werden?

Nach § 2136 BGB ist es möglich, dass der Erblasser den Vorerben von diesen Beschränkungen befreit (siehe Seite 35). Laut § 2113 Abs. 2 BGB darf der – auch „befreite" – Vorerbe Gegenstände des Nachlasses nur dann verschenken, wenn es sich hierbei um eine „Anstands- oder Pflichtschenkung" handelt. Diese Beschränkung kann dem Vorerben gemäß § 2136 BGB nicht erlassen werden.

2. Rechte des Nacherben

▶ Welche Rechte hat der Nacherbe vor Eintritt des Nacherbfalls?

Dem Nacherben stehen bereits vor Eintritt des Nacherbfalls wichtige Rechte gegen den Vorerben zu:
- Das Kind kann als Nacherbe verlangen, dass Wertpapiere hinterlegt oder mit einem Sperrvermerk versehen werden (§§ 2116 bis 2118 BGB).
- Der Nacherbe kann gemäß § 2121 BGB Auskunft über den Bestand der Erbschaft und Vorlage eines Bestandsverzeichnisses verlangen.
- Der Vorerbe trägt gemäß § 2124 BGB alle Kosten, die zum Erhalt der Erbschaft erforderlich sind, insbesondere also die Reparaturkosten bei Gebäuden.
- Letztlich verbleiben dem Vorerben also nur die Einnahmen, die das Nachlassvermögen erwirtschaftet; die eigentliche Nachlasssubstanz gebührt dem Nacherben.

▶ Welche Rechte hat der Nacherbe mit Eintritt des Nacherbfalls?

- Mit Eintritt des Nacherbfalls (in der Regel dem Tod des Vorerben) kann der Nacherbe folgende Ansprüche geltend machen:
- Der Nacherbe kann Herausgabe der Vorerbschaft und Rechenschaft verlangen (§ 2130 BGB).
- Hat der Vorerbe unter Missachtung der ihm durch § 2113 BGB

auferlegten Verfügungsbeschränkungen Gegenstände der Vorerbschaft verschenkt oder Vorerbschaftsimmobilien veräußert, so sind diese Rechtsgeschäfte des Vorerben unwirksam. Der Nacherbe kann diese Gegenstände nach dem Nacherbfall vom Beschenkten bzw. Erwerber gem. § 985 BGB zurückverlangen.

> **Expertentipp:** Vor- und Nacherbe stehen in einem Interessengegensatz zueinander, der häufig zu Konflikten und Streitigkeiten führt. Ohne fachliche Beratung sollte deshalb eine Vor- und Nacherbschaft nicht angeordnet werden.

VII. Die Frau im Erbfall

1. Die ledige Frau im Erbfall

a) Gesetzliche Erbfolge bei einer ledigen Frau

Hat die ledige Frau weder ein Testament noch einen Erbvertrag errichtet, bestimmt sich die Erbfolge nach Gesetz (§§ 1922ff. BGB):

- **Gesetzlicher Erbe einer ledigen Erblasserin mit Kind.** Dies sind die Erben 1. Ordnung (§ 1924 BGB): Hierzu zählen die **Nachkommen** der Erblasserin und deren Abkömmlinge, also Kinder, Enkel und Urenkel der Verstorbenen, auch die nichtehelichen und adoptierten Kinder und ihre Nachkommen.
- **Gesetzlicher Erbe einer ledigen, kinderlosen Erblasserin.** Hier kommen die Erben 2. Ordnung (§ 1925 BGB) zum Zuge, also die **Eltern** der Erblasserin. Ist ein Elternteil vorverstorben, der neben der Erblasserin keine weiteren Kinder hat (also Geschwister oder Halbgeschwister der Erblasserin), erbt der überlebende Elternteil allein. Für den Fall, dass der Verstorbene weitere Kinder hat, erben diese dessen Erbteil (§ 1925 Abs. 2 BGB).
- Die **Großeltern** der Verstorbenen erben nach der gesetzlichen Erbfolge, wenn keine Erben der ersten (Kinder, Enkel, Urenkel des Verstorbenen) und der zweiten Ordnung (Eltern, Geschwister des Verstorbenen) vorhanden sind (§§ 1926, 1930 BGB). Jeder der vier Großelternteile erbt dabei ein Viertel des Nachlasses (§ 1926

Abs. 2 BGB). Wenn von einem Großelternpaar der Großvater oder die Großmutter nicht mehr lebt, dann erben gemäß § 1926 Abs. 3 BGB die Abkömmlinge dieses Großelternteils nach der üblichen Erbfolge (Kinder, Enkel, Urenkel, Eltern, Geschwister usw.).

> **Expertentipp:** Sofern die gesetzliche Erbfolge nicht gewünscht ist, kann die ledige Frau durch Testament Regelungen treffen, die von der gesetzlichen Erbfolge abweichen. Wer dies beabsichtigt, sollte aber bedenken, dass enterbte Eltern **Pflichtteilsansprüche** geltend machen können.

b) Testamentarische Vorsorge für Kinder der ledigen Frau

- **Vorsorge für ein minderjähriges Kind.** Stirbt die ledige Mutter vor ihrem Kind, wird das Vormundschaftsgericht zum Wohle des minderjährigen Kindes einen Vormund suchen. Der vom Gericht bestellte Vormund verfügt dann über das gesamte Vermögen des Kindes, also auch über die Erbschaft. Die Mutter kann in einem Testament einen **Vormund** für ihr minderjähriges Kind benennen. Das Vormundschaftsgericht darf von diesem Vorschlag nur bei gravierenden Gründen abweichen. Ergänzend zum Vormund kann die Mutter einen **Testamentsvollstrecker** benennen, der im Interesse des Kindes das ererbte Vermögen verwaltet. Diese Testamentsvollstreckung kann auch für die Zeit nach Eintritt der Volljährigkeit des Kindes angeordnet werden.
- **Vorsorge für ein behindertes Kind.** Eltern geistig schwer behinderter Kinder stehen in aller Regel vor der Frage, wie sie ihre letztwillige Verfügung gestalten sollen, um dem behinderten Abkömmling möglichst gerecht zu werden. Häufig sind solchermaßen erkrankte Kinder in Heimen untergebracht, wobei die Heimkosten über staatliche Zuschüsse gedeckt werden. Dieser Zuschuss kann auch in Form eines Darlehens gewährt werden. Sofern der Behinderte zu Vermögen kommen sollte, leitet der **Sozialhilfeträger** die entsprechenden **Erstattungsansprüche** auf sich über, um die gezahlten Beträge zurückzufordern. Als Vermögenserwerb gilt dabei auch eine Erbschaft des Sozialleistungsempfän-

gers. Verstirbt ein Elternteil des behinderten Kindes, unterliegt der Nachlass deshalb regelmäßig dem staatlichen Zugriff. Oft versuchen Eltern durch eine Enterbung des behinderten Kindes zu verhindern, dass dieses pfändbaren Nachlass erhält. Hierdurch entstehen jedoch Pflichtteilsansprüche zugunsten des behinderten Kindes, die wiederum auf den Sozialhilfeträger übergeleitet werden können. Unter dem Begriff **„Behindertentestament"** ist eine effektive Gestaltungsmöglichkeit entstanden, um diese Zugriffsmöglichkeit zu begrenzen. Das während des Lebens erarbeitete Vermögen soll so weit als möglich der eigenen Familie und den folgenden Generationen erhalten bleiben und dem Zugriff bzw. Regress des Sozialhilfeträgers nach dem Tod eines Elternteils entzogen werden.

> **Expertentipp:** Da jede familiäre und finanzielle Situation anders gelagert ist, ist dringend davor zu warnen, ein Behindertentestament „von der Stange" oder aufgrund vorgedruckten Erklärungen zu fertigen. Droht bei behinderten Kindern mit dem Ableben eines Elternteils der Rückgriff durch Träger der Sozialhilfe, sollte der Erblasser daher rechtzeitig und richtig Vorsorge treffen, um das Vermögen über den eigenen Tod hinaus im Familienbesitz zu halten. Dies kann wegen der komplexen Rechtsfragen nicht ohne fachkundigen Rat geschehen.

c) Die ledige Frau als testamentarische Erbin

▶ **Welche Besonderheiten gelten beim „Geliebtentestament"**

Testamente zugunsten der Lebensgefährtin können nach der Rechtsprechung nichtig sein, wenn sie entweder das sittenwidrige Verhalten einer Person belohnen sollen („Hergabe für die Hingabe" – so der Bundesgerichtshof) oder aus einer familienfeindlichen Gesinnung heraus errichtet werden. Achtenswerte Motive (zum Beispiel die Pflege des Erblassers) für die Erbeinsetzung der Partnerin sollten ausdrücklich in das Testament mit aufgenommen werden, um späteren Streit mit der Familie des Partners zu vermeiden.

2. Die verheiratete Frau im Erbfall

a) Gesetzliches Erbrecht der Witwe

▶ **Welcher Erbteil steht der Witwe zu, wenn ihr Mann ohne letztwillige Verfügung verstirbt?**

Hat der verheiratete Erblasser keine letztwillige Verfügung (Testament oder Erbvertrag) errichtet, wird er von seinem Ehepartner und den Kindern beerbt. Nach den Regelungen der §§ 1931, 1371 BGB hängt die Erbquote des Ehegatten vorrangig vom ehelichen Güterstand ab. Es muss dabei unterschieden werden zwischen Zugewinngemeinschaft, Gütertrennung und Gütergemeinschaft:

	Der gesetzliche Erbteil des Ehegatten		
Güterstand:	neben 1 Kind	neben 2 Kindern	bei mehr als 2 Kindern
Zugewinngemeinschaft	$1/4 + 1/4 = 1/2$	$1/4 + 1/4 = 1/2$	$1/4 + 1/4 = 1/2$
Gütertrennung	$1/2$	$1/3$	$1/4$
Gütergemeinschaft	$1/4$	$1/4$	$1/4$

▶ **Welches Wahlrecht steht der Witwe im Erbfall beim gesetzlichen Güterstand zu?**

Bei der sogenannten **Zugewinngemeinschaft**, die immer dann gilt, wenn die Eheleute ehevertraglich nichts anderes vereinbart haben, hat der Gesetzgeber eine für den überlebenden Ehegatten sehr günstige **Wahlmöglichkeit** geschaffen:

• **Alternative (sogenannte „erbrechtliche" Lösung):** Neben Verwandten der 1. Ordnung (z. B. Kinder) erhält der Ehegatte gemäß § 1931 Abs. 1 BGB zunächst ein Viertel des Nachlasses. Damit der während der Ehe erzielte Zugewinn des Verstorbenen zugunsten des überlebenden Ehegatten berücksichtigt werden kann, wird dieser gesetzliche Erbteil gemäß §§ 1931 Abs. 3, 1371 Abs. 1 BGB um ein weiteres Viertel pauschal erhöht. Hierdurch soll sichergestellt werden, dass der während der Ehe erzielte Zugewinn auch im Todesfall des Partners dem überlebenden Ehegatten zusteht. Dies gilt selbst dann, wenn ein Vermögenszugewinn während der Ehezeit überhaupt nicht erzielt wurde. Durch die **pauschale Erhöhung des Erbanteiles** wird der überlebende Ehegatte davor geschützt, mit den anderen Erben über die Höhe des Zugewinnes streiten zu müssen.

> **Beispiel:** Frau Müller hat ihren ersten Ehemann durch einen tödlich verlaufenden Verkehrsunfall verloren. Aus dieser ersten Ehe sind zwei Söhne hervorgegangen. Einige Jahre später heiratet Frau Müller ihren zweiten Ehemann, der eine Tochter mit in die Ehe bringt. Als Frau Müller später verstirbt, lebte sie im gesetzlichen Güterstand (hat also keinen Ehevertrag abgeschlossen) und hinterlässt einen Nachlass von 200 000 Euro. Eine letztwillige Verfügung hat Frau Müller nicht errichtet.
>
> Erbe wird der zweite Ehemann von Frau Müller zur Hälfte, da ihm als gesetzlichem Erben ein Viertel zusteht (§ 1931 Abs. 1 BGB) und als pauschalierter Zugewinn ein weiteres Viertel gebührt (§§ 1931 Abs. 3, 1371 Abs. 1 BGB). Die beiden Söhne von Frau Müller aus erster Ehe erben neben dem zweiten Ehemann je ein Viertel des Nachlasses. Die Stieftochter, die der zweite Ehemann von Frau Müller mit in die Ehe gebracht hat, hat kein eigenes gesetzliches Erbrecht. Stiefkinder können also nur mittels Testament oder Erbvertrag bedacht werden.

- **2. Alternative (sogenannte „güterrechtliche" Lösung):** Allerdings kann es sein, dass der verstorbene Ehepartner während der Ehe einen Vermögenszugewinn erzielt hat, der über ein Viertel des gesamten Nachlasses hinausgeht. In diesem Fall würde der überlebende Ehegatte mit der pauschalierten Erhöhung der Erbquote schlechter stehen als bei einer konkreten Berechnung des Zugewinns. Deshalb räumt der Gesetzgeber dem überlebenden Ehegatten in § 1371 Abs. 3 BGB die Möglichkeit ein, die Erbschaft **auszuschlagen** und stattdessen zwei Forderungen gegen die Erben des verstorbenen Ehepartners geltend zu machen:

Zum einen kann er den konkret berechneten **Zugewinnausgleich** (ähnlich wie im Fall der Scheidung) gemäß § 1378 BGB geltend machen. Zum anderen kann der überlebende Ehegatte gemäß § 1371 Abs. 3 BGB i.V.m. § 2303 Abs. 2 BGB seinen Pflichtteil fordern. Die Pflichtteilsquote beträgt dann aber nur ein Achtel (sogenannter **„kleiner" Pflichtteil**") und die Zugewinnausgleichsforderung muss vom Nachlass als Verbindlichkeit abgezogen werden.

Beispiel: Das Ehepaar Schmid hat gemeinsam ein Architekturbüro aufgebaut, das beim Ableben von Herrn Schmid einen Verkehrswert von 400 000 Euro hat. Herr Schmid hinterlässt neben seiner Ehefrau einen Sohn. Er lebte im gesetzlichen Güterstand und hat weder ein Testament errichtet noch einen Erbvertrag geschlossen. Herr Schmid hat während der gesamten Ehezeit einen erheblichen Zugewinn erwirtschaftet. Die Zugewinnausgleichsforderung würde – im Falle einer Scheidung – 200 000 Euro betragen.

Herr Schmid wird kraft Gesetz von seiner Witwe und seinem Sohn je zur Hälfte beerbt. Der Erbanteil der Witwe beläuft sich also auf einen Wert von 200 000 Euro. Frau Schmid kann aber diesen gesetzlichen Erbanteil innerhalb einer Frist von sechs Wochen (§ 1944 Abs. 1 BGB) ausschlagen und folgende Ansprüche gegen den Erben ihres verstorbenen Mannes (dies wird der Sohn sein, sofern nicht auch dieser ausschlägt) durchsetzen:

Gemäß § 1378 BGB kann sie zunächst den Zugewinn von 200 000 Euro verlangen. Zusätzlich kann sie ihren Pflichtteil von einem Achtel fordern, der aus dem Nachlasswert von 400 000 Euro abzüglich der Zugewinnverbindlichkeit von 200 000 Euro, also aus 200 000 Euro berechnet wird. Der Pflichtteil der Witwe beträgt damit 25 000 Euro.

Frau Schmid erhält also insgesamt anlässlich des Ablebens ihres Mannes einen Betrag von 225 000 Euro (Zugewinn von 200 000 Euro zuzüglich des Pflichtteils von 25 000 Euro) und steht damit wirtschaftlich besser als bei der gesetzlichen Erbfolge. Diese Vorgehensweise hat für Frau Schmid weiter den Vorteil, dass es sich bei Zugewinn und Pflichtteil um Forderungen handelt, die der Erbe (also hier der Sohn) sofort mit dem Todesfall bar zu erfüllen hat. Bei gesetzlicher Erbfolge bestünde dagegen eine Erbengemeinschaft mit dem Sohn, bei der häufig Streitigkeiten entstehen.

> **Expertentipp:** Für die güterrechtliche Lösung muss der überlebende Ehegatte form- und fristgerecht die Ausschlagung erklären. Da die Ausschlagungsfrist gemäß § 1944 Abs. 1 BGB nur sechs Wochen beträgt, muss er unmittelbar nach dem Erbfall juristischen Rat eines Spezialisten einholen, ob die erb- oder güterrechtliche Lösung für ihn finanziell vernünftiger ist.

C. Rechte und Pflichten nach dem Erbfall

▶ **Was kann die Witwe als gesetzlichen Voraus und Dreißigsten geltend machen?**

• Dem überlebenden Ehegatten steht – unabhängig davon, in welchem Güterstand er mit dem Erblasser lebte – neben seinem gesetzlichen Erbteil der sogenannte **„Voraus"** zu (§ 1932 BGB). Dieser umfasst die Haushaltsgegenstände (z. B. Haushaltsgeräte, Möbel) und die Hochzeitsgeschenke. Neben den Erben der 2. Ordnung (Eltern bzw. Geschwister des Verstorbenen) und neben Großeltern stehen diese Gegenstände dem überlebenden Ehegatten allein zu. Neben den Erben der 1. Ordnung (z. B. Kinder) kann der überlebende Ehegatte diese Gegenstände nur dann für sich allein verlangen, soweit er diese „zur Führung eines angemessenen Haushalts benötigt" (§ 1932 Abs. 1 BGB).

• Gemäß § 1969 BGB hat jeder Familienangehörige, der zum Hausstand des Erblassers gehört und von ihm Unterhalt bezogen hat, einen gegen die Erben gerichteten Anspruch auf Unterhalt und Wohnungsnutzung für eine Dauer von 30 Tagen ab dem Erbfall (sogenannter **„Dreißigster"**).

▶ **Warum hat die gesetzliche Erbfolge Nachteile für die Witwe?**

• Die wirtschaftlichen Folgen der gesetzlichen Erbfolge entsprechen oft nicht dem Willen des Erblassers.

• Eine besondere Fürsorge für schwächere Familienmitglieder ist nicht möglich.

• Durch die gesetzliche Erbfolge entsteht eine Erbengemeinschaft, bei der für wichtige Verwaltungsmaßnahmen und die Nachlassteilung Einstimmigkeit notwendig ist.

• Die Möglichkeiten einer Erbschaftsteuerminimierung werden regelmäßig vernachlässigt.

• Diese Nachteile vermeidet ein klug gestaltetes Testament.

b) Die Ehefrau als testamentarische Erbin

▶ **Wie kann eine Ehefrau im Falle des Ablebens Ihres Ehemannes abgesichert werden?**

• Die meisten Ehepartner betrachten ihr Vermögen – Wohnung, Aktien, Auto, Bargeld – als gemeinsames Eigentum, obwohl die

Vermögen rechtlich auch nach der Eheschließung vollständig getrennt bleiben. Wegen dieser Vorstellung erwarten sie, dass das Vermögen nach dem Tod des einen in vollem Umfang dem Überlebenden zusteht. Weit verbreitet ist der Wunsch, dass die eigenen Kinder oder nahe Verwandte das Vermögen erst nach dem Tod der Witwe oder des Witwers erben sollen.

- Um diesen Wunsch zu verwirklichen, können die Ehepartner ein **gemeinschaftliches** Testament in **notarieller oder privatschriftlicher Form** errichten. Gemäß § 2267 BGB ist es im Fall einer privatschriftlichen Errichtung ausreichend, wenn einer der Partner den Text mit der Hand schreibt und dann beide unterzeichnen.

▶ **Welche Gestaltungsmöglichkeiten hat ein Ehepaar zur Absicherung der Ehefrau im Erbfall?**

- Den Ehegatten stehen verschiedene **Möglichkeiten der testamentarischen Nachlassregelung** zur Verfügung:
- **Einsetzung des Ehegatten als Alleinerben.** Die Ehepartner werden sich im Regelfall in Form eines gemeinschaftlichen Testamentes wechselseitig zu Alleinerben einsetzen und nach dem Tode des Längerlebenden die gemeinsamen Kinder als Schlusserben bestimmen (sogenanntes „Berliner Testament"). Das Vermögen geht dann erst einmal uneingeschränkt auf den überlebenden Ehegatten über. Hierdurch erhält er die alleinige Entscheidungsfreiheit über die Verwaltung, Nutzung und Veräußerung der Nachlassimmobilien. Die Frage, wer nach dem Tod des überlebenden Ehegatten das gemeinsame Vermögen erben soll, müssen die Eheleute in ihrem Testament festlegen, ansonsten würde nach dem Tod des längerlebenden Ehegatten die gesetzliche Erbfolge eingreifen. Es empfiehlt sich deshalb eine „**Schlusserbenregelung**". Anstelle der Kinder können die Eheleute auch Personen aus der Verwandtschaft, eine kirchliche Stiftung, karitative Vereinigung, einen Verein oder Verband oder sonstige Organisationen als Schlusserben einsetzen.
- **Einsetzung des Ehegatten als Vorerben.** Nach einer anderen Variante des Ehegattentestaments wird der überlebende Ehegatte als „**Vorerbe**" (§ 2100 BGB) und die Kinder als „**Nacherben**" einge-

setzt. Der Nachlass des verstorbenen Ehegatten bildet dann ein Sondervermögen, über das der überlebende Ehegatte zu Lebzeiten nur in engen Grenzen verfügen kann: Schenkungen sind generell nicht zulässig und Nachlassimmobilien dürfen weder veräußert noch belastet werden. Diese **stark eingeschränkte Handlungsfähigkeit** kann sich aber für die Witwe oder den Witwer im Notfall (etwa bei Liquiditätsengpässen oder im Pflegefall) zu einem gravierenden Problem auswachsen. Vorteil dieser Lösung ist allerdings die Sicherung des Erbes für die gemeinsamen Kinder. Gemäß § 2136 BGB ist es aber möglich, dass der Erblasser den Vorerben teilweise von diesen Beschränkungen befreit. Laut § 2113 Abs. 2 BGB darf der Vorerbe aber auch dann Gegenstände des Nachlasses nur verschenken, wenn es sich hierbei um eine „Anstands- oder Pflichtschenkung" handelt.

- **Einsetzung des Ehegatten als Vermächtnisnehmer.** Alternativ zur Alleinerbeneinsetzung des Ehegatten können auch das oder die **Kinder als Erben** bestimmt und dem **Ehepartner** im Rahmen eines Vermächtnisses ein **Wohn- oder Nießbrauchsrecht** zugewendet werden. Hierdurch wird verhindert, dass die Kinder Pflichtteilsrechte gegen den überlebenden Ehegatten geltend machen. Auch die Nachteile der bei gesetzlicher Erbfolge eingreifenden Erbengemeinschaft werden für den überlebenden Ehegatten vermieden. Das Wohn- oder Nießbrauchsrecht stellt zwar eine relativ gute Absicherung für den überlebenden Ehegatten dar; dieser kann bei einer Erbeinsetzung der Kinder über Nachlassgegenstände aber weder verfügen noch diese belasten.

▶ **Was muss eine Ehefrau beim gemeinsamen Testieren mit ihrem Ehemann beachten?**

In einem Ehegattentestament können sogenannte „wechselbezügliche" Verfügungen getroffen werden, die in ihrem rechtlichen Bestand voneinander abhängen:

Eingeschränkter Widerruf zu Lebzeiten: Ist die eine wechselbezügliche Verfügung nichtig oder widerrufen worden, gilt dies automatisch auch für die andere Verfügung. Der Widerruf einer wechselbezüglichen Verfügung **zu Lebzeiten** beider Ehegatten kann **nur durch notariell beurkundete Erklärung** erfolgen und muss dem anderen Ehegatten zugehen. Der einseitige Widerruf einer wechselbezüglichen Verfügung ist also ungültig, wenn der andere Ehepartner davon nichts (in der vorgeschriebenen Form) erfährt.

Bindungswirkung mit dem ersten Erbfall: Eine der wichtigsten Wirkungen des Ehegattentestamentes ist, dass mit dem **Tode eines Ehegatten** der überlebende Ehegatte seine wechselbezügliche Verfügung **nicht mehr widerrufen** kann, es sei denn, die Eheleute haben diese Bindungswirkung in ihrem Testament ausgeschlossen oder zumindest eingeschränkt. Will der Witwer oder die Witwe seine eigene Verfügung wieder rückgängig machen, bleibt ihm nur die Möglichkeit, das ihm selbst durch Testament Zugewendete innerhalb einer Sechswochenfrist **auszuschlagen.** In einigen Ausnahmefällen kann der überlebende Ehegatte seine eigene wechselbezügliche Verfügung binnen Jahresfrist **anfechten** (etwa wenn er wieder heiratet oder aus einer neuen Beziehung Kinder hervorgehen).

▶ Was hat die Ehefrau als testamentarische Erbin zu beachten?

Wird die Ehefrau als Alleinerbin eingesetzt, sind die Kinder des Erblassers (z.B. auch aus 1. Ehe) enterbt und können deshalb ihren Pflichtteil von der Witwe verlangen. Die Missachtung dieser Pflichtteilsansprüche birgt große Gefahren: Der Pflichtteil ist auf Barzahlung gerichtet und sofort mit dem Todesfall fällig. Die Witwe kann dadurch in erhebliche finanzielle Engpässe geraten.

Die Ermittlung des Nachlasswertes bietet großes Streitpotenzial und kann beträchtliche Verfahrenskosten auslösen. Diese Probleme kann man durch einen Pflichtteilsverzicht, durch eine Zuwendung mit Anrechnungsbestimmung schon zu Lebzeiten oder durch Pflichtteilsstrafklauseln lösen.

Der Gesetzgeber räumt der Witwe, die in Zugewinngemeinschaft lebte, wahlweise das Recht ein, die Erbschaft auszuschlagen, um danach neben dem Pflichtteil den ehelichen Zugewinnausgleich (ähnlich wie bei der Scheidung) zu verlangen.

C. Rechte und Pflichten nach dem Erbfall

> **Expertentipp:** Dieses Vorgehen empfiehlt sich für die Witwe dann, wenn der verstorbene Ehemann einen relativ großen Zugewinn während der Ehezeit erwirtschaftet hat (Beispiel dazu auf Seite 189).

3. Die geschiedene Frau im Erbfall

a) Verlust des Erb- und Pflichtteilsrechts

▶ **Haben geschiedene Ehefrauen beim Tod des Ex-Mannes ein gesetzliches Erbrecht?**

Mit der Scheidung enden sämtliche erbrechtlichen Beziehungen zwischen den Ehegatten. Der rechtskräftig geschiedene Ehegatte hat kein gesetzliches Erbrecht. Er hat nicht einmal Anspruch auf einen Pflichtteil. Nach § 1933 BGB endet die Erbberechtigung des Ehegatten schon dann, wenn zur Zeit des Todes des Erblassers die Voraussetzungen für eine **Scheidung** der Ehe gegeben waren und der Verstorbene die Scheidung **beantragt** oder ihr zugestimmt hat.

▶ **Verlieren Kinder mit Scheidung der Eltern ihr gesetzliches Erbrecht?**

Die Scheidung der Eltern ändert im Übrigen nichts am gesetzlichen Erb- und Pflichtteilsrecht der gemeinsamen Kinder. Dies gilt auch dann, wenn der geschiedene Vater oder die geschiedene Mutter erneut geheiratet, weitere Kinder bekommen und zu den ersten Kindern den Kontakt abgebrochen hat.

▶ **Werden Ehegattentestamente mit Scheidung unwirksam?**

• Die Wirksamkeit einer letztwilligen Verfügung zugunsten des Ehegatten ist davon abhängig, ob die Ehe, wenn der Erblasser stirbt, noch besteht (§ 2077 Abs. 1 BGB). Ein Ehegattentestament kann aber ausnahmsweise die Ehe überdauern, wenn sich entweder aus dem Wortlaut des Testamentes oder durch Auslegung ergibt, dass der Erblasser den Ehegatten **auch im Falle der Scheidung** bedenken wollte (§ 2077 Abs. 3 BGB).

- Selbstverständlich kann ein Erblasser seinen geschiedenen Ehepartner durch ein **neues Testament** als Erbe oder Vermächtnisnehmer einsetzen.

> **Expertentipp:** Wer sich scheiden lässt und sich Klarheit über seine bisher verfassten letztwilligen Verfügungen verschaffen will, ist gut beraten, nach Abschluss des Scheidungsverfahrens überprüfen zu lassen, ob dem früheren Ehegatten ein testamentarisches Erbrecht zusteht. Eine Beratung durch einen Erbrechtsexperten ist unerlässlich.

b) Unterhaltsansprüche beim Tod des Ex-Ehepartners

▶ **Erlöschen Unterhaltsansprüche beim Tod des Ex-Ehemannes?**

- Die Unterhaltsansprüche von Verwandten erlöschen normalerweise mit dem Tod des Erblassers. Lediglich für bereits zu Lebzeiten des Erblassers fällige und rückständige Unterhaltsansprüche haftet der Nachlass.
- Eine **Ausnahme** gilt für den nachehelichen Unterhaltsanspruch des geschiedenen Ehegatten: Dieser Anspruch geht als Nachlassverbindlichkeit auf die Erben über (§ 1586 b BGB). Der Höhe nach ist der Unterhaltsanspruch aber auf den „fiktiven Pflichtteilsanspruch" des ehemaligen Ehepartners begrenzt. Unterhaltsansprüche bestehen also nur bis zur Höhe des Pflichtteils, den der Ehegatte erhalten hätte, wenn das Ehepaar nicht geschieden worden wäre.

c) Das Testament der geschiedenen Frau

▶ **Wie kann eine geschiedene Frau verhindern, dass ihr Ex-Mann über gemeinsame Kinder erbt?**

- Sind aus der geschiedenen Ehe **gemeinsame Kinder** hervorgegangen, kann sich ein Erbrecht des geschiedenen Ehegatten über gemeinsame Kinder ergeben. Das ist etwa dann der Fall, wenn nach dem Tod des einen Ehegatten dessen Vermögen über die

Erbfolge auf die gemeinsamen Kinder übergeht und eines der Kinder ohne eigene Nachkommen noch vor dem geschiedenen Ehegatten verstirbt. Nur in diesem eher seltenen Fall hat der überlebende Ehegatte als Elternteil einen Erbanspruch am Nachlass des vorverstorbenen Kindes und somit mittelbar auch am Vermögen des geschiedenen Ehegatten.

- Um dies zu vermeiden, kann ein geschiedener Ehepartner durch ein sogenanntes **Geschiedenentestament** nach der Scheidung das Kind als Vorerben und eine andere Person (beispielsweise seine Eltern oder Geschwister) als Nacherben einsetzen.
- Die Gestaltung eines Geschiedenentestaments ist rechtlich äußerst kompliziert und erfordert die Beratung durch einen Fachanwalt für Erbrecht.

4. Die Partnerin ohne Trauschein im Erbfall

In Deutschland gibt es zwischenzeitlich mehr als 2,5 Mio. nichteheliche Lebensgemeinschaften. Das Zusammenleben ohne Trauschein kann aber gerade im Todesfall zu erheblichen Problemen und Versorgungslücken führen. Das Gesetz behandelt nämlich Lebensgefährten ohne Trauschein wie „wildfremde" Personen. Welche Vorsorge Paare ohne Trauschein für den Erbfall treffen können, wird ausführlich auf den Seiten 106 bis 113 erläutert.

VIII. Das Kind im Erbfall

1. Gesetzlicher Erbteil des Kindes

▶ **Welchen Anteil erben Kinder neben dem Ehegatten des Erblassers?**

Haben die Eltern des Kindes keine letztwillige Verfügung errichtet, gilt die gesetzliche Erbfolge. Der Erbteil des Kindes hängt dabei vorrangig vom ehelichen Güterstand des verstorbenen Vaters bzw. der Mutter ab:

Erbteil des Kindes bei verheirateten Erblassern			
Ehelicher Güterstand des Erblassers:	bei 1 Kind	bei 2 Kindern	bei 3 Kindern
Zugewinngemeinschaft	1/2	je 1/4	je 1/6
Gütertrennung	1/2	je 1/3	je 1/4
Gütergemeinschaft	3/4	je 3/8	je 1/4

▸ Haben Kinder trotz Scheidung ihrer Eltern ein Erb- und Pflichtteilsrecht?

Ja; die Scheidung der Eltern ändert nichts am gesetzlichen Erb- und Pflichtteilsrecht der gemeinsamen Kinder.

▸ Haben nichteheliche Kinder Erbansprüche gegen den Vater?

Ja; nichteheliche Kinder, die nach dem 1. 7. 1949 geboren sind, sind im gleichen Umfang erbberechtigt wie die ehelichen Kinder. Voraussetzung dieser Erbberechtigung ist aber, dass die Vaterschaft des Verstorbenen feststeht.

Nichteheliche Kinder, die vor dem 1. 7. 1949 geboren sind, sind grundsätzlich nur am Nachlass ihrer Mutter erbberechtigt. Etwas anderes gilt dann, wenn der Vater des Kindes am 3. 10. 1990 seinen gewöhnlichen Aufenthalt in der DDR hatte; dann ist das vor dem 1. 7. 1949 geborene nichteheliche Kind auch am Nachlass des Vaters erbberechtigt.

▸ Haben adoptierte Kinder einen Erbanspruch am Vermögen ihrer Adoptiveltern?

• Ja; adoptierte Kinder stehen den leiblichen Kindern gleich. Mit der Adoption scheidet der **Minderjährige** völlig aus seiner – so das Gesetz – „leiblichen Familie" aus, so dass gegenüber den leiblichen Verwandten auch keine erbrechtlichen Ansprüche mehr bestehen.

- Eine Besonderheit gilt für Personen, die zum Zeitpunkt der Adoption bereits **volljährig** waren: Sie sind nur am Nachlass ihrer Adoptiveltern erbberechtigt, nicht aber am Vermögen der sonstigen Verwandten der Adoptivfamilie. Andererseits bleiben im Regelfall die verwandtschaftlichen und damit auch die erbrechtlichen Beziehungen zu der leiblichen Familie des volljährig Adoptierten bestehen.

▶ **Haben Pflegekinder ein Erbrecht beim Tod der Pflegeeltern?**

Auch wenn sich zwischen Pflegekindern und Pflegeeltern häufig emotionale Bindungen aufbauen, bestehen verwandtschaftliche Beziehungen und damit erbrechtliche Ansprüche erst dann, wenn das Pflegekind von den Pflegeeltern adoptiert oder als testamentarischer Erbe eingesetzt wurde. Im letzteren Fall ist aber zu beachten, dass das nicht adoptierte Kind in die schlechteste Steuerklasse III fällt und nur einen Freibetrag von 5 200 Euro hat.

▶ **Wie erfolgt bei minderjährigen Erben eine Ausschlagung der Erbschaft?**

- Eine Erbschaft, die einem minderjährigen Erben angefallen ist, kann gemäß § 1629 Abs. 1 BGB nur von beiden Elternteilen in Vertretung des Kindes ausgeschlagen werden. Zusätzlich muss die Genehmigung des Vormundschaftsgerichtes vorliegen, es sei denn, dass das minderjährige Kind allein deswegen Erbe geworden ist, weil ein Elternteil die Erbschaft ausgeschlagen hat (§ 1643 Abs. 2 BGB).

2. Pflichtteilsrechte des enterbten Kindes

▶ **Wie hoch ist der Pflichtteil eines enterbten Kindes?**

Der Pflichtteil des enterbten Kindes entspricht dem halben gesetzlichen Erbteil. Abhängig vom Grad der Verwandtschaft und des ehelichen Güterstandes des verstorbenen Vaters bzw. der Mutter ergeben sich folgende Pflichtteilsquoten:

Güterstand	Pflichtteil je Kind (wenn der Erblasser im Erbfall noch verheiratet war)		
	bei 1 Kind	bei 2 Kindern	bei 3 Kindern
Gesetzlicher Güterstand (= Zugewinngemeinschaft)	$1/4$	$1/8$	$1/12$
Gütertrennung	$1/4$	$1/6$	$1/8$
Gütergemeinschaft	$3/4$	$3/16$	$3/24$

Expertentipp: Das Pflichtteilsrecht des Kindes ist gerade bei einem „Berliner Testament" der Eltern zu beachten: Die gegenseitige Alleinerbeneinsetzung der Ehegatten bedeutet gleichzeitig eine Enterbung der Kinder für den ersten Erbfall (Einzelheiten zum Pflichtteilsrecht auf Seite 148).

▶ Wann steht Kindern bei Schenkungen der Eltern ein Pflichtteilsergänzungsanspruch zu?

Gemäß § 2325 BGB sind im Rahmen des „Pflichtteilsergänzungsanspruches" alle Schenkungen innerhalb der letzten 10 Lebensjahre des Erblassers anzusetzen. Zu beachten ist, dass es bei Schenkungen des Erblassers an seinen Ehegatten auf die Begrenzung durch die Zehnjahresfrist des § 2325 Abs. 3 BGB gar nicht ankommt: Der Gesetzgeber ordnet nämlich an, dass sämtliche Schenkungen während der Ehezeit, mögen diese auch Jahrzehnte zurückliegen, im Rahmen des Pflichtteilsrechts ergänzungspflichtig sind. Ausführlich zum Pflichtteilsrecht siehe Seite 162.

Beispiel: Herr Müller hat nach seiner Scheidung wieder geheiratet (ohne Ehevertrag). Aus der ersten Ehe stammen zwei Kinder; seine zweite Ehe blieb kinderlos. 12 Jahre vor seinem Ableben schenkte er seiner zweiten Ehefrau ein Einfamilienhaus im Wert von 800 000 Euro und setzt sie in seinem Testament zur Alleinerbin ein. Sein Vermögen beträgt zum Zeitpunkt des Erbfalls noch 200 000 Euro.

Die enterbten Kinder aus erster Ehe hätten bei gesetzlicher Erbfolge (also wenn Herr Müller ohne Testament verstorben wäre) je ein

Viertel des Nachlasses erhalten. Bei einer Pflichtteilsquote von jeweils einem Achtel können die beiden Kinder von der alleinerbenden Witwe zunächst einen Pflichtteilsanspruch (§ 2303 BGB) in Höhe von 25 000 Euro (= 1/8 aus 200 000 Euro) fordern. Daneben können die beiden Kinder einen Pflichtteilsergänzungsanspruch (§ 2325 BGB) in Höhe von jeweils 100 000 Euro (= 1/8 aus 800 000 Euro Schenkungswert) geltend machen. Die Zehnjahresfrist steht dem nicht entgegen, da die Schenkung an die Ehefrau des Erblassers erfolgte.

3. Rechte des Kindes als Schlusserbe

▶ **Können als Schlusserbe eingesetzte Kinder lebzeitige Schenkungen eines Elternteils zurückfordern?**

• Eine der wichtigsten Wirkungen des Ehegattentestamentes ist, dass mit dem Tode eines Ehegatten der überlebende Ehegatte seine wechselbezügliche Verfügung nicht mehr widerrufen kann (§ 2271 Abs. 2 S. 1 BGB), es sei denn, die Eheleute haben sich dies in ihrem Testament vorbehalten. Durch diese **Bindungswirkung** will der Gesetzgeber sicherstellen, dass die von den testierenden Eltern als Schlusserben des Längerlebenden eingesetzten Kinder den Nachlass der Eltern auch tatsächlich erhalten.

• Der überlebende Ehegatte versucht nun oftmals diese vom Gesetzgeber angeordnete Bindungswirkung eines Ehegattentestaments dadurch zu unterlaufen, indem er seinen späteren Nachlass oder Teile hiervon durch **lebzeitige Schenkungen** schmälert und dieses Vermögen nicht denjenigen Personen zuwendet, die im Ehegattentestament benannt sind, sondern hiervon abweichend.

• Nach der Rechtsprechung müssen diese Zuwendungen nach dem Tod des Schenkers an dessen Erben dann entsprechend § 2287 BGB **zurückgegeben** werden, wenn dieser für die Vornahme der Schenkung **kein** sogenanntes **„lebzeitiges Eigeninteresse"** hatte. Die Schenkung ist also nur dann bestandsfest, wenn der Witwer oder die Witwe den Beschenkten für bisher erbrachte Pflege belohnen, einen Anreiz für zukünftige Pflege geben oder dessen Altersversorgung sicherstellen wollen.

Beispiel: Witwer W hatte mit seiner Ehefrau ein Ehegattentestament errichtet, in dem sie sich wechselseitig zu Alleinerben und nach dem Tode des Längerlebenden den gemeinsamen Sohn als Schlusserben eingesetzt haben. Mehrere Jahre nach dem Tod seiner Ehefrau ging Witwer W eine nichteheliche Lebensgemeinschaft mit Frau L ein. Die Partnerschaft ohne Trauschein bestand über 15 Jahre bis zum Tod des Witwers W. 12 Jahre vor seinem Ableben hatte Witwer W seiner Lebensgefährtin L eine kleine Eigentumswohnung im Wert von 100 000 Euro geschenkt, ohne den Zweck der Schenkung näher zu regeln. 5 Jahre vor seinem Ableben wendet er der Lebensgefährtin L ein Aktiendepot im Wert von 40 000 Euro mit der Bestimmung zu, dass „hiermit die von L in der Vergangenheit erbrachte Pflegeleistung abgegolten und gleichzeitig ein Anreiz für zukünftige Versorgung und Pflege durch L geschaffen werden soll". Nach dem Ableben von W verlangt dessen Sohn als testamentarischer Schlusserbe von der Lebensgefährtin L Rückgabe sowohl der Eigentumswohnung als auch des Aktiendepots. Zu Recht?

Witwer W war aufgrund des Ehegattentestamentes nach dem Tod seiner Ehefrau in seiner Verfügungsgewalt beschränkt. Da zum Zeitpunkt der Schenkung der Eigentumswohnung kein lebzeitiges Eigeninteresse des W für die Schenkung vorlag (zumindest nicht vertraglich dokumentiert wurde), muss die Lebensgefährtin L die Wohnung an den Sohn S entsprechend § 2287 BGB zurückgeben. Das Aktiendepot darf sie dagegen behalten, weil Witwer W hierfür nachvollziehbare Gründe bei der Schenkung dokumentiert hat.

4. Rechte des Kindes als Nacherbe

▶ **Wann wird ein Kind Nacherbe der Eltern?**

- Eltern können in einem Ehegattentestament den überlebenden **Ehegatten als „Vorerben"** (§ 2100 BGB) und die **Kinder als „Nacherben"** einsetzen (Einzelheiten zur Vor- und Nacherbschaft auf Seite 33).
- Vorteil einer Vor- und Nacherbschaft ist die **Sicherung des Erbes für die ehegemeinschaftlichen Kinder.** Der Nachlass des verstorbenen Ehegatten bildet ein Sondervermögen, über das der überlebende Ehegatte zu Lebzeiten nur in engen Grenzen verfügen kann (§ 2113 BGB): Schenkungen sind generell nicht zulässig

C. Rechte und Pflichten nach dem Erbfall

und Nachlassimmobilien dürfen weder veräußert noch belastet werden. So darf der überlebende Ehegatte Grundstücke, Häuser und Eigentumswohnungen, die sich im Nachlass befinden, nur mit Zustimmung der Kinder als Nacherben veräußern (§ 2113 Abs. 1 BGB). Zum Schutz des Nacherben wird im Grundbuch ein „Nacherbenvermerk" eingetragen mit der Folge, dass jeder Kaufinteressent von vorneherein abgeschreckt wird.

- Gemäß § 2136 BGB ist es möglich, dass der Erblasser den Vorerben teilweise von diesen Beschränkungen **befreit** (vgl. dazu Seite 35).

▶ Welche Rechte hat das Kind als Nacherbe vor Eintritt des Nacherbfalls?

Dem Kind stehen als Nacherben bereits vor Eintritt des Nacherbfalls wichtige Rechte gegen den längerlebenden Elternteil als Vorerben zu:

- Das Kind kann als Nacherbe verlangen, dass Wertpapiere hinterlegt oder mit einem Sperrvermerk versehen werden (§§ 2116 bis 2118 BGB).
- Das Kind kann als Nacherbe gemäß § 2121 BGB Auskunft über den Bestand der Erbschaft und Vorlage eines Bestandsverzeichnisses verlangen.
- Der überlebende Elternteil trägt als Vorerbe gemäß § 2124 BGB alle Kosten, die zum Erhalt der Erbschaft erforderlich sind, insbesondere also die Reparaturkosten bei Gebäuden.
- Letztlich verbleiben dem überlebende Elternteil als Vorerben also nur die Einnahmen, die das Nachlassvermögen erwirtschaftet; die eigentliche Nachlasssubstanz gebührt dem Nacherben.

▶ Welche Rechte hat das Kind als Nacherbe nach Eintritt des Nacherbfalls?

- Nach Eintritt des Nacherbfalls (in der Regel dem Tod des Vorerben) kann das Kind als Nacherbe folgende Ansprüche geltend machen:
- Der Nacherbe kann Herausgabe der Vorerbschaft und Rechenschaft verlangen (§ 2130 BGB).

- Hat der Vorerbe unter Missachtung der ihm durch § 2113 BGB auferlegten Verfügungsbeschränkungen Gegenstände der Vorerbschaft verschenkt oder Vorerbschaftsimmobilien veräußert, so sind diese Rechtsgeschäfte des Vorerben unwirksam. Der Nacherbe kann diese Gegenstände nach dem Nacherbfall vom Beschenkten bzw. Erwerber gem. § 985 BGB zurückverlangen.

> **Expertentipp:** Vor- und Nacherbe stehen in einem Interessengegensatz zueinander, der häufig zu Konflikten und Streitigkeiten führt. Ohne fachliche Beratung sollte deshalb eine Vor- und Nacherbschaft nicht angeordnet werden.

5. Testamentarische Vorsorge für Kinder

a) Vorsorge für das minderjährige Kind

▶ **Wie können Eltern mittels letztwilliger Verfügung für ein minderjähriges Kind Vorsorge treffen?**

Wenn beide Elternteile versterben (z.B. bei einem Verkehrsunfall), wird das Vormundschaftsgericht zum Wohle eines minderjährigen Kindes einen **Vormund** suchen. Der vom Gericht bestellte Vormund verfügt in diesem Fall über das gesamte Vermögen des Kindes, also auch über die Erbschaft. Die Eltern können in einem Testament einen Vormund für ihre minderjährigen Kinder benennen (z.B. die Großmutter oder Tante des Kindes). Das Vormundschaftsgericht darf von diesem Vorschlag nur bei gravierenden Gründen abweichen.

Neben oder statt dem Vormund können die Eltern auch einen **Testamentsvollstrecker** benennen, der dann im Interesse des Kindes das Vermögen verwaltet (Einzelheiten zur Testamentsvollstreckung finden Sie auf Seite 44). Diese Testamentsvollstreckung kann auch für die Zeit nach Eintritt der Volljährigkeit des Kindes angeordnet werden.

Mustertext „Familienrechtliche Anordnung"
Soweit meine Kinder bei meinem Tod noch minderjährig sind, entziehe ich meinem geschiedenen Ehegatten gemäß § 1638 BGB das Recht, den Erwerb von Todes wegen der Kinder zu verwalten. Zur Verwaltung des von Todes wegen erworbenen Vermögens benenne ich als Pfleger Herrn/Frau . . . . . . Für Herrn/Frau . . . . . . gelten die in den §§ 1852 bis 1854 BGB bezeichneten Befreiungen.

b) Vorsorge für das behinderte Kind

▶ **Wie können Eltern mittels letztwilliger Verfügung für ein behindertes Kind Vorsorge treffen?**

- Eltern geistig schwer behinderter Kinder stehen in aller Regel vor der Frage, wie sie ihre letztwillige Verfügung gestalten sollen, um dem behinderten Abkömmling möglichst gerecht zu werden. Häufig sind solchermaßen erkrankte Kinder in Heimen untergebracht, wobei die Heimkosten über staatliche Zuschüsse gedeckt werden. Dieser Zuschuss kann auch in Form eines Darlehens gewährt werden.
- Sofern der Behinderte zu Vermögen kommen sollte, leitet der **Sozialhilfeträger** die entsprechenden **Erstattungsansprüche** auf sich über, um die gezahlten Beträge zurückzufordern. Als Vermögenserwerb gilt dabei auch eine Erbschaft des Sozialleistungsempfängers. Verstirbt ein Elternteil des behinderten Kindes, unterliegt der Nachlass deshalb regelmäßig dem staatlichen Zugriff.
- Oft versuchen Eltern durch eine Enterbung des behinderten Kindes zu verhindern, dass dieses pfändbaren Nachlass erhält. Hierdurch entstehen jedoch Pflichtteilsansprüche zugunsten des behinderten Kindes, die wiederum auf den Sozialhilfeträger übergeleitet werden können.
- Unter dem Begriff **„Behindertentestament"** ist eine effektive Gestaltungsmöglichkeit entstanden, um diese Zugriffsmöglichkeit zu begrenzen. Das während des Lebens erarbeitete Vermögen soll so weit als möglich der eigenen Familie und den folgenden Generationen erhalten bleiben und dem Zugriff bzw. Regress des Sozialhilfeträgers nach dem Tod eines Elternteils entzogen werden. Einzelheiten dazu finden Sie auf Seite 92.

> **Expertentipp:** Da jede familiäre und finanzielle Situation anders gelagert ist, ist dringend davor zu warnen, ein Behindertentestament „von der Stange" oder aufgrund vorgedruckter Erklärungen zu fertigen. Droht bei behinderten Kindern mit dem Ableben eines Elternteils der Rückgriff durch Träger der Sozialhilfe, sollte der Erblasser daher rechtzeitig und richtig Vorsorge treffen, um das Vermögen über den eigenen Tod hinaus im Familienbesitz zu halten. Dies kann wegen der komplexen Rechtsfragen nicht ohne fachkundigen Rat geschehen.

c) Vorsorge für das überschuldete Kind

▶ **Wie können Eltern mittels letztwilliger Verfügung für ihr überschuldetes Kind vorsorgen?**

- Eltern, deren Kinder zur Verschwendung neigen oder überschuldet sind, suchen oftmals nach einer Möglichkeit, das Familienvermögen den Nachkommen zu erhalten. Würden die Eltern das verschwendungssüchtige oder überschuldete Kind durch Testament **enterben,** steht diesem zumindest der Pflichtteilsanspruch (§ 2303 BGB) in Höhe der Hälfte des gesetzlichen Erbteils zu.
- Dieser Pflichtteil kann dem Kind nur bei schweren schuldhaften Verfehlungen durch Testament entzogen werden (§ 2333 BGB). Da der Gesetzgeber die Voraussetzungen für eine **Pflichtteilsentziehung** sehr eng gefasst hat, kommt ihr kaum praktische Bedeutung zu.
- Zwischen dem Anspruch auf den vollen Pflichtteil und der Entziehung des Pflichtteils steht die sogenannte **Pflichtteilsbeschränkung „in guter Absicht"** (§ 2338 BGB). Ziel einer solchen Pflichtteilsbeschränkung ist es, das Familienvermögen zugunsten der Abkömmlinge und deren Erben zu erhalten. Durch eine Art „Zwangsfürsorge" wird der spätere Nachlass vor der Verschwendungssucht des Erben oder vor dem Zugriff seiner Gläubiger weitgehend bewahrt. Sie führt dabei nicht zum Verlust des Pflichtteilsrechts, hat also keinen strafenden, sondern einen fürsorglichen Charakter.
- Mit der Pflichtteilsbeschränkung in guter Absicht wird ein doppelter Zweck verfolgt: Auf der einen Seite wird dem Kind der laufende Unterhalt gesichert, zum anderen wird der Pflichtteil vor Verschwendung und Verschuldung geschützt.

C. Rechte und Pflichten nach dem Erbfall

▶ **Welche Voraussetzungen hat eine „gut gemeinte" Pflichtteilsbeschränkung?**

- Die Pflichtteilsbeschränkung ist nur gegenüber **Abkömmlingen** (also Kindern), nicht aber gegenüber Eltern und Ehegatten des Erblassers zulässig. Sie erfordert vom Erblasser die Errichtung einer letztwilligen Verfügung, also eines Testamentes oder Erbvertrages. Eine Pflichtteilsbeschränkung ist möglich, wenn die folgenden Voraussetzungen bestehen:
- **„Verschwendungssucht"** liegt vor, wenn der Pflichtteilsberechtigte einen Hang zur zweck- und nutzlosen Vermögensverwendung hat, der seine Lebensweise prägt. Ein großzügiger Lebensstil oder ein Leben über die Verhältnisse reichen hingegen nicht aus.
- **„Überschuldung"** liegt vor, wenn die Verbindlichkeiten das sonstige Vermögen des Kindes übersteigen.
- Durch die Verschwendungssucht oder Überschuldung muss sich eine erhebliche **Gefährdung des Nachlasses** ergeben – es muss zu erwarten sein, dass der Nachlass entweder durch die Gläubiger des Kindes gepfändet oder durch das Kind selbst vergeudet wird und auf diese Weise verloren geht.
- Die Anordnung einer Pflichtteilsbeschränkung wird **von selbst unwirksam,** wenn die Überschuldung des Kindes bei Eintritt des Erbfalls nicht mehr besteht oder das Kind sich dauerhaft von dem verschwenderischen Lebenswandel nachweisbar abgewendet hat.

> **Expertentipp:** Im Testament selbst muss der Sachverhalt, der zur Pflichtteilsbeschränkung in guter Absicht geführt hat, also die Verschwendungssucht oder die Überschuldung des Kindes, im Kern beschrieben sein. Formulierungen wie zum Beispiel „Ich beschränke den Pflichtteil meines Sohnes, weil er verschuldet ist." genügen deshalb nicht den Anforderungen des § 2338 BGB.

▶ **Wie wird eine „gut gemeinte" Pflichtteilsbeschränkung geregelt?**

- Die Eltern können das verschwenderische bzw. überschuldete Kind zum **Vorerben** und dessen gesetzliche Erben als Nacherben einsetzen. Als Vorerbe darf das Kind keine Vermögenswerte aus dem Nachlass verschenken; Nachlassimmobilien dürfen weder verkauft noch mit Grundpfandrechten belastet werden. Durch die Anordnung einer Vorerbschaft wird somit erreicht, dass den Nacherben nach dem Tod des Vorerben die Substanz des Nachlasses im Wesentlichen erhalten bleibt. Mit anderen Worten: Zumindest die Nachlassimmobilie bleibt den Enkelkindern des Erblassers erhalten. Die Anordnung einer Vor- und Nacherbfolge hat auch weitere positive Wirkungen: Gläubiger des Kindes können nicht in die Vorerbschaft vollstrecken (§ 2115 BGB). Das überschuldete oder verschwenderische Kind kann über die Vorerbschaft nicht mittels Testament verfügen.

• Ergänzend kann eine Vertrauensperson (etwa ein anderes „zuverlässiges" Kind) als **Testamentsvollstrecker** eingesetzt werden, die die Aufgabe hat, dem überschuldeten bzw. verschwenderischen Kind die Einkünfte, die aus dem Nachlass erzielt werden, als laufende Unterhaltszahlung zu überlassen.

• Durch Kombination der Vor- und Nacherbschaft mit einer Verwaltungsvollstreckung wird der maximale Schutz des Familienvermögens erreicht.

> **Expertentipp:** Die testamentarische Gestaltung einer Pflichtteilsbeschränkung in guter Absicht ist rechtlich äußerst kompliziert und erfordert deshalb eine eingehende Beratung durch einen Fachanwalt für Erbrecht.

d) Schutz des Kindes bei Wiederheirat eines Elternteils

▶ **Wie können Kinder durch eine testamentarische Wiederverheiratungsklausel abgesichert werden?**

• Nicht selten heiratet die Witwe bzw. der Witwer nach dem Tod des Ehegatten wieder. Da der neue Ehegatte mit der Eheschließung erb- und pflichtteilsberechtigt am Nachlass der wiederverheirateten Witwe bzw. Witwers wird, besteht für die im gemeinschaftlichen Testament eingesetzten Schlusserben (im Regelfall also die Kinder) die Gefahr, dass hierdurch Vermögen an den neuen Ehepartner abfließt und so der spätere Nachlass zu Lasten der Kinder geschmälert wird.

C. Rechte und Pflichten nach dem Erbfall

- Testierende Eltern, die dies verhindern wollen, können in ihr Testament eine sogenannte **Wiederverheiratungsklausel** aufnehmen. Ziel einer derartigen testamentarischen Anordnung ist es, das Eigenvermögen der Witwe bzw. des Witwers rechtlich zu trennen vom Nachlass mit der Folge, dass der neue Ehepartner nur am Eigenvermögen, aber nicht am Nachlass Erb- oder Pflichtteilsrechte geltend machen kann. In der Praxis wird dies erreicht durch eine bedingte Vor- und Nacherbschaft bzw. durch ein Herausgabevermächtnis. Hierdurch wird für den Fall der Wiederheirat den gemeinsamen Kindern der wesentliche Nachlass des verstorbenen Elternteils erhalten.

> **Expertentipp:** Die rechtliche Konstruktion einer Wiederverheiratungsklausel ist außerordentlich kompliziert und hängt insbesondere davon ab, welche Gestaltungsvariante die Eheleute für ihr gemeinschaftliches Testament gewählt haben (vgl. dazu Seite 82). Es empfiehlt sich deshalb zwingend den Rat eines Fachanwalts für Erbrecht einzuholen.

IX. Der Erbfall mit Auslandsberührung

▶ **Wann liegt ein Erbfall mit Auslandsbezug vor?**

Auf vielfache Art und Weise kann ein Erbfall mit ausländischen Rechtsordnungen in Berührung kommen.

- Zum einen besitzen immer mehr deutsche Staatsangehörige ein Feriendomizil oder eine sonstige Immobilie im Ausland.
- Dasselbe gilt für Geldanlagen.
- Außerdem kann ausländisches Recht zur Anwendung kommen, wenn ein ausländischer, in der Bundesrepublik Deutschland lebender Mitbürger, verstirbt.
- Auch deutsche Staatsangehörige, die ihren Wohnsitz im Ausland haben und versterben, hinterlassen Erben, die mit ausländischer Rechtsordnung zu tun haben können.
- War der Erblasser mit einem nicht-deutschen Ehepartner verheiratet, stellt sich zusätzlich die Frage nach der Schnittstelle zwischen ausländischem Familien- und Erbrecht.

IX. Der Erbfall mit Auslandsberührung

> **Expertentipp:** Es handelt sich bei einem Erbfall mit Auslandsberührung um eine der schwierigsten Materien des gesamten Erbrechts, da unter Umständen ausländische Rechtsordnungen anzuwenden sind. Das muss bereits bei der Nachlassplanung und Testamentsgestaltung berücksichtigt werden.

▶ **Wann gilt in einem Erbfall ausländisches Erbrecht?**

Bei Erbfällen mit Auslandsberührung ist zunächst zu fragen, ob auf die Regulierung des Gesamtnachlasses oder die Verteilung einzelner Nachlassgegenstände deutsches oder ausländisches Erbrecht anzuwenden ist. Dies bestimmt sich nach den Regeln des Internationalen Privatrechts. Hierbei gilt es immer die anzuwendende Rechtsordnung aus Sicht der beteiligten Staaten zu bestimmen. Dabei wird nach dem Staatsangehörigkeits- oder dem Wohnsitzprinzip unterschieden.

1. Staatsangehörigkeits- oder Wohnsitzprinzip

▶ **In welchen Ländern richtet sich der Erbfall nach der Staatsangehörigkeit?**

Einige Staaten, darunter auch Deutschland, beurteilen den Erbfall nach dem Recht des Heimatstaates des Erblassers (Staatsangehörigkeitsprinzip). Bei einem deutschen Staatsangehörigen ist also deutsches Erbrecht für sein in- und ausländisches Vermögen maßgebend. Unerheblich ist dabei sein Wohnsitz. Folgende Länder wenden das Staatsangehörigkeitsprinzip an:

Bosnien-Herzegowina	Polen
Deutschland	Portugal
Griechenland	Rumänien
Italien	Serbien
Japan	Slowenien
Kroatien	Spanien
Lichtenstein	Schweden
Österreich	Ungarn

C. Rechte und Pflichten nach dem Erbfall

Beispiel: Ein Deutscher mit letztem Wohnsitz in Österreich wird nach deutschem Erbrecht beerbt. Auch aus österreichischer Sicht ist das deutsche Erbrecht anzuwenden. Hatte der deutsche Erblasser eine Eigentumswohnung in Italien, gilt ebenfalls deutsches Erbrecht. Da auch Italien dem Staatsangehörigkeitsprinzip folgt, wird z.B. ein Italiener mit ständigem Wohnsitz in Deutschland nach italienischem Erbrecht aus deutscher und italienischer Sicht beerbt.

▶ **In welchen Ländern ist der Wohnsitz für den Erbfall maßgeblich?**

Verschiedene Staaten regeln die Erbschaft nach dem Wohnsitzprinzip, wenden also das Recht an, welches am letzten Wohnsitz des Erblassers gilt. Bürger dieser Staaten, die zum Zeitpunkt des Erbfalls ihren Wohnsitz in Deutschland haben, werden in der Regel nach deutschem Erbrecht beerbt. Folgende Staaten wenden das Wohnsitzprinzip an:

Brasilien	Israel
Bulgarien	Norwegen
Dänemark	Russische Föderation
Island	Schweiz

Beispiel: Ein Däne mit Wohnsitz in Deutschland wird für sein gesamtes Vermögen in Deutschland und Dänemark nach deutschem Erbrecht beerbt.

Lebte ein deutscher Erblasser in einem Staat, das dem Wohnsitzprinzip folgt, wird die Abwicklung des Erbfalls deutlich komplizierter. Da Deutschland dem Staatsangehörigkeitsprinzip folgt, müssen deutsche Gerichte deutsches Erbrecht auf den Erbfall anwenden. Ganz anders wird das ausländische Gericht den Erbfall beurteilen, da nach dem Wohnsitzprinzip das dortige Recht zur Anwendung kommt.

Beispiel: Ein deutscher Witwer verstirbt mit letztem Wohnsitz in der Schweiz und hinterlässt ein Vermögen von 1 Mio. Euro. Die einzige Tochter, die er testamentarisch enterbt hatte, kann vor deutschen Gerichten, die wegen des Staatsangehörigkeitsprinzips deutsches Erbrecht anwenden, ihren Pflichtteil in Höhe von 500 000 Euro erfolgreich durchsetzen. Hätte die enterbte Tochter dagegen vor Schweizer Gerichten geklagt, müsste nach dem dort geltenden Wohnsitzprinzip

Schweizer Erbrecht angewendet werden. Der Pflichtteil der Tochter hätte dann 750 000 Euro betragen.

> **Expertentipp:** Ein Pflichtteilsberechtigter sollte sich in ähnlichen Fällen deshalb genau beraten lassen, ob er seine Ansprüche in Deutschland oder im Ausland geltend macht.

2. Spaltung des Nachlasses

▶ Wann kann es zur Spaltung des Nachlasses kommen?

An sich unterliegt ausländischer Nachlass eines Deutschen wegen des Staatsangehörigkeitsprinzips dem deutschen Erbrecht. Einige Länder beanspruchen aber im Hinblick auf die dort belegenen Immobilien zwingend die Geltung des eigenen Erbrechts. Zu einer derartigen Spaltung des Nachlasses kann es in folgenden Staaten kommen:

Argentinien	Litauen
Australien	Luxemburg
Belgien	Monaco
Estland	Neuseeland
Finnland	Südafrika
Frankreich	Thailand
Großbritannien	Türkei
Irland	USA
Kanada	

> **Beispiel:** Ein deutscher Unternehmer hat neben seinem Vermögen in Deutschland auch eine Ferienwohnung in der Provence. Im Erbfall unterliegt diese französische Immobilie zwingend dem französischen Erbrecht, während das sonstige Vermögen in Deutschland nach deutschem Erbrecht vererbt wird. Hat der Erblasser kein Testament errichtet, beurteilt sich die gesetzliche Erbfolge teilweise nach deutschem, teilweise nach französischem Erbrecht. Dies kann z. B. zu unterschiedlichen Erbquoten und damit zu verschieden zusammengesetzten Erbengemeinschaften führen.

Ganz erhebliche Auswirkungen hat eine derartige Nachlassspaltung dann, wenn z. B. der Staat in dem sich die Immobilie befindet, kein Pflichtteilsrecht kennt, wie in vielen Bundesstaaten der USA im Hinblick auf Abkömmlinge. Hinterlässt also ein Deutscher neben unbedeutendem Nachlass in Deutschland besonders werthaltige Grundstücke in Florida, können enterbte Kinder nur an dem deutschen, nicht aber dem amerikanischen Nachlass Pflichtteilsansprüche geltend machen. Durch den Erwerb von Immobilien in Ländern mit einer Nachlassspaltung, können sich für deutsche Erblasser interessante Gestaltungsstrategien zur Begrenzung von Pflichtteilsansprüchen ergeben.

> **Expertentipp:** Jeder Erblasser mit **Auslandsimmobilien** muss durch Errichtung einer letztwilligen Verfügung den Gefahren einer Nachlassspaltung vorbeugen. Für unsere ausländischen Mitbürger bietet sich die durchaus interessante Möglichkeit, für in Deutschland belegene Immobilien deutsches Erbrecht zu wählen. Dem deutschen Erblasser ist es dagegen – jedenfalls was sein deutsches Vermögen anbelangt – verwehrt, eine ausländische Erbrechtsordnung zu wählen.

3. Formfragen beim Erbfall mit Auslandsbezug

▶ **Gilt das Testament eines Deutschen auch im Ausland?**

Letztwillige Verfügungen, die ein deutscher Erblasser formwirksam nach deutschem Erbrecht errichtet hat, können im Ausland unwirksam sein.

- Gerade für deutsche Ehegatten, die Vermögen im Ausland haben oder mit einem Ausländer verheiratet sind, ist erbrechtlich größte Vorsicht geboten. Vornehmlich in romanischen Staaten (z.B. Italien und Spanien sowie in Frankreich) wird weder das gemeinschaftliche Ehegattentestament noch ein Erbvertrag anerkannt.
- Probleme können sich aber auch im Hinblick auf die ehelichen Güterstände eines anderen Staates ergeben.
- Privatschriftliche Testamente erfordern in manchen ausländischen Staaten (wie z.B. Florida) die Anwesenheit von zwei Zeugen.

> **Expertentipp:** Hier schützt nur eine vorbeugende Beratung durch einen Erbrechtsexperten vor unangenehmen Überraschungen beim deutsch-ausländischen Erbfall.

4. Der Erbschein im deutsch-ausländischen Erbfall

▶ Gilt der deutsche Erbschein im Ausland?

Viele Staaten kennen gar keinen Erbschein zum Nachweis des Erbrechts. Umgekehrt werden ausländische Erbnachweise regelmäßig nicht von deutschen Nachlassgerichten anerkannt. Bei der Abwicklung deutsch-ausländischer Nachlässe kann deshalb auf die Unterstützung eines Erbrechtsexperten nicht verzichtet werden.

X. Die Haftung des Erben

1. Haftung des Erben mit seinem Privatvermögen

▶ **Können Gläubiger des Erblassers in das Privatvermögen des Erben vollstrecken?**

Mit dem Tod des Erblassers gehen seine Schulden nicht unter. Die Schulden bleiben bestehen und gehen als Teil des Nachlassvermögens auf den Erben über. Mit dem Erbfall vereinigen sich zwei bisher getrennte Vermögensmassen, nämlich die Aktiva und Passiva des Erblassers mit den Nachlasswerten und Nachlassverbindlichkeiten des Erben. Der Erbe haftet also auch mit seinem **Eigenvermögen**. Ein Nachlassgegenstand kann deshalb sowohl von Gläubigern des Erblassers als auch von Gläubigern des Erben als Vollstreckungsobjekt in Anspruch genommen werden.

> **Expertentipp:** Vor einer unüberlegten Ausschlagung und dem damit einhergehenden Verlust des Erb- (und in der Regel auch des Pflichtteilsrechts siehe dazu Seite 151) ist zu warnen, da der Gesetzgeber verschiedene Möglichkeiten zur Haftungsbegrenzung und damit zum Schutz des Privatvermögens zur Verfügung stellt (siehe dazu Seite 216).

2. Die Nachlassverbindlichkeiten

▶ **Für welche Nachlassverbindlichkeiten haftet der Erbe?**

Der Erbe haftet gemäß § 1967 BGB für
- Erblasserschulden,
- Erbfallschulden und
- Nachlasserbenschulden.

▶ **Was gehört zu den sogenannten Erblasserschulden?**

Erblasserschulden sind gemäß § 1967 Abs. 2 BGB die **vom Verstorbenen selbst** herrührenden vertraglichen oder gesetzlichen

Schulden, die aber durch seinen Tod noch nicht erloschen sind. Hierzu zählen insbesondere:
- Steuerschulden,
- Schulden aus Verträgen,
- Prozesskosten,
- Miet- und Wohngeldschulden,
- Kosten der Sozialhilfe,
- Unterhaltsansprüche und
- Verbindlichkeiten aus Krediten und Bürgschaften.

▸ **Was gehört zu den sogenannten Erbfallschulden?**

Erbfallschulden sind gemäß § 1967 Abs. 2 BGB Schulden, die **aus Anlass des Erbfalls** entstehen. Hierzu gehören insbesondere:
- Pflichtteilsansprüche,
- Vermächtnisse,
- Auflagen,
- Erbschaftsteuer,
- Kosten der Testamentseröffnung,
- Kosten der Beerdigung (§ 1968 BGB) und
- der sogenannte Voraus betreffend Haushaltsgegenstände (§ 1932 BGB).

▸ **Was gehört zu den sogenannten Nachlasserbenschulden?**

Hierzu zählen Verbindlichkeiten, die der Erbe aus Anlass des Erbfalls **durch Rechtsgeschäft** eingegangen ist. Hierzu gehören insbesondere:
- Verbindlichkeiten anlässlich der Verwaltung des Nachlasses und
- Verbindlichkeiten anlässlich der Fortführung eines Handelsunternehmens.

▸ **Ab welchem Zeitpunkt haftet der Erbe für Nachlassverbindlichkeiten?**

Nach Annahme der Erbschaft oder bei Versäumung der 6-wöchigen Ausschlagungsfrist haftet der Erbe, mehrere Erben gemeinschaftlich, zunächst unbeschränkt, d. h. auch mit dem Eigenvermögen. Allerdings verbleibt die Möglichkeit die Haftung für Nachlassschulden **auf die Erbmasse zu beschränken** (siehe dazu Seite 216).

▶ **Kann die Erbschaftsannahme rückgängig gemacht werden, falls sich später eine Überschuldung des Nachlasses ergibt?**

In Ausnahmefällen kommt gemäß § 119 BGB eine Anfechtung der Erbschaftsannahme in Betracht, wenn der Erbe sich über die Überschuldung des Nachlasses (etwa wegen zunächst unbekannter Steuerrückstände) geirrt hat. Die Anfechtungserklärung muss in beglaubigter Form innerhalb einer Sechswochenfrist gegenüber dem Nachlassgericht erklärt werden (§§ 1954, 1955 BGB).

▶ **Wer trägt die Kosten der Bestattung?**

Die Bestattungskosten haben die **Erben** zu tragen (§ 1968 BGB), also nicht die nächsten Angehörigen, es sei denn, sie sind auch gleichzeitig die Erben. Für die laufenden Kosten der Unterhaltung und Pflege des Grabes müssen die Erben jedoch nicht aufkommen. Diese Kostenübernahme sieht der Gesetzgeber als sittliche Pflicht der Angehörigen an.

> **Expertentipp:** Jedem Erblasser oder jeder Erblasserin ist daher zu empfehlen, die Grabpflege dem oder den Erben durch Auflage zu übertragen.

3. Beschränkung der Erbenhaftung

▶ **Wie schützt der Erbe sein Eigenvermögen?**

Der Erbe hat folgende Möglichkeiten, seine Haftung für Nachlassverbindlichkeiten auf den Nachlass zu begrenzen und damit sein **Eigenvermögen zu schützen:**
- 3-Monatseinrede (siehe Seite 217) sowie
- Errichtung eines Inventars (siehe Seite 217),
- Aufgebotsverfahren (siehe Seite 218),
- Nachlassverwaltung (siehe Seite 219),

- Nachlassinsolvenzverfahren (siehe Seite 220),
- Einrede der Dürftigkeit (siehe Seite 221).

▶ Wozu dient die Drei-Monats-Einrede?

- Der Erbe ist gemäß § 2014 BGB berechtigt, die Begleichung von Nachlassverbindlichkeiten innerhalb der ersten 3 Monate nach Erbschaftsannahme zu verweigern. Innerhalb dieser **Schonfrist** kann er den Nachlass sichten und entscheiden, ob er seine persönliche Haftung beschränken soll, also Nachlassverwaltung oder die Eröffnung des Nachlassinsolvenzverfahrens beantragen soll.
- Da der Lauf der Drei-Monats-Einrede bereits mit Annahme der Erbschaft beginnt, hat sie in Prozessen, in denen der Erbe selbst von einem Nachlassgläubiger verklagt wird, **keine praktische Bedeutung**. Der Nachlassgläubiger kann nämlich den Erben erst ab Annahme der Erbschaft verklagen. Bis zur Klagezustellung und Urteilsverkündung sind regelmäßig die drei Monate schon verstrichen.
- Anders ist es, wenn die **Zwangsvollstreckung** gegen den Erblasser vor dem Erbfall schon begonnen hatte und gegen den Erben unmittelbar nach Erbschaftsannahme fortgesetzt wird. In diesen Fällen kann sich der Erbe mit der Erhebung der Drei-Monats-Einrede „Luft verschaffen".

▶ Welchen Zweck hat die Errichtung eines Inventars?

- Gemäß § 1993 BGB kann der Erbe freiwillig ein Nachlassverzeichnis („Inventar") beim Nachlassgericht einreichen. Bei der Errichtung ist gemäß § 2002 BGB eine amtliche Mitwirkung (z. B. Aufnahme durch einen Notar) erforderlich.
- Auch ein Nachlassgläubiger kann ohne zeitliche Begrenzung beim Nachlassgericht den Antrag stellen, dass dem Erben eine Frist zur Errichtung eines Inventars gesetzt wird (§ 1994 BGB). In der Praxis kommt das sehr selten vor.
- Für den Erben ist die Inventarerrichtung allerdings kein sinnvolles Mittel zur Haftungsbeschränkung; dies kann er letztlich nur durch ein Aufgebotsverfahren, die Nachlassverwaltung oder das Nachlassinsolvenzverfahren erreichen. Die Errichtung eines In-

ventars kann für den Erben sogar nachteilhaft sein: Er verliert die Möglichkeit eine Haftungsbeschränkung herbeizuführen, falls er – trotz einer Fristsetzung durch das Nachlassgericht – das Inventar nicht rechtzeitig errichtet (§ 1994 Abs. 1 S. 2 BGB) oder bewusst unrichtige Angaben macht (§ 2005 Abs. 1 S. 1 BGB).

> **Expertentipp:** Nicht verwechselt werden darf das „amtliche" Inventar im Sinne von § 1993 BGB mit dem „normalen" Nachlassverzeichnis, das zur Berechnung der Erbscheinerteilungskosten beim Nachlassgericht eingereicht werden muss oder dem Nachlassverzeichnis, das der Erbe auf Verlangen des Pflichtteilsberechtigten gemäß § 2314 BGB (beides ohne amtliche Mitwirkung) zu erstellen hat. Diese „nicht-amtlichen" Verzeichnisse lösen nicht die Wirkungen einer „Inventaruntreue" (§ 2005 Abs. 1 S. 1 BGB) aus.

▶ Welchen Zweck hat ein Aufgebotsverfahren?

- Die Nachlassgläubiger werden sich zumeist schon im Eigeninteresse beim Erben melden, sobald sie vom Erbfall erfahren. Zur Klärung der Verhältnisse stellt das Gesetz (§§ 1970 ff. BGB) dem Erben das Aufgebotsverfahren zur Verfügung, in dem die Gläubiger vom Gericht zur Anmeldung ihrer Forderung aufgefordert werden.
- Das Aufgebotsverfahren soll dem Erben eine zuverlässige **Übersicht über die Verschuldung** des Nachlasses geben. Auf dieser Grundlage kann er sich dann entscheiden, ob er eine amtliche Nachlassliquidation durch **Nachlassverwaltung** oder **Nachlassinsolvenzverfahren** beantragt oder den Nachlass in Selbstverwaltung behält und ein **Inventar** nach den §§ 2001, 2002 BGB errichtet.
- Der Erbe kann gemäß § 1970 BGB **innerhalb eines Jahres** nach Erbschaftsannahme beim Nachlassgericht beantragen, dass alle Gläubiger zur Anmeldung ihrer Forderungen aufgefordert werden. Diese müssen dann innerhalb einer bestimmten Frist alle offenen Nachlassverbindlichkeiten anmelden.
- Wurde das Aufgebotsverfahren beantragt und vom Gericht zugelassen, ist der Erbe bis zur Beendigung des Verfahrens berechtigt, die Begleichung von Nachlassverbindlichkeiten zu verweigern (§ 1973 BGB).

- Sind im Aufgebotsverfahren Nachlassgläubiger durch Urteil ausgeschlossen oder nicht berücksichtigt worden, kann der Erbe die sogenannte **Erschöpfungseinrede** erheben (§ 1973 BGB), sofern vom Nachlass nichts mehr übrig ist.

▶ **Welche Rechte haben Gläubiger, die sich fünf Jahre nach dem Erbfall melden?**

- Nachlassgläubiger, die ihre Forderung später als fünf Jahre nach dem Erbfall dem Erben gegenüber geltend machen, werden auch ohne vorangegangenes Aufgebotsverfahren wie Gläubiger behandelt, die nach § 1970 BGB ausgeschlossen wurden (sogenannte Verschweigungseinrede gemäß 1974 BGB).
- Etwas anderes gilt natürlich nur dann, wenn sich diese Gläubiger im Aufgebotsverfahren gemeldet haben oder dem Erbe sowieso bekannt waren (dies muss aber der Gläubiger beweisen). Gläubiger, die Pflichtteilsansprüche, Vermächtnisse oder Auflagen geltend machen, sind dem Erben in der Regel aufgrund des Testamentes bekannt. Bei Pflichtteilsansprüchen ist dabei aber zu beachten, dass diese einer dreijährigen Verjährung unterliegen (§ 2332 BGB).

▶ **Welchen Zweck hat die Nachlassverwaltung?**

- Die Nachlassverwaltung (§ 1975 BGB) ist für Fälle gedacht, in denen der Nachlass zwar nicht überschuldet erscheint, in denen aber der Erbe die Mühe der Abwicklung und die **Gefahr einer Inanspruchnahme seines eigenen Vermögens** vermeiden will. Die Nachlassverwaltung dient aber auch dem Interesse eines Nachlassgläubigers, der eine Gefährdung der Anspruchsbefriedigung abwehren möchte.
- Durch die gerichtliche Anordnung einer Nachlassverwaltung werden rückwirkend bezogen auf den Erbfall das Eigenvermögen des Erben und das geerbte Vermögen wieder **getrennt.**
- Die Nachlassverwaltung wird dem Erben vom Gericht völlig entzogen und in die Hand des sogenannten Nachlassverwalters gelegt. Der Erbe verliert seine **Verwaltungs- und Verfügungsbefugnis** über den Nachlass.

- Nachlassgläubiger können etwaige Ansprüche grundsätzlich nur noch gegen den Nachlassverwalter geltend machen (§ 1984 Abs. 1 S. 3 BGB). **Zwangsvollstreckungsmaßnahmen,** die ein Nachlassgläubiger in das Eigenvermögen des Erben eingeleitet hat, sind auf dessen Antrag hin aufzuheben (§ 784 Abs. 1 ZPO).
- Die Nachlassverwaltung wird auf **Antrag** des Erben (§ 1981 Abs. 1 BGB) vom Nachlassgericht angeordnet, ohne dass dafür besondere Voraussetzungen gegeben sein müssten. **Miterben** können den Antrag allerdings nur gemeinschaftlich stellen (§ 2062 BGB); dies ist nur so lange zulässig als der Nachlass unter den Miterben noch nicht geteilt ist (das Nachlassinsolvenzverfahren kann dagegen auch von einem einzelnen Miterben beantragt werden).
- Ein **Nachlassgläubiger** kann die Verwaltung beantragen, wenn seine Befriedigung durch das Verhalten des Erben oder die Vermögenslage des Nachlasses gefährdet erscheint (§ 1981 Abs. 2 BGB).

> **Expertentipp:** Ein Nachteil für den Erben sind die Kosten einer Nachlassverwaltung. Deshalb kommt sie in der Praxis eher selten vor.

▶ **Wann muss das Nachlassinsolvenzverfahren eröffnet werden?**

- Bei **überschuldetem Nachlass** oder **Zahlungsunfähigkeit** des Nachlasses soll durch das Nachlassinsolvenzverfahren für eine gleichmäßige (anteilige) Befriedigung der Nachlassgläubiger gesorgt werden. Das Verfahren liegt also in erster Linie im Interesse der Gläubiger, dient aber, da es zur Haftungsbeschränkung führt, auch dem Interesse des Erben.
- Mit Eröffnung des Nachlassinsolvenzverfahrens wird die Verwaltung des Nachlasses dem Erben entzogen und auf den **Nachlassinsolvenzverwalter** übertragen.
- Bei Überschuldung oder Zahlungsunfähigkeit des Nachlasses, muss der Erbe **unverzüglich** die Eröffnung des Nachlassinsolvenzverfahrens beim Insolvenzgericht (§ 315 InsO) beantragen (§ 1980 BGB), andernfalls macht er sich **schadensersatzpflichtig** (§ 1980

Abs. 1 BGB). Die gleiche Verpflichtung trifft den Nachlassverwalter, der zuvor auf Antrag des Erben eingesetzt worden ist.
- Den **Antrag** auf Eröffnung des Nachlassinsolvenzverfahrens kann neben dem Alleinerben auch ein einzelner **Miterbe** stellen. Die Nachlassverwaltung kann dagegen nur von mehreren Miterben gemeinschaftlich beantragt werden. Antragsberechtigt sind weiter jeder **Nachlassgläubiger** und auch ein **Testamentsvollstrecker**.

> **Expertentipp:** Das Nachlassinsolvenzverfahren verursacht (wie auch die Nachlassverwaltung) relativ hohe Kosten: Die Gebühren und Auslagen des Gerichts sowie die Vergütung und Aufwendungen des Verwalters belaufen sich auf einige Tausend Euro. Ist im Nachlass nicht einmal soviel Vermögen vorhanden, liegt Dürftigkeit vor. Der Erbe kann dann die sogenannte **Dürftigkeitseinrede** gemäß § 1990 BGB erheben (siehe dazu nachfolgend).

▶ Wozu dient die Einrede der Dürftigkeit?

- Wenn die Nachlassaktiva so gering sind, dass weder **Nachlassverwaltung** noch **Nachlassinsolvenzverfahren** zweckmäßig sind, weil nicht einmal die (relativ hohen) Kosten dieser Verfahren gedeckt wären, hat der Erbe das Recht, gemäß § 1990 BGB die Befriedigung der Nachlassgläubiger zu verweigern, soweit der Nachlass nicht ausreicht (sogenannte „Dürftigkeitseinrede").
- Die Dürftigkeit des Nachlasses hat der Erbe zu **beweisen.** Sie muss zum Zeitpunkt der Entscheidung eines Gerichts über die Klage eines Gläubigers vorliegen. Nicht notwendig ist also, dass der Nachlass schon beim Erbfall dürftig war.
- Meldet sich ein Nachlassgläubiger beim Erben, wird dieser zunächst auf die Dürftigkeit hinweisen und diese belegen. Hierzu kann er **gerichtliche Beschlüsse** vorlegen, aus denen sich die Ablehnung einer Nachlassverwaltung bzw. eines Nachlassinsolvenzverfahrens mangels Kostendeckung ergibt.
- Hat der Erbe keine solchen Beschlüsse, wird er den Nachlassgläubigern ein **privat erstelltes Nachlassverzeichnis** zusenden. Klagt der Nachlassgläubiger gleichwohl gegen den Erben, wird

dieser die Dürftigkeit im Prozess einwenden. Er ist nicht verpflichtet, hierzu eigens einen Insolvenzantrag zu stellen und abweisen zu lassen (KG, NJW-RR 2003, 941).

D. Die Schenkung- und Erbschaftsteuer

I. Die Erbschaftsteuerreform 2009

▶ **Warum musste das Schenkung- und Erbschaftsteuerrecht reformiert werden?**

Durch eine Entscheidung des Bundesverfassungsgerichts vom 7.11.2006 (NJW 2007, 573) wurde eine Reform der Schenkung- und Erbschaftsteuer notwendig. Die Verfassungsrichter sahen im früheren Erbschaftsteuergesetz einen Verstoß gegen den Gleichheitssatz im Sinne des Grundgesetzes gem. Art. 3 Abs. 1, da nach bisherigem Recht einheitliche Steuersätze auf unterschiedlich bewertetes Vermögen angewendet wurden. Immobilien- und Betriebsvermögen sei gegenüber Kapitalvermögen zu niedrig bewertet worden. Diese unterschiedliche, verfassungswidrige Bewertung musste der Gesetzgeber mit der Reform bis zum 31.12.2008 beseitigen. Das Gesetz zur Reform des Erbschaftsteuer- und Bewertungsrechts (Erbschaftsteuerreformgesetz) ist am 1.1.2009 in Kraft getreten.

▶ **Wer sind die Gewinner und Verlierer der Erbschaftsteuerreform 2009?**

Zu den Gewinnern der Reform zählen die nächsten Familienangehörigen. Ihre Freibeträge steigen kräftig an. Kinder können künftig 400 000 Euro statt bisher 205 000 Euro steuerfrei erben. Bei Ehepartnern sind es 500 000 Euro statt bisher 307 000 Euro. Mit ihnen auf eine Stufe gestellt werden eingetragene gleichgeschlechtliche Lebenspartnerschaften. Überlebende Ehepartner und eingetragene Lebenspartner dürfen erbschaftsteuerfrei in der Wohnung weiterleben; bei Kindern ist dieses Privileg auf je 200 qm Wohnfläche beschränkt. Wenn allerdings der Erbe innerhalb von zehn Jahren seinen Hauptwohnsitz verlegt, wird die volle Erbschaftsteuer fällig.

Die großen Verlierer der Erbschaftsteuerreform sind Geschwister, Neffen und Nichten, die künftig wie Nicht-Verwandte behandelt werden. Deren Steuersätze steigen von 12–40 % auf zukünftig 30 % und 50 % an. Kräftiger zur Kasse gebeten werden auch Erben von Immobilien, sofern sie nicht unter die Sonderregelung für Ehepartner und Kinder fallen und die Freibeträge überschreiten. Denn wurden bisher die niedrigeren Ertragswerte zur Besteuerung herangezogen, sind es künftig die meist viel höheren Verkehrswerte.

II. Die Steuerbefreiungen

▶ **Welche Steuerbefreiungen können für Hausrat und Mobilien in Anspruch genommen werden?**

Das Erbschaftsteuergesetz gewährt einige Steuerbefreiungen für Hausrat und andere Mobilien (§ 13 ErbStG):
• Für Hausrat einschließlich Wäsche und Kleidungsstücke gilt bei Personen der Steuerklasse I ein Freibetrag von 41 000 Euro.
• Bei anderen beweglichen körperlichen Gegenständen (z. B. Kraftfahrzeuge, Tiere, Sportgeräte, Musikinstrumente, Uhren, Schmuck; nicht aber bei Zahlungsmitteln, Wertpapieren, Münzen, Edelmetallen, Edelsteinen und Perlen) gilt bei Personen der Steuerklasse I ein Freibetrag von 12 000 Euro.
• Übliche Gelegenheitsgeschenke (z. B. zum Geburtstag, bestandenes Examen, Jubiläum) sind steuerbefreit, müssen aber auch dem Finanzamt angezeigt werden.

III. Freibeträge und Steuertarife

▶ **Welche Freibeträge gelten im Schenkungs- oder Erbfall?**

Durch die **Erbschaftsteuerreform 2009** haben sich die Freibeträge erheblich verändert:

III. Freibeträge und Steuertarif

Erbschaftsteuer-Klassen und -Freibeträge (§ 16 ErbStG)

Steuer-klasse	Erwerber	Persönlicher Freibetrag bis zum 31.12.2008	Persönlicher Freibetrag ab dem 1.1.2009
I	Ehegatte	Euro 307 000	Euro 500 000
I	Kind; Stiefkind; Enkel, falls Eltern vorverstorben	Euro 205 000	Euro 400 000
I	Enkel; Urenkel;	Euro 51 200	Euro 200 000
I	Eltern und Großeltern im Erbfall	Euro 51 200	Euro 100 000
II	Eltern und Großeltern bei Schenkung; Geschwister; Neffen; Nichten; Stiefeltern; Schwiegerkinder; Schwiegereltern; geschiedener Ehegatte	Euro 10 300	Euro 20 000
III	eingetragene, gleichgeschlechtliche Partnerschaften	Euro 5 200	Euro 500 000
III	alle Übrigen, insb. Paare ohne Trauschein	Euro 5 200	Euro 20 000

Expertentipp: Die **Erbschaftsteuerreform 2009** wird dazu führen, dass die Zahl der Adoptionen und Eheschließungen steigen wird. Durch eine Adoption des Neffen oder der Nichte lassen sich durch den Wechsel der Steuerklasse und durch den deutlich höheren Freibetrag hohe Erbschaftsteuerbeträge einsparen. Voraussetzung ist aber, dass ein sogenanntes Eltern-Kind-Verhältnis dem Vormundschaftsgericht plausibel erklärt wird.

D. Die Schenkung- und Erbschaftsteuer

▶ Wie oft können die Freibeträge ausgenützt werden?

Durch wiederholte Schenkungen alle 10 Jahre unter Ausnützung der jeweils geltenden Freibeträge kann man Vermögen schon zu Lebzeiten schenkungsteuerfrei vor allem auf Ehegatten, Kinder und Enkel übertragen.

Beispiel: Wenn der Vater seiner Tochter im Jahr 2009 Vermögen im steuerlichen Wert von 400 000 Euro schenkt, dann kann er nach Ablauf von 10 Jahren, also ab 2019, weiteres Vermögen im Wert von 400 000 Euro völlig schenkungsteuerfrei auf seine Tochter übertragen. Durch gezielte Schenkungen im Zehjahresrhythmus kann damit erhebliches Vermögen steuerfrei auf die nächste Generation übertragen werden.

▶ Wie hoch ist der Erbschaftsteuertarif?

Durch die **Erbschaftsteuerreform 2009** haben sich die Steuersätze vor allem in den Steuerklassen II und III erheblich verschlechtert:

Erbschaftsteuer-Tarif bis zum 31.12.2008			
Erwerb bis einschl. Euro	%-Satz in der Steuerklasse		
	I	II	III
52 000,–	7	12	17
256 000,–	11	17	23
512 000,–	15	22	29
5 113 000,–	19	27	35
12 783 000,–	23	32	41
25 565 000,–	27	37	47
über 25 565 000,–	30	40	50

III. Freibeträge und Steuertarif

Erbschaftsteuer-Tarif ab dem 1.1.2009			
Erwerb bis einschl. Euro	%-Satz in der Steuerklasse		
	I	II	III
75 000,–	7	30	30
300 000,–	11	30	30
600 000,–	15	30	30
6 000 000,–	19	30	30
13 000 000,–	23	50	50
26 000 000,–	27	50	50
über 26 000 000,–	30	50	50

Beispiel: Dem Kind wird von der Mutter ein Aktiendepot im Wert von 500 000 Euro geschenkt. Hiervon wird der Freibetrag von 400 000 Euro abgezogen, so dass noch 100 000 Euro mit 7 % = 7 000 Euro zu versteuern sind.

▶ **Wie hoch sind die Versorgungsfreibeträge?**

Ehegatten und jüngeren Kindern wird im Erbfall zusätzlich zum persönlichen Freibetrag noch der besondere Versorgungsfreibetrag gewährt – unabhängig davon, ob tatsächlich Versorgungsansprüche vererbt werden. Dies ist etwa der Wert der Pension, welche nach dem Ableben des Erblassers gezahlt wird. Die Versorgungsfreibeträge wurden durch die **Erbschaftsteuerreform 2009** nicht geändert.

Versorgungsfreibetrag im Erbfall (§ 17 ErbStG)	
Ehegatte	Euro 256 000,–
Kinder bis zu	
• 5 Jahren	Euro 52 000,–
• 10 Jahren	Euro 41 000,–
• 15 Jahren	Euro 30 700,–
• 20 Jahren	Euro 20 500,–
• 27 Jahren	Euro 10 300,–

Der Versorgungsfreibetrag wird ggf. um den Kapitalwert der erbschaftsteuerfreien Versorgungsbezüge gekürzt.

IV. Die vorweggenommene Erbfolge

▶ **Was ist eine sogenannte „vorweggenommene Erbfolge"?**

Unter „vorweggenommener" Erbfolge versteht man alle Vermögensübertragungen unter Lebenden, die in der Erwartung vorgenommen werden, dass der Erwerber im Erbfall das Vermögen ohnehin erhalten sollte (siehe auch Seite 65).

▶ **Welche Ziele können Sie mit einer vorweggenommenen Erbfolge erreichen?**

- **Reduzierung der Steuerlast.** Steuerliche Überlegungen haben bis zur **Erbschaftsteuerreform 2009** die lange Liste der Motive für eine Schenkung von Immobilien angeführt. Deutschland war bis zum 31.12.2008 erbschaft- und schenkungsteuerlich ein Niedrigsteuerland: Die Grundbesitzbewertung war für bebaute Grundstücke – im europäischen Vergleich – sehr günstig. Da sich die Bewertung von Immobilien im Schenkungs- und Erbfall nach der Erbschaftsteuerreform am Verkehrswert orientiert, dürfte die Erzielung von Steuervorteilen nicht mehr das tragende Motiv für eine vorweggenommene Erbfolge sein.
- **Erhaltung des Familienvermögens.** Wirtschaftliche Einheiten, wie zum Beispiel Grundbesitz, ein Unternehmen oder Kunstsammlungen, werden im Erbfall nicht selten zerschlagen. Eine gut strukturierte lebzeitige Übertragung auf die nächste Generation kann nicht nur eine Zersplitterung von Vermögenswerten verhindern, sondern auch Streit unter den Angehörigen über die Verteilung des Nachlasses vorbeugen. Eine rechtzeitige Übertragung motiviert zudem einen Nachfolger, den Besitz zu erhalten und zu mehren.
- **Versorgung des Schenkers und seiner Familie.** Ein häufiges Motiv für die Übertragung von Immobilienbesitz ist, dass der Schenker als „Gegenleistung" von den Kindern für sich und seinen Ehepartner Leistungen für die Versorgung im Krankheits- und Pflege-

fall einfordern und noch zu Lebzeiten beider Elternteile vertraglich absichern kann. Aber auch schwächere Familienmitglieder, wie z.B. minderjährige oder behinderte Kinder, können im Rahmen der vorweggenommenen Erbfolge abgesichert werden.
- **Pflichtteilsminderung.** Grundbesitz ist dadurch gekennzeichnet, dass er zwar einen erheblichen Verkehrswert hat, im Erbfall aus ihm aber nur sehr schwer liquide Mittel zur Begleichung einer etwaigen Pflichtteilslast erzielt werden können. Ziel einer vorweggenommenen Erbfolge sollte es deshalb auch sein, vertragliche Regelungen zum Ausschluss oder zur Reduzierung der Pflichtteilshaftung zu treffen.

▶ **Welche Steuerspareffekte können durch eine „vorweggenommenen Erbfolge" erzielt werden?**

Dies hängt vorrangig von der Größe des Vermögens ab. Voraussetzung für eine Steueroptimierung ist aber immer, dass die Vermögensübergabe rechtzeitig vor dem späteren Erbfall erfolgt.

Beispiel (Die Zahlen sind bewusst hoch angesetzt, um den steuerlichen Effekt deutlich darstellen zu können. Eine Steueroptimierung ist aber auch bei kleineren Vermögen möglich): Ein Unternehmer hat im Jahr 2009 ein Privatvermögen von 8 Mio. Euro. Er entschließt sich zu Lebzeiten, Vermögen an seine Nachkommen zu übertragen. In den Jahren 2009 und 2019 erhalten seine Ehefrau, seine fünf Kinder und seine fünf Enkel jeweils Schenkungen in der Höhe des Freibetrags.

Diese – steuerfreien Schenkungen summieren sich beträchtlich:
Bei der Ehefrau: 2-mal 500 000 Euro = 1 000 000 Euro
bei den 5 Kindern: 2-mal 400 000 Euro × 5 = 4 000 000 Euro
bei den 5 Enkeln: 2-mal 200 000 Euro × 5 = 2 000 000 Euro

Die Summe dieser Zuwendungen an die Familie beläuft sich also auf 7 000 000 Euro. Auf diesen gewaltigen Betrag wird kein Cent Schenkungsteuer fällig.

Ohne die lebzeitigen Schenkungen würde sich die Vermögenssituation der Familie wesentlich ungünstiger entwickeln:
- Die Ehefrau würde beim Tod des Ehemannes nach gesetzlicher Erbfolge 4 Mio. Euro erben. Davon würden der Ehegattenfreibetrag (500 000 Euro) und ein eventueller Versorgungsfreibetrag (256 000 Euro) abgezogen. Die Witwe müsste sodann Steuern auf einen Be-

trag von 3 244 000 Euro bezahlen. Bei einem Steuersatz von 19 % sind dies 616 360 Euro.
- Jedes der fünf Kinder müsste auf seinen Erbteil von jeweils 800 000 Euro und einem Steuersatz von 11 % Erbschaftsteuer in Höhe von 33 000 Euro, also insgesamt 165 000 Euro an das Finanzamt abführen.
- Das Familienvermögen würde bei dieser Variante durch Steuerzahlungen um 781 360 Euro geschmälert werden. Hinzu kommt, dass bei einem Übergang des Vermögens von den Kindern auf die Enkel weitere Steuern anfallen werden.

▶ **Macht es Sinn, dass der Schenker die Steuer zahlt?**

Bei Schenkungen in größerem Umfang sollte vereinbart werden, dass der Schenker die Schenkungsteuer trägt, insbesondere wenn diese Schenkungen an weitläufig oder gar nicht verwandte Personen erfolgen sollen. Die Übernahme der Schenkungsteuer kann nämlich interessante Spareffekte ergeben, deren Höhe aber nur von einem Erbrechtsspezialisten berechnet werden können.

V. Zuwendungen an Kinder

▶ **Welche Freibeträge gelten bei Zuwendungen an Kinder?**

Die Freibeträge der Kinder gelten im Verhältnis zu jedem Elternteil gesondert. Schenken also sowohl der Vater als auch die Mutter dem Kind einen Betrag von jeweils 400 000 Euro, so sind beide Schenkungen steuerfrei.

▶ **Welche Steuervorteile bringen Umwegschenkungen an Kinder?**

Die Schenkungsteuerfreibeträge für Kinder können dadurch doppelt ausgenutzt werden, dass zunächst ein Ehegatte dem anderen Ehegatten Vermögen unter Ausnutzung des Ehegattenfreibetrages von 500 000 Euro schenkungsteuerfrei überträgt und der beschenkte Ehegatte dann einige Zeit später eine Schenkung an das Kind vornimmt (= sog. **Umweg- oder Kettenschenkung**). Damit das Finanzamt hier aber keinen sogenannten Gestaltungsmissbrauch (§ 42 AO) annimmt, muss folgendes beachtet werden: Zwischen der ersten Schenkung und der Weitergabe des geschenkten Gegenstandes sollte eine gewisse Zeit („Schamfrist") vergangen sein. Von Vorteil ist auch, wenn für die Weiterschenkung sachliche Gründe (z. B. Geburtstag, Examen) vorgebracht werden können.

> **Expertentipp:** Es ist unbedingt zu vermeiden, die beiden Übertragungen der Haushälfte vom Vater auf die Mutter und von der Mutter auf den Sohn zusammen in einem Vertrag beurkunden zu lassen. Richtigerweise geht man so vor: Zunächst ist der Erwerb durch die Mutter im Grundbuch einzutragen. Damit ist sie Eigentümerin und kann ihre Miteigentumshälfte selbstständig weiterschenken. Diese zweite Schenkung sollte erst nach einer „Schamfrist" von zwei Jahren erfolgen, auf jeden Fall aber außerhalb des Veranlagungszeitraums liegen, innerhalb dessen der Vater an die Mutter übertrug.

▶ Was muss bei Schenkungen an Schwiegerkinder beachtet werden?

Schwiegerkinder fallen in die (schlechtere) Steuerklasse II mit einem persönlichen Freibetrag von lediglich 20 000 Euro. In dieser Steuerklasse II gelten auch deutlich höhere Steuersätze als in der für Kinder geltenden Steuerklasse I.

▶ Welche Steuervorteile können erzielt werden, wenn der Schenker eine Generation überspringt?

Diese Vorgehensweise ist ein ausgezeichnetes Mittel zur Steueroptimierung, da Enkelkinder seit der **Erbschaftsteuerreform 2009** einen Freibetrag von 200 000 Euro geltend machen können.

Beispiel: Großvater G möchte seiner Enkelin E Wertpapiere im Wert von 300 000 Euro schenken. Die Schenkungsteuer berechnet sich wie folgt:

Steuerwert der Wertpapiere		300 000 Euro
Persönlicher Freibetrag der Enkelin	./.	200 000 Euro
Steuerpflichtiger Erwerb		100 000 Euro
Schenkungsteuer hierauf 11 % =		11 000 Euro

Hätte Großvater G zunächst die Wertpapiere seinem Sohn S geschenkt und sich dieser dann entschlossen, seiner Tochter E die Wertpapiere weiterzuschenken, so würde sich folgende Schenkungsteuer ergeben:

D. Die Schenkung- und Erbschaftsteuer

a) Schenkung von Großvater an Sohn:
Steuerwert der Wertpapiere		300 000 Euro
Persönlicher Freibetrag des Sohnes	./.	400 000 Euro
Steuerpflichtiger Erwerb		0 Euro
Schenkungsteuer		0 Euro

b) Schenkung von Sohn an seine Tochter (= Enkelin des G):
Steuerwert der Wertpapiere		300 000 Euro
Persönlicher Freibetrag der Tochter	./.	400 000 Euro
Steuerpflichtiger Erwerb		0 Euro
Schenkungsteuer		0 Euro

Die Steuerersparnis würde also 11 000 Euro betragen.

> **Expertentipp:** Zwischen der ersten und zweiten Schenkung muss man eine angemessene „Schamfrist" von mindestens einem Jahr verstreichen lassen, sonst betrachtet das Finanzamt den Vorgang als unzulässige „Kettenschenkung".

▶ Welche Besonderheit gilt bei Schenkungen an minderjährige Kinder oder Enkelkinder?

Sollen Schenkungen an noch nicht volljährige Kinder oder Enkelkinder bewirkt werden, ist besondere Vorsicht geboten, da hierbei u. U. die Bestellung eines Ergänzungspflegers und die Zustimmung des Vormundschaftsgerichts erforderlich sein können. Zu dieser schwierigen Rechtsfrage müssen Sie Rat bei einem erfahrenen Erbrechtsexperten einholen.

▶ Was muss bei Schenkungen von Sparguthaben beachtet werden?

Häufig wollen Eltern bei der Schenkung eines Sparbuchs an Kinder sich den Zugriff auf das Sparkonto vorbehalten, etwa für den Fall, dass das Kind doch nicht so „gerät", wie von den Eltern erhofft. Derartige „Vorbehalte" oder sonstige „Rückforderungsrechte" können aber steuerliche Probleme schaffen: Die Rechtsprechung verlangt nämlich, dass die Sparguthabensforderung eindeutig und endgültig in das Vermögen des Kindes übergeht. Dies ist gerade dann wichtig, wenn die Eltern die Sparzinsen deshalb nicht mehr bei den eigenen Einkünften erklärt haben, weil sie davon ausgehen, diese Einkünfte seien als Folge der Schenkung dem Kind zuzurechnen. Fehlt es an einer endgültigen Vermögensübertragung, droht den Eltern sogar ein Verfahren wegen Steuerhinterziehung.

VI. Schenkung und Vererbung von Immobilien

▶ **Wie werden Immobilien bei der Schenkung- und Erbschaftsteuer seit dem 1.1.2009 bewertet?**

Grundvermögen wird nach der **Erbschaftsteuerreform 2009** entsprechend den Vorgaben des Bundesverfassungsgerichts in seinem Beschluss vom 7.11.2006 mit seinem Verkehrswert bewertet. Die in Betracht kommenden Bewertungsverfahren (Vergleichsverfahren, Ertragsverfahren und Sachwertverfahren) werden in einer Grundvermögensbewertungsverordnung typisierend geregelt.

- Beim **Vergleichswertverfahren** (für Wohnungseigentum) wird der gemeine Wert des Grundstücks vorrangig aus den von den Gutachterausschüssen mitgeteilten Vergleichspreisen abgeleitet. Voraussetzung ist aber, dass es sich um weitgehend gleichartige Gebäude (gleiche Lage, Nutzung, Größe, Ausstattung, Zuschnitt und sonstige Beschaffenheit mit dem zu vergleichenden Grundstück) handelt.
- Das **Ertragswertverfahren** findet Anwendung für Mietwohngrundstücke sowie Geschäfts- und gemischt genutzte Grundstücke, für die sich auf dem Grundstücksmarkt eine übliche Miete feststellen lässt.
- Die Bewertung des Grundvermögens nach dem **Sachwertverfahren** ist für alle anderen Immobilien vorgesehen, für die kein Vergleichswert ermittelt werden kann bzw. die üblicherweise nicht zur Vermietung bestimmt sind.

▶ **Ist die Übertragung des Familienheims steuerlich begünstigt?**

Unabhängig vom ehelichen Güterstand kann ein Ehepartner dem anderen zu Lebzeiten sein „Familienheim" steuerfrei zuwen-

D. Die Schenkung- und Erbschaftsteuer

den, wobei auch anteilige Schenkungen möglich sind. Das Haus oder die Wohnung muss aber den Mittelpunkt des familiären Lebens zu eigenen Wohnzwecken darstellen. Der Wert des Familienheimes ist dabei unerheblich. Ferien- und Wochenendhäuser sowie Auslandsimmobilien können dagegen nicht steuerfrei zugewendet werden. Da es keine Behaltensfristen gibt, kann diese Steuerbefreiung sogar mehrfach genutzt werden.

Die Möglichkeit, das Familienheim steuerfrei zu übertragen, wurde durch die **Erbschaftsteuerreform 2009** erheblich ausgedehnt:

- Für die Inanspruchnahme der Steuerbefreiung darf sich das Familienwohnheim jetzt auch im EU-Ausland befinden.
- Ferner wird nicht nur eine Schenkung unter Ehegatten, sondern auch der Übergang des Familienheims im Versterbensfall begünstigt. Voraussetzung für die Steuerbefreiung ist, dass der Erblasser bis zu seinem Tod entweder die Wohnung zu eigenen Wohnzwecken genutzt hat oder aus zwingenden Gründen an der Selbstnutzung zu eigenen Wohnzwecken gehindert war. Der Erbe muss dann das Familienheim 10 Jahre lang bewohnen. Letzteres ist nur dann entbehrlich, wenn der Erbe aus zwingenden Gründen daran gehindert ist.
- Unter ähnlichen Voraussetzungen kann der Erblasser das Familienheim auch auf seine Kinder übertragen. Auch diese müssen dann die Immobilie 10 Jahre nach dem Erwerb bewohnen. Allerdings ist hier die Steuerfreiheit auf eine Wohnfläche von 200 qm beschränkt. Bei größeren Familienheimen wird die Begünstigung anteilig gewährt.

Expertentipp: Zur Absicherung des Schenkers empfiehlt es sich, folgende Klauseln aufzunehmen (siehe auch Seite 66):
- Nießbrauchs- oder Wohnrechtsvorbehalt
- Rückfallklausel
- Verfügungsbeschränkungen
- Pflichtteilsanrechnungsklausel
- Ausgleichspflichten
- Rentenzahlungen
- Pflegeverpflichtung

▶ Wieso ist der Vorbehaltsnießbrauch bei der Immobilienschenkung ein „Steuersparmodell"?

Die Übertragung von Immobilien zu Lebzeiten kann zwar erhebliche Erbschaftsteuer einsparen, birgt aber auch Risiken. Es sollte immer auch berücksichtigt werden, dass der Schenker selbst noch genügend Vermögen hat, um davon sorgenfrei zu leben. Die bekannteste Gestaltung dazu ist der Nießbrauch, der dem Übertragenden die weitere Nutzung einer Immobilie zu Lebzeiten ermöglicht. In den alten Regelungen des Erbschaftsteuergesetzes führte der Vorbehalt eines Nießbrauchs nur zu einer Stundung des auf den Nießbrauch entfallenden Werts. Dagegen wird der Nießbrauch seit der **Erbschaftsteuerreform 2009** wie eine Verbindlichkeit vom „gemeinen Wert" der Immobilie abgezogen.

Beispiel: Schenkung eines Mehrfamilienhauses (steuerlicher Wert nach altem Recht von 600 000 Euro) von Vater auf Sohn unter Nießbrauchsvorbehalt (Wert des Nießbrauchsrecht: 165 000 Euro).

Berechnung nach altem Steuerrecht (bis 31. 12. 2008)

Steuerwert		600 000 Euro
abzüglich Freibetrag Sohn	./.	205 000 Euro
Steuerwert		395 000 Euro
Steuerlast × 15 % =		59 250 Euro
Steuerwert		600 000 Euro
abzüglich Nießbrauchsrecht	./.	165 000 Euro
abzüglich Freibetrag	./.	205 000 Euro
Steuerwert		230 000 Euro
Steuerlast 11 % =		25 300 Euro

Die Differenz zwischen der Steuerbelastung ohne Nießbrauch (= 59 250 Euro) und der Steuerbelastung unter Berücksichtigung des Nießbrauchs (= 25 300 Euro), also 33 950 Euro, musste der Sohn erst mit der Beendigung des Nießbrauchs, in der Regel mit dem Tod des nießbrauchsberechtigten Vaters bezahlen. Alternativ konnte er auch von der Ablösung dieser Steuerschuld Gebrauch machen. Dies führte zu einer Abzinsung und daher zu einer Verringerung der eigentlichen Steuerlast.

Berechnung nach neuem Steuerrecht: Nach der Neubewertung dieses Mehrfamilienhauses ergibt sich ein „gemeiner Wert" in Höhe von 900 000 Euro. Der Wert des Nießbrauchsrechts wird nunmehr mit

D. Die Schenkung- und Erbschaftsteuer

250 000 Euro berechnet. Die Erhöhung des Nießbrauchs ergibt sich einerseits daraus, da die Begrenzung auf den Bewertungsfaktor 18,6 angehoben worden ist. Im Übrigen richtet sich der Nießbrauchswert jetzt nach den aktuellen Lebenserwartungstabellen und hat damit noch einmal eine Erhöhung erfahren.

Steuerwert		900 000 Euro
abzüglich Nießbrauchsrecht	./.	250 000 Euro
abzüglich Freibetrag	./.	400 000 Euro
Steuerwert		250 000 Euro
Steuerlast 11 % =		27 500 Euro

Trotz des sehr viel höheren Steuerwerts ist die steuerliche Belastung sogar geringer geworden.

Expertentipp: Wenn man sich entschließt Vermögen zu übertragen, so sollte man dies gut durchdenken und sich fachlichen Rat einholen. Die Planung muss sowohl die steuerlichen Gegebenheiten als auch die Absicherung des Übertragenden berücksichtigen. Es gibt nicht „eine richtige Methode", sondern für jeden Fall ist aus verschiedenen Gestaltungsmöglichkeiten die steueroptimalste Lösung zu errechnen. Aber auch nach der Übertragung ist es wichtig, die Gestaltung für das Finanzamt richtig darzustellen. Sofern durch das Finanzamt Schenkungsteuer erhoben wird, ist der Bescheid immer auf seine Richtigkeit zu überprüfen und falls nötig Einspruch einzulegen.

VII. Zuwendungen an Ehegatten

▶ **Ist die Übertragung des Familienwohnheims steuerlich begünstigt?**

Ja; siehe dazu Seite 233.

▶ **Welchen Steuervorteil hat die Zugewinngemeinschaft?**

Die Ehegatten leben im Güterstand der Zugewinngemeinschaft, wenn sie nicht durch Ehevertrag etwas anderes vereinbaren. Entgegen häufig anzutreffender Meinung wird durch die Eheschließung das Ehegattenvermögen nicht gemeinschaftliches Vermögen. Bringt die Ehefrau z. B. ein Haus mit in die Ehe ein oder erbt sie während bestehender Ehe Vermögen, bleibt sie Alleineigentümerin. Wird die Ehe später geschieden, ist aber ein Zugewinnausgleich durchzuführen. Eine Zugewinnausgleichszahlung ist dabei steuerfrei.

Beispiel 1: Die Ehefrau besitzt bei Eheschließung ein Wertpapierdepot in Höhe von 400 000 Euro. Der Ehemann hat kein Vermögen. 15 Jahre später wird die Ehe geschieden; das Wertpapierdepot hat zwischenzeitlich einen Wert von 1 Mio. Euro. Die Ehefrau hat damit einen Zugewinn von 1 Mio. ./. 400 000 = 600 000 Euro erzielt, der nach § 1378 BGB zu teilen ist. Der geschiedene Ehegatte bekommt von seiner Frau also 300 000 Euro als Zugewinn – und zwar steuerfrei.

Endet im Beispielsfall die Ehe durch den Tod der Ehefrau und hat sie den Ehemann testamentarisch als Alleinerben eingesetzt, gehört dem Ehemann das Depotkonto im Werte von 1 Mio. Euro. Zu versteuern braucht er aber nicht 1 Mio. Euro abzüglich seiner Freibeträge, sondern nur 700 000 Euro abzüglich seiner Freibeträge. 300 000 Euro sind absolut steuerfrei. Im Falle der Scheidung hätte der Ehemann 300 000 Euro steuerfrei bekommen. Durch den Tod des Ehegatten soll er steuerlich nicht schlechter gestellt sein. Insoweit spricht man vom fiktiven Zugewinnausgleich.

▶ Welchen Steuernachteil hat die Gütertrennung?

Haben die Eheleute durch einen Ehevertrag Gütertrennung vereinbart, behält jeder Ehegatte sein Vermögen; insoweit besteht also kein Unterschied zur Zugewinngemeinschaft. Im Falle einer Scheidung ist allerdings ein erzielter Zugewinn nicht auszugleichen. Hätten die Eheleute im Beispiel 1 Gütertrennung vereinbart, muss der geschiedene Partner keine Ausgleichszahlungen leisten. Gerade bei größerem Betriebsvermögen ist dies für den Unternehmer ein unschätzbarer Vorteil.

Beispiel 2: Anfangsvermögen beider Eheleute 0 Euro. Der Ehemann baut einen Betrieb auf, der zum Zeitpunkt der Scheidung einen Wert von 3 Mio. Euro hat. Bei vereinbarter Gütertrennung ist kein Zugewinn auszugleichen. Der Betrieb kann ohne finanzielle Belastung weiterarbeiten. Hätten die Eheleute dagegen in Zugewinngemeinschaft gelebt, hätte die Ehefrau Anspruch auf Zugewinn i. H. v. 1,5 Mio. Euro. Die Zahlung eines solchen Betrages wäre in vielen Fällen existenzbedrohend. Bei Fehlen einer Vereinbarung über den Zugewinnausgleich lei-

D. Die Schenkung- und Erbschaftsteuer

det deshalb auch die Kreditwürdigkeit eines Unternehmens, was nach den Kreditvergaberegeln „Basel II" jetzt ausdrücklich thematisiert wird.

Wird die Ehe aber nicht geschieden, offenbart sich der Nachteil der Gütertrennung. Im Falle des Todes des Ehemannes muss die Ehefrau 3 Mio. Euro abzüglich ihrer Freibeträge versteuern. Hätten die Eheleute im Güterstand der Zugewinngemeinschaft gelebt, hätte die Ehefrau jetzt 1,5 Mio. Euro absolut steuerfrei als fiktiven Zugewinnausgleich bekommen und bräuchte nur noch die Differenz aus 3 Mio. Euro abzüglich 1,5 Mio. Euro Zugewinnausgleich abzüglich Ehegatten-Freibeträge zu versteuern.

▶ Welche Vorteile bietet die sogenannte „modifizierte Zugewinngemeinschaft"?

Den Inhalt eines Ehevertrages können die Eheleute frei gestalten. Eine Klausel zum Güterstand könnte so lauten: „Wir leben im Güterstand der Zugewinngemeinschaft." Diese wird wie folgt modifiziert: „Für den Fall der Beendigung des Güterstandes durch den Tod eines Ehegatten soll es beim Zugewinnausgleich verbleiben. Wird jedoch der Güterstand durch Scheidung beendet, findet kein Zugewinnausgleich statt. Dies gilt auch für den vorzeitigen Zugewinnausgleich bei Getrenntleben."

> **Expertentipp:** Diese Vereinbarung schlägt zwei Fliegen mit einer Klappe. Die Eheleute leben im Güterstand der Zugewinngemeinschaft. Im Falle der Scheidung ist kein Zugewinn zu zahlen und bei Beendigung der Ehe durch Tod ist der fiktive Zugewinn – im Beispielsfalle 1,5 Mio. Euro – absolut steuerfrei. Zu dieser Gestaltungsmöglichkeit gibt es keine bessere Alternative.

Im Rahmen der Vertragsfreiheit kann der Zugewinnausgleich aber auch noch anders geregelt werden, wie zum Beispiel „Dem Zugewinnausgleich unterliegt nur das Privatvermögen, nicht das Betriebsvermögen" oder „Der Zugewinnausgleich beschränkt sich auf 25 % des gesetzlichen Zugewinnausgleichsanspruches und ist in folgenden Raten auszuzahlen: …".

VII. Zuwendungen an Ehegatten

> **Expertentipp:** Ein Ehevertrag bedarf der notariellen Beurkundung. Wird in der gleichen Urkunde auch die Erbfolge geregelt, also ein Ehe- und Erbvertrag geschlossen, entstehen die Notargebühren nur einmal. Mit anderen Worten: Wenn Sie einen Ehevertrag schließen, wird Ihnen das Testament/Erbvertrag geschenkt. Machen Sie Ihren Notar darauf aufmerksam.

▶ Welchen Steuervorteil bietet die sog. „Güterstandsschaukel"?

Um möglichst viel Vermögen innerhalb der Familie steuerfrei unter Nutzung aller Freibeträge auf die Kinder übertragen zu können, ist es in manchen Fällen sinnvoll, vom Güterstand der Zugewinngemeinschaft vorübergehend abzuweichen und Gütertrennung zu vereinbaren, um dann wieder in die Zugewinngemeinschaft zurück zu wechseln. Dieses „Schaukeln" von Güterstand zu Güterstand lohnt sich jedoch nur bei einem hohen Zugewinn.

> **Beispiel:** Ein Ehepartner erzielt während der Ehe einen Zugewinn von 2 Mio. Euro Der andere Partner bleibt hingegen völlig mittellos. Der „reiche" Ehepartner kann den beiden Kindern steuerfrei alle zehn Jahre Vermögen innerhalb der Freibeträge von 400 000 Euro pro Kind, insgesamt also 800 000 Euro übertragen. Da aber der „arme" Elternteil nichts zu verschenken hat, kann er auch mittels Zuwendungen an die Kinder keine Steuervorteile erzielen. Wechselt nun das Ehepaar von der Zugewinngemeinschaft in die Gütertrennung, kann dem „armen" ein steuerfreier Zugewinnausgleich in Höhe von 1 Mio. Euro ausbezahlt werden. Nun können sowohl der Vater als auch die Mutter jedem der beiden Kinder steuerfrei 400 000 Euro zukommen lassen. Diese steuerfreie Übertragung von 4-mal 400 000 Euro also insgesamt 1,6 Mio. Euro könnte alle zehn Jahre wiederholt werden.

> **Expertentipp:** Das Erbschaftsteuerrecht bietet viele – legale – Möglichkeiten der steuerlichen Optimierung. Dabei werden Eheleute zum Schutz von Ehe und Familie vom Fiskus stark bevorzugt. Wichtig dabei ist, dass die Gestaltung vor Übertragung gründlich durchdacht und der mögliche Steuervorteil von einem Fachanwalt exakt berechnet wird.

D. Die Schenkung- und Erbschaftsteuer

▶ Warum wird das „Berliner Testament" auch als Steuerfalle bezeichnet?

Das Berliner Testament kann gerade bei größeren Nachlässen eine Erbschaftsteuerfalle darstellen, da unnötig hohe oder gar vermeidbare Steuerlasten ausgelöst werden können. Beim Tod des Erstversterbenden werden nämlich die Steuerfreibeträge der Kinder im ersten Erbfall nicht genutzt. Der auf die Kinder als Schlusserben übergehende Nachlass wird zudem zweimal besteuert – nämlich beim Tod des ersten und zweiten Ehegatten.

Verschärft wird die Situation zusätzlich dadurch, dass sich durch den ersten Erbfall der Wert des Nachlasses des Überlebenden erhöht und hierdurch wegen der Steuerprogression ein höherer Steuersatz ausgelöst werden kann. Es kann sich deshalb empfehlen, den Kindern beim Tod des Erstversterbenden Geldvermächtnisse in Höhe der Freibeträge zuzuwenden.

Beispiel: Die Ehegatten setzen sich gegenseitig als alleinige Vollerben ein; der gemeinsame Sohn wird Schlusserbe. Der Ehemann hinterlässt einen Nachlass von 1,5 Mio. Euro. Die von der Ehefrau zu zahlende Erbschaftsteuer errechnet sich ohne Berücksichtigung des Versorgungsfreibetrages wie folgt:

Erbschaft	1 500 000 Euro
abzgl. Freibetrag	500 000 Euro
zu versteuern	1 000 000 Euro
19 % Steuer hieraus	190 000 Euro

Ein testamentarisches Vermächtnis zugunsten des Sohnes in Höhe dessen Steuerfreibetrag von 400 000 Euro hätte folgende Steuerbelastung der Witwe ergeben:

Erbschaft	1 500 000 Euro
abzgl. Vermächtnis	400 000 Euro
abzgl. Freibetrag	500 000 Euro
zu versteuern	600 000 Euro
19 % Steuer hieraus	114 000 Euro

Die Steuerersparnis für die Witwe beträgt 76 000 Euro. Das Vermächtnis für den Sohn ist steuerfrei, da dessen Freibetrag von 400 000 Euro nicht überschritten wird.

> **Welche steuerlichen Besonderheiten sind bei einem Gemeinschaftskonto der Eheleute zu beachten?**

Lautet ein Konto auf den Namen beider Ehegatten, handelt es sich um ein Gemeinschaftskonto. Sind beide Ehegatten jeweils einzeln befugt, Abhebungen zu tätigen, liegt ein sog. „Oderkonto" vor. Bei der steuerlichen Zurechnung eines gemeinschaftlichen Sparkontos ist nicht entscheidend, ob es einer der Ehegatten im alleinigen Besitz hatte. Entscheidend ist auch nicht, aus wessen Einkünften die Einzahlungen auf das Konto stammen. Die beiden Gläubiger von Gemeinschaftskonten und -depots sind vielmehr im Zweifel zu gleichen Anteilen berechtigt (§§ 430, 742 BGB). Gemeinschaftskonten und -depots sind danach unabhängig von der Herkunft des Geldes bzw. der Wertpapiere grundsätzlich beiden Ehegatten jeweils zur Hälfte zuzurechnen. Wenn allerdings ein Ehegatte allein die Mittel für das Gemeinschaftskonto verdient und der andere Ehegatte keine eigenen Einkünfte hatte, kann bei einem sehr hohen Kontoguthaben nicht ausgeschlossen werden, dass das Finanzamt prüft, ob eine steuerpflichtige Schenkung unter Ehegatten vorgelegen hat.

VIII. Die Unternehmensnachfolge

> **Wann ist die Übertragung eines Unternehmens steuerfrei?**

Bei der Übertragung von Unternehmen besteht seit der **Erbschaftsteuerreform 2009** die Wahl zwischen zwei Steuermodellen.
- **Das „7-Jahres-Modell":** Die „Standardvariante" sieht die sofortige Versteuerung von 15 Prozent des zu besteuernden Betriebsvermögens vor. Wird das Unternehmen vom Erben dann 7 Jahre lang gehalten, bleiben die restlichen 85 Prozent steuerfrei, wenn es keine gravierenden Rückgänge bei der Lohnsumme gegeben hat. Die Anforderungen sind erfüllt, wenn die Summe der Löhne und Gehälter während der 7 Jahre summiert betrachtet mindestens 650 Prozent der ursprünglichen Lohnsummengrenze beträgt. Das Verwaltungsvermögen muss bei dieser Variante unterhalb der 50%-Grenze liegen.

D. Die Schenkung- und Erbschaftsteuer

- **Das „10-Jahres-Modell":** Familienunternehmen können aber auch vollständig steuerfrei vererbt werden, wenn sie zehn Jahre lang unter Bewahrung der Arbeitsplätze und einem hohen Anteil von Produktionsvermögen fortgeführt werden. Die Summe der Löhne und Gehälter muss während des 10-Jahres-Zeitraumes summiert betrachtet mindestens 1000 Prozent der ursprünglichen Lohnsummengrenze betragen. Die Lohnsumme darf sich mithin nicht verringern. Außerdem muss das Verwaltungsvermögen bei dieser Variante unterhalb der 10%-Grenze liegen.

Der Erbe muss sich im Erbfall verbindlich zwischen dem 7-Jahres-Modell und dem 10-Jahres-Modell entscheiden. Ein (späterer) Wechsel zwischen diesen Optionsmodellen ist nicht möglich. Dies bedeutet, dass nur sehr wenige Unternehmenserben sich für das 10-Jahres-Modell entscheiden werden. Denn wenn zum Beispiel der Unternehmer nur zwei Jahre lang die Lohnsummengrenze unterschreitet, fällt bereits eine höhere Erbschaftsteuer als beim 7-Jahres-Modell an.

> **Expertentipp:** Die Gewinner der **Erbschaftsteuerreform 2009** sind also tatsächlich die Unternehmer. Die Umsetzung bedarf aber einer intensiven Kenntnis der rechtlichen Voraussetzungen. Zudem müssen alle Schritte auch auf ihre einkommensteuerliche Konsequenz hin überprüft werden. Es kann daher nur angeraten werden, in diesem Bereich einen steuerlich versierten Fachanwalt aufzusuchen.

E. Kosten und Gebühren

I. Notar- und Gerichtsgebühren

▶ **Welche Gebühren berechnen der Notar und das Nachlassgericht in erbrechtlichen Angelegenheiten?**

Beim **Notar** entstehen Gebühren für die Beurkundung von Testamenten, Erbverträgen und Übergabeverträgen. Die Gebühren, die für die notarielle Urkunde zu entrichten sind, beinhalten auch ein umfassendes Beratungsgespräch sowie eine detaillierte Besprechung aller Einzelheiten, die für die letztwillige Verfügung von Bedeutung sind. Die Höhe der Notarkosten richtet sich nach dem Gebührensatz für die einzelne Amtshandlung des Notars und wird anhand einer Gebührentabelle nach dem „Geschäftswert" errechnet, i.d.R. nach dem Wert des Nachlasses. Zusätzlich zu den Gebühren werden noch Kostenpauschalen (Schreibdienst, Kopien, Versand) erhoben und die gesetzliche Mehrwertsteuer.

Die **Nachlassgerichte,** deren Tätigkeit ebenfalls auf der Grundlage der Kostenordnung abgerechnet wird, erheben keine Mehrwertsteuer. Zu beachten ist allerdings, dass die Zuständigkeit von Notaren und Nachlassgerichten sich teilweise deutlich unterscheidet.

Im Einzelnen fallen bei Nachlassgerichten und Notaren folgende **Gebührensätze** an:

Gebührentatbestand	Gebührensatz
Notarielle Beurkundung eines Einzeltestamentes	$1/1$ Gebühr
Notarielle Beurkundung eines Erbvertrages	$2/1$ Gebühr
Notarielle Beurkundung eines gemeinschaftlichen Testamentes	$2/1$ Gebühr
Widerruf eines gemeinschaftlichen Testamentes	$2/1$ Gebühr
Aufhebung eines Erbvertrages durch den Erblasser	$1/2$ Gebühr
Anfechtung eines Erbvertrages	$1/2$ Gebühr
Rücktritt vom Erbvertrag	$1/2$ Gebühr

E. Kosten und Gebühren

Gebührentatbestand	Gebührensatz
Notarielle Beurkundung eines Erbverzichts	$2/1$ Gebühr
Ausschlagung der Erbschaft	$1/4$ Gebühr
Anfechtung der Annahme der Erbschaft	$1/4$ Gebühr
Nachlasssicherung	$1/1$ Gebühr
Inventarerrichtung	$1/2$ Gebühr
Aufgebotsverfahren	$1/4$ Gebühr
Erklärungen gegenüber dem Nachlassgericht (z. B. eidesstattliche Versicherung)	$1/4$ Gebühr
Erteilung des Erbscheins	$1/1$ Gebühr
Einziehung des Erbscheins	$1/2$ Gebühr
Kraftloserklärung des Erbscheins	$1/2$ Gebühr
Testamentseröffnung	$1/2$ Gebühr
Testamentsvollstreckerzeugnis	$1/1$ Gebühr
Annahme/Ablehnung der Testamentsvollstreckung	$1/4$ Gebühr
Vermittlung der Erbauseinandersetzung	$4/1$ Gebühren
Nachlasspflegschaft	$1/1$ Gebühr

▶ **Wie hoch ist eine volle Gebühr?**

Eine volle Gebühr ($1/1$) für die Tätigkeit des Nachlassgerichtes und der Notare bestimmt sich nach folgender Tabelle:

Geschäftswert bis ... Euro	$1/1$ Gebühr beträgt Euro ...	Geschäftswert bis ... Euro	$1/1$ Gebühr beträgt Euro ...
5 000	42	250 000	432
20 000	72	300 000	507
35 000	102	350 000	582
50 000	132	400 000	657
100 000	207	450 000	732
150 000	282	500 000	807
200 000	357	550 000	882

Geschäftswert bis ... Euro	¹/₁ Gebühr beträgt Euro ...	Geschäftswert bis ... Euro	¹/₁ Gebühr beträgt Euro ...
600 000	957	850 000	1 332
650 000	1 032	900 000	1 407
700 000	1 107	950 000	1 482
750 000	1 182	1 000 000	1 527
800 000	1 257		

▶ **Welche Kosten entstehen nach dem Erbfall für die Grundbuchberichtigung?**

Wird der Eintragungsantrag innerhalb von zwei Jahren nach dem Erbfall beim Grundbuchamt eingereicht, entfallen die sonst üblichen Gebühren für die Grundbuchberichtigung (§ 60 Abs. 4 KostO). Sofern der Erbschein ausschließlich für Zwecke der Grundbuchberichtigung benötigt wird, ist dies im Erbscheinsantrag anzugeben; nach § 107 Abs. 3 KostO werden dann die Gebühren nicht aus dem gesamten Nachlasswert, sondern nur nach dem Wert des Grundbesitzes berechnet, wobei dingliche Rechte bei der Bewertung abgezogen werden.

II. Anwaltsgebühren

▶ **Welche Kosten fallen für die Tätigkeit des Rechtsanwalts in erbrechtlichen Angelegenheiten an?**

Die Kosten des Rechtsanwalts berechnen sich nach dem Rechtsanwaltsvergütungsgesetz (RVG) oder nach einer schriftlichen Vereinbarung zwischen Anwalt und Mandant über das Honorar. Hinzu kommen Auslagen und gesetzliche Mehrwertsteuer.

Die Höhe der Gebühren nach dem RVG hängt wieder vom sogenannten Gegenstandswert einerseits und dem Gebührensatz andererseits ab. Der Gegenstandswert orientiert sich am wirtschaftlichen Interesse des Mandanten, ist also i.d.R. mit seinem Anteil am Nachlass oder mit der Höhe einer Pflichtteils- oder Vermächtnisforderung anzusetzen.

E. Kosten und Gebühren

Die Kosten für eine erbrechtliche Beratung müssen zwischen Anwalt und Mandant schriftlich vereinbart werden und sind abhängig vom Umfang und der Schwierigkeit der anwaltlichen Tätigkeit, der Bedeutung der Angelegenheit für den Mandanten, dessen Einkommens- und Vermögensverhältnissen und dem Haftungsrisiko für den Anwalt. Wird der Anwalt nicht nur beratend tätig, sondern mit der Durchsetzung oder Abwehr einer Forderung (z. B. eines Pflichtteilsanspruchs) mandatiert, entsteht eine Geschäftsgebühr, die zwischen 0,5 und 2,5 liegt. Eine Gebühr von mehr als 1,3 kann der Anwalt fordern, wenn die Tätigkeit umfangreich oder schwierig war.

> **Expertentipp:** Für ein sogenanntes **Erstberatungsgespräch**, das keine schriftliche Ausarbeitung, also insbesondere keine Gutachten oder Entwürfe beinhaltet, beträgt die Gebühr max. 190 Euro zzgl. Auslagen und gesetzlicher Mehrwertsteuer. Es empfiehlt sich, bereits im ersten Gespräch mit dem Rechtsanwalt die voraussichtlich anfallenden Gebühren zu erfragen und gegebenenfalls eine Stunden- oder Pauschalhonorarvereinbarung zu treffen.

▶ Wie hoch ist eine volle Gebühr?

Eine volle Gebühr ($1/1$) für die Tätigkeit des Rechtsanwalts bestimmt sich nach folgender Tabelle (§ 13 Abs. 1 RVG):

Geschäftswert bis ... Euro	$1/1$ Gebühr beträgt Euro ...	Geschäftswert bis ... Euro	$1/1$ Gebühr beträgt Euro ...
900	65	50 000	1046
2 000	133	95 000	1277
3 500	217	140 000	1508
5 000	301	185 000	1739
8 000	412	260 000	2052
13 000	526	350 000	2406
22 000	646	440 000	2760
35 000	830	500 000	2996

Sachverzeichnis

Abänderungsrecht des überlebenden Ehegatten 53, 85
Ablieferung von Testamenten 119, 120
Absicherung des Schenkers 66
Abwicklungstestamentsvollstreckung 47
Adoption 112, 197, 225
Alleinerbe 133
- Auskunftsanspruch 133
- Erbschein *siehe dort*
- Haftung des Erben *siehe dort*
- Pflichtteil *siehe dort*
- Rechte und Pflichten 133
Anfechtung
- der Erbschaftsannahme 124
- des Erbvertrags 58
- des Testaments 54, 88
Annahme der Erbschaft 123
- Anfechtung der Annahme 124
- Erbenhaftung 214
Anrechnung von Vorempfängen 143, 167
Anstandsschenkung 163
Anwaltsgebühren 245
Arbeitsentlastung für die Erben 45
Aufgebotsverfahren *siehe Erbenhaftung*
Auflage *siehe Testament*
Auseinandersetzung des Nachlasses 142
Ausgleichung von Vorempfängen 143
Auskunftsanspruch
- des Alleinerben 133
- des Miterben 137
- des Nacherben 35
- des Pflichtteilsberechtigten 170
- gegen den Testamentsvollstrecker 50
- gegen die Bank 134
Auslandsimmobilie 212
Ausschlagung 123
- bei Überschuldung 124, 214
- der Erbschaft 124
- des Vermächtnisses 176
- Form 124, 177
- Frist 124, 177
- Pflichtteil trotz Ausschlagung 177
- Widerruf der Ausschlagung 125
Ausschluss der Auseinandersetzung 147
Ausstattung 143

Behindertentestament 92, 204
Beisetzung 118
Berliner Testament 82
- Nachteile 82, 88
- Steuerfalle 240
Beschränkung der Erbenhaftung 216
Bestattung 118
- als Auflage 44
- Kosten 118
Bewertung
- einer Schenkung im Pflichtteilsrecht 158, 166, 170
- im Steuerrecht 223, 233
Bürgermeistertestament 21

Sachverzeichnis

Drei-Monatseinrede 217
Dreißigster 13
Drei-Zeugen-Testament 21
Dürftigkeitseinrede 221

Eigengeschenke zugunsten des Pflichtteilsberechtigten 167
Ehegatte
- als Alleinerbe 13, 82, 88
- Auswirkungen des Ehevertrags 7, 154, 236
- Berliner Testament *siehe dort*
- Dreißigster 13
- Erbenhaftung 214
- Erbfall mit Auslandsbezug 208
- Erbquote bei Gütergemeinschaft 12
- Erbquote bei Gütertrennung 11
- Erbquote bei Zugewinngemeinschaft 7
- Erbquote neben Kindern 7
- Erbrecht des Ehegatten 7
- Erbschaftsteuer 225, 227
- Erbvertrag *siehe dort*
- Gemeinschaftskonto 241
- Gütergemeinschaft 12
- Güterstandsschaukel 239
- Gütertrennung 11
- modifizierte Zugewinngemeinschaft 238
- Nießbrauchsrecht 66, 165, 235
- Pflichtteil 148
- Testament *siehe Ehegattentestament*
- Voraus 13
- Wohnungsrecht 67
- Zugewinngemeinschaft *siehe dort*

Ehegattentestament *siehe auch Ehegatte*
- Abänderungsrecht des überlebenden Ehegatten 53, 85
- Anfechtung *siehe dort*
- bei Scheidung 91
- Berliner Testament *siehe dort*
- befreite Vorerbschaft 35
- Bindungswirkung 53
- Erbfall mit Auslandsbezug 208
- Erbrecht des Ehegatten 7
- Erbschaftsteuer 223
- Form 81
- gemeinschaftliches Testament 81
- Nachteile 88
- Pflichtteil 88
- Scheidung 91
- Schlusserbe 82
- Voll- und Schlusserbschaft 82
- Vor- und Nacherbschaft 83
- Vermächtnis zugunsten des Ehegatten 84
- Verwahrung 121
- Wechselbezüglichkeit 53, 85
- Widerruf 85
- Wiederverheiratungsklausel 90
Ehevertrag 11, 12
- modifizierte Zugewinngemeinschaft 238
Enterbung 29
Erbeinsetzung *siehe Testament*
Erben
- 1. Ordnung 2, 3
- 2. Ordnung 2, 4
- 3. Ordnung 2, 6
- 4. Ordnung 2, 7
Erbenfeststellungsklage 128
Erbengemeinschaft 137
- Ausgleichungspflichten 143

Sachverzeichnis

- Auskunftsansprüche 137
- Beschlussfassung der Miterben 139
- Maßnahmen zur Streitvermeidung 147
- Nachlassteilung 142
- Nachlassverwaltung 139
- Teilungsversteigerung 143
- Verwaltungsmaßnahmen 139

Erbenhaftung 214
- Aufgebotsverfahren 218
- Ausschlagung *siehe dort*
- Beschränkung der Haftung 216
- Drei-Monatseinrede 217
- Dürftigkeitseinrede 221
- Erbfallschulden 215
- Erblasserschulden 214
- Inventarerrichtung 217
- Nachlasserbenschulden 215
- Nachlassforderung 214
- Nachlassinsolvenzverfahren 220
- Nachlassverbindlichkeiten 214
- Nachlassverwaltung 219
- Schutz des Eigenvermögens 216
- Überschuldung des Nachlasses 124, 214

Erbfall
- Beisetzung 118
- Erbschein *siehe dort*
- Grundbuchberichtigung *siehe dort*
- Mietverhältnis 119
- mit Auslandsbezug 208
- Sofortmaßnahmen 117
- Totenschein 117

Erbfallschulden *siehe Erbenhaftung*

Erbfolge
- gesetzliche *siehe Erbrecht*
- testamentarische *siehe Testament*
- vorweggenommene *siehe dort*

Erblasserschulden *siehe Erbenhaftung*

Erbrecht
- Adoption 112, 197
- Auslandsimmobilie 208
- behindertes Kind 92, 204
- Ehegatte *siehe dort*
- Eltern 4
- Erbenhaftung 214
- Erbfall *siehe dort*
- Erbfall mit Auslandsbezug 208
- Erbfolge nach Stämmen 3
- Erbordnungen 2
- Frau im Erbfall 184
- Geschiedener 194
- Geschwister 4
- Kind 3, 196
- minderjähriges Kind 203
- nichteheliches Kind 197
- Paare ohne Trauschein *siehe dort*
- Pflegekind 198
- Pflichtteil *siehe dort*
- verheiratete Frau 187
- Verwandter 2
- Voraus 13

Erbschaft
- Annahme *siehe dort*
- Ausschlagung *siehe dort*
- Erbenhaftung 214
- Vermächtnis *siehe dort*

Erbschaftsteuer
- Betriebsvermögen 241
- Familienheim 233

Sachverzeichnis

- Freibeträge 225
- Güterstandsschaukel 239
- Nießbrauch 235
- Schenkungsteuer 223
- Steuertarife 226
- vorweggenommene Erbfolge *siehe dort*
- Zugewinngemeinschaft 236

Erbschein 127
- Antrag 128
- ausländischer Nachlass 213
- Einziehung 131
- Erbenfeststellungsklage 128
- Grundbuchberichtigung *siehe dort*
- Kosten und Gebühren 130
- Nachlassgericht 129
- Totenschein 117
- Zweck 128

Erbvertrag 61
- Anfechtung 58
- Bindungswirkung 62
- Erbengemeinschaft *siehe dort*
- Form 62
- missbräuchliche Schenkung 63
- Rücktrittsrecht 63
- Zweck 61

Eröffnung letztwilliger Verfügungen 120
Ersatzerbe 30
Ersatztestamentsvollstrecker 49
Erstberatungsgespräch 246

Familienheim
- Schenkungsteuer 233

Form
- der Vollmacht 76
- des Erbvertrags 62
- des Testaments 17, 81

Frau im Erbfall 184

Freibeträge bei Schenkung- und Erbschaftsteuer 224

Gebühren 243
Geldvermächtnis 39
Gemeinschaftliches Testament *siehe Ehegattentestament*
Gemeinschaftskonto 241
Gerichtsgebühren 243
Geschieden 103, 194
Gesetzliches Erbrecht *siehe Erbrecht*
Grabpflege 44, 118
Grundbuchberichtigung 131
Grundstücksschenkung 233
Grundstücksübertragung an Minderjährige 232
Grundstücksvermächtnis 39
Gütergemeinschaft 12
Gütertrennung 11
- Steuernachteil 237

Haftung des Erben *siehe Erbenhaftung*
Hausratsvermächtnis 39
Heimbewohner 19

Immobilien
- Auslandsimmobilien 212
- Nießbrauch 66, 235
- Schenkung 233
- Teilungsversteigerung 143
- Testament *siehe dort*
- Wohnrecht 67

Internationales Privatrecht 208
Inventarerrichtung 217

Kettenschenkung 230
Kind 196
- adoptiert 112, 197, 225

- behindert 92, 204
- minderjährig 203
- nichtehelich 197
Kontovollmacht 77
Kontrollbevollmächtigter 77
Kosten 243

Letztwillige Verfügung *siehe Testament*

Mietverhältnis im Erbfall 119
Minderjährige Kinder 203
Miterbe *siehe Erbengemeinschaft*
modifizierte Zugewinngemeinschaft 238

Nacherbe *siehe Vorerbe*
Nachfolgeplanung
- mittels Schenkung *siehe Schenkung*
- mittels Testament *siehe Testament*
Nachlass
- Ermittlung und Sicherung des Nachlasses 126
- Immobilien *siehe dort*
- Nachlassverbindlichkeiten 214
- Nutzung des Nachlasses 141
- Teilung des Nachlasses *siehe Nachlassteilung*
- Verwaltung des Nachlasses 139
Nachlassforderung 214
Nachlassinsolvenzverfahren 220
Nachlasspflegschaft 127
Nachlasssicherung 126
Nachlassspaltung 211

Nachlassteilung 142
- Ausschluss der Auseinandersetzung 147
- Teilungsanordnung 33, 147
Nachlassverwaltung 139, 219
Nachlassverzeichnis 170
Nichteheliche Kinder 197
Nichteheliche Lebensgemeinschaft *siehe Paare ohne Trauschein*
Nießbrauch 66, 235
Notargebühren 243
Nottestament 21
Nutzung des Nachlasses 141

Paare ohne Trauschein 106
- Bindung durch früheres Testament 110
- Erbrecht 106
- Erbschaftsteuer 113
- Patientenverfügung 107
- Pflegefall 107
- Steuerlast 113
- Testament 108
- Trennung 109
- Vorsorgevollmacht 107
Patientenverfügung 68
- Form 70
- Maximalbehandlung 69
- Vorsorgevollmacht *siehe dort*
- Widerruf 72
Pflegefall 74
Pflegeverpflichtung 68
Pflichtschenkung 163
Pflichtteil 148
- Aktivnachlass 159
- Anrechnung von Vorempfängen 167
- Anrechnungsbestimmung 168
- Auskunftsanspruch 170

- Ausschlagung 151
- Ausstattung *siehe dort*
- bei Beschränkungen 151
- bei lebzeitigen Schenkungen *siehe Pflichtteilsergänzungsanspruch*
- bei Nacherbschaft 182
- bei Vermächtnis 152
- der Eltern 150
- des Ehegatten 150
- des Kindes 150, 198
- Eigengeschenke 167
- Entstehung 149
- Entziehung 150
- Geschiedener 194
- großer Pflichtteil 155
- kleiner Pflichtteil 155
- Nachlassverbindlichkeiten 160
- Nachlassverzeichnis 170
- nichtehelicher Kinder 150
- Pflicht- und Anstandsschenkung 163
- Pflichtteilsanrechnungsklausel 167
- Pflichtteilsanspruch 148
- Pflichtteilsberechtigung 150
- Pflichtteilsergänzungsanspruch *siehe dort*
- Pflichtteilsquote 154, 198
- Pflichtteilsrestanspruch 156
- Pflichtteilsklausel 89
- Pflichtteilsverzicht 151
- Schuldner des Pflichtteils 153
- trotz Ausschlagung 151
- trotz Zuwendung des Erblassers 156
- Verjährung 169
- Verlust des Pflichtteils 151
- Verzicht 151

Pflichtteilsanrechnungsklausel 167
Pflichtteilsergänzungsanspruch 163
- Anrechnung von Eigengeschenken 169
- Anstandsschenkung 163
- Bewertung der Schenkung 166
- des gesetzlichen Erben 162
- gegen den Beschenkten 166
- gegen den Erben 166
- gemischte Schenkung 162
- Pflichtschenkung 163
- Schuldner 166
- Zehn-Jahres-Frist 163
Pflichtteilsklausel 89
Pflichtteilsreform 149
Pflichtteilsstrafklausel 89
Pflichtteilsverzicht 151

Rentenzahlung 68
Rückfallklausel 67
Rückforderungsrechte des Schenkers 67

Scheidung
- Auswirkung auf das Ehegattentestament 91
- Erbrecht des Geschiedenen 194
- Unterhaltsanspruch gegen Erben 195
Schenkung
- Absicherung des Schenkers 66
- an Ehegatten 236
- an Kinder 230
- an Schwiegerkinder 231
- Ausgleichungspflichten 143
- Ausstattung 143
- des Familienheims 233

Sachverzeichnis

- einer Immobilie 233
- Kettenschenkung 230
- Nießbrauch *siehe dort*
- Pflegeverpflichtung *siehe dort*
- Pflichtschenkung 163
- Pflichtteil *siehe dort*
- Pflichtteilsanrechnungsklausel 167
- Pflichtteilsergänzungsanspruch *siehe dort*
- Rückforderungsrechte des Schenkers 67
- Schenkungsteuer *siehe Erbschaftsteuer*
- vorweggenommene Erbfolge *siehe dort*
- Widerruf der Zuwendung 67

Schenkungsteuer *siehe Erbschaftsteuer*
Schiedsverfahren 148
Schlusserbe 82
Seetestament 21
Sicherung des Nachlasses 126
Staatsangehörigkeitsprinzip 209
Sterbeurkunde 116
Steuerbefreiungen bei Schenkung- und Erbschaftsteuer 224

Teilung des Nachlasses *siehe Nachlassteilung*
Teilungsanordnung des Erblassers 33, 147
Teilungsversteigerung 143
Testament
- Ablieferung 120
- Anfechtung *siehe dort*
- Änderungen 52
- Auflage 43
- Behindertentestament 92, 204
- Berliner Testament *siehe dort*
- Bürgermeistertestament 21
- des Alleinstehenden 102
- des Immobilieneigentümers 113
- Drei-Zeugen-Testament 21
- Enterbung 29
- Erbeinsetzung 24
- Erbengemeinschaft *siehe dort*
- Erbvertrag 61
- Eröffnung 120
- Ersatzerbe 30
- Fehlerquellen 22
- Form 17, 81
- gemeinschaftliches *siehe Ehegattentestament*
- handschriftliches 20
- Immobilieneigentümer 113
- Inhalt 24
- Kosten und Gebühren 243
- Miterbe *siehe dort*
- Nacherbe *siehe Vorerbe*
- notarielles 19
- Nottestament 21
- öffentliches 19
- Paare ohne Trauschein *siehe dort*
- Pflichtteil *siehe dort*
- privatschriftliches 20
- Scheidung 91
- Schlusserbe 82
- Seetestament 21
- Teilungsanordnung *siehe dort*
- Testamentsvollstrecker *siehe dort*
- Testierfähigkeit 17
- Testierwille 19
- typische Fehlerquellen 22
- Unternehmertestament *siehe dort*
- Vermächtnis *siehe dort*

Sachverzeichnis

- Verwahrung 121
- Vorerbe *siehe dort*
- vorweggenommene Erbfolge *siehe dort*
- Widerruf 52, 85
- zugunsten des Ehegatten *siehe Ehegattentestament*
- zugunsten der Kinder 89, 92

Testamentseröffnung 120
Testamentsvollstreckung 44, 136
- Arten 47
- Behindertentestament 47
- Ersatztestamentsvollstrecker 49
- Grundbucheintragung 48
- Gründe für eine Anordnung 44
- Pflichten 50
- Testamentsvollstrecker 49
- Verfügungsbefugnis über den Nachlass 48
- Vergütung 50
- zwecks Abwicklung 48
- zwecks Verwaltung 48

Testierfähigkeit 17
Todesfall 117
- Sofortmaßnahmen 117
Totenschein 117
Transmortale Vollmacht 78

Unterhaltsanspruch nach Scheidung 195
Unternehmensnachfolge 241

Vergütung des Testamentsvollstreckers 50
Verjährung des Pflichtteilsanspruchs 169
Vermächtnis 36, 175
- Ausschlagung 176
- beim Ehegattentestament 84
- Belastungen 181
- Beschwerter 176
- Erfüllung 38, 176
- Ersatzvermächtnisnehmer 37, 176
- Fälligkeit 176
- Hausratsvermächtnis 39
- Gattungsvermächtnis 40
- Geldvermächtnis 39
- Grundstücksvermächtnis 39
- Inhalt 38
- Pflichtteil 152
- Testament *siehe dort*
- Untervermächtnis 176
- Verschaffungsvermächtnis 41
- Vorausvermächtnis 31
- Vor- und Nachvermächtnis 41
- Wahlvermächtnis 40
- Zweckvermächtnis 41

Versorgungsfreibetrag bei Schenkung und Erbfall 227
Verwahrung des Testaments 121
Verwaltung des Nachlasses *siehe Nachlassverwaltung*
Verwaltungstestamentsvollstreckung 48
Vollmacht über den Tod hinaus 78
Vor- und Nacherbschaft *siehe Vorerbe*
Voraus 13
Vorausvermächtnis 31
Vorempfänge 143, 167
- Ausgleichung 143
- Anrechnung 167

Vorerbe 33, 182
- Ausschlagung 182
- befreiter Vorerbe 35
- beim Ehegattentestament 83
- Nacherbfolge 33